Städtebauliche Verträge
zur Baulandbereitstellung

**Europäische Hochschulschriften Recht**

European University Studies in Law

Publications Universitaires Européennes de Droit

Band/Volume **6177**

Vera Katharina Grötz

# Städtebauliche Verträge zur Baulandbereitstellung

## Rechtliche Rahmenbedingungen von Baulandmodellen zur Wohnraumschaffung

PETER LANG

**Bibliografische Information der Deutschen Nationalbibliothek**
Die Deutsche Nationalbibliothek verzeichnet diese Publikation in der Deutschen Nationalbibliografie; detaillierte bibliografische Daten sind im Internet über http://dnb.d-nb.de abrufbar.

Zugl.: Potsdam, Univ., Diss., 2019

Gedruckt auf alterungsbeständigem, säurefreiem Papier.
Druck und Bindung: CPI books GmbH, Leck

517
ISSN 0531-7312
ISBN 978-3-631-81617-2 (Print)
E-ISBN 978-3-631-82625-6 (E-PDF)
E-ISBN 978-3-631-82626-3 (EPUB)
E-ISBN 978-3-631-82627-0 (MOBI)
DOI 10.3726/b17133



Diese Publikation wurde begutachtet.

www.peterlang.com

Die rechtswissenschaftliche Fakultät der Universität Potsdam hat die vorliegende Arbeit im Wintersemester 2019/2020 als Dissertation angenommen.

Besonders bedanken möchte ich mich bei meinem Doktorvater, Herrn Prof. Dr. Matthias Dombert, für sein großes Interesse an dem Thema, seine Denkanstöße und den gewährten wissenschaftlichen Freiraum. Er unterstützte mich nicht nur bei dem Verfassen dieser Arbeit, sondern begleitet meinen Werdegang nunmehr seit fast einem Jahrzehnt.

Mein Dank gilt außerdem Herrn Prof. Dr. Christian Bickenbach für die zügige Erstellung des Zweitgutachtens und seine hilfreichen Anmerkungen.

Herzlich bedanken möchte ich mich bei Dr. Dominik Brand, der mir als wertvoller Gesprächspartner unermüdlich zur Seite stand und so manchen Denkknoten löste.

Potsdam, im Dezember 2019

# Inhaltsverzeichnis

# A. Einleitung

Die Überplanung und Erschließung eines neuen Baugebietes kostet Geld – Geld, das vielen Kommunen in Zeiten knapper Kassen fehlt. Gleichzeitig steigen die Mieten in zahlreichen Städten stark und es mangelt vor allem an günstigem Wohnraum. So erwartet der Berliner Gutachterausschuss einen durchschnittlichen Preisanstieg von 20 % für Ein- und Zweifamilienhäuser, gleichzeitig ist Berlin wegen niedrigerer Haushaltseinkommen eine typische Mieterstadt.[1] Um neuen Wohnraum zu schaffen und ihre Aufgabe der Bauleitplanung trotz angespannter Haushaltslage zu erfüllen, suchen die Gemeinden daher nach Wegen, Investoren an den Kosten von Wohnungsbauvorhaben sowie der Schaffung günstigen Wohnraums zu beteiligen.

Vor diesem Hintergrund hat die Landeshauptstadt München das Münchener Modell der „Sozialgerechten Bodennutzung" (SoBoN) entwickelt. Inzwischen werden in München seit über 20 Jahren zwischen Stadt und Vorhabenträgern städtebauliche Verträge nach § 11 BauGB geschlossen, mit denen die Investoren sich an den Kosten des Planungsverfahrens sowie der Erschließung beteiligen. Zudem verpflichten die Investoren sich, eine bestimmte Quote preiswerter Wohnungen zu schaffen. Ähnliche Modelle gibt es heute bundesweit in zahlreichen Städten, darunter in Berlin, Düsseldorf und Stuttgart.

In dieser Arbeit wird zum einen untersucht, unter welchen Voraussetzungen Investoren durch städtebauliche Verträge verpflichtet werden dürfen, sich an den Kosten zu beteiligen und günstigen Wohnraum zu realisieren. Zum anderen werden die Grenzen städtebaulicher Verträge bestimmt, insbesondere welcher Anteil der planungsbedingten Bodenwertsteigerung dem Investor verbleiben muss. Ziel dieser Arbeit ist aufzuzeigen, wie städtebauliche Verträge rechtssicher abgeschlossen werden können und sowohl die Interessen der Gemeinde berücksichtigt werden als auch das Interesse des Investors an einem angemessenen Gewinn für sein Investitionsrisiko.

Der Schwerpunkt der folgenden Untersuchung liegt auf München als Vorreiter der Sozialgerechten Bodennutzung und Berlin, wo es seit August 2014 eine einheitliche stadtweite Leitlinie zum Abschluss städtebaulicher Verträge gibt. Ergänzend werden die Städte Stuttgart und Düsseldorf betrachtet, so dass

1 Tagesspiegel vom 15. Oktober 2018, abrufbar unter https://www.tagesspiegel.de/berlin/immobilienmarkt-wem-gehoert-berlin-erwarten-anstieg-um-20-prozent-bei-grundstueckspreisen/23185524.html

verschiedene Ausgangslagen hinsichtlich wirtschaftlicher Bedingungen und politischer Mehrheitsverhältnisse in den Blick genommen werden.

Im Verlauf dieser Arbeit werden zunächst die verschiedenen Modelle der vier Städte München, Berlin, Stuttgart und Düsseldorf dargestellt. Dabei wird zusammengefasst, wann die Modelle in der jeweiligen Stadt anwendbar sind und welches Verfahren zum Abschluss städtebaulicher Verträge vorgesehen ist. Der Schwerpunkt der Darstellung liegt auf den Leistungspflichten, die den Investoren in städtebaulichen Verträgen auferlegt werden, sowie den Vorgaben zur Angemessenheit, die der städtebauliche Vertrag einhalten muss (vgl. B).

Diese beiden Aspekte werden anschließend genauer untersucht: Zuerst wird aufgezeigt, unter welchen Voraussetzungen Investoren sich verpflichten dürfen, durch das Vorhaben bei der Gemeinde verursachte Kosten zu tragen und günstigen Wohnraum zu schaffen. Die zentrale Frage für beide Arten von Leistungspflichten ist, ob zwischen dem Vorhaben und den Kosten bzw. den günstigen Wohnungen ein Zusammenhang besteht und welchen Anforderungen dieser genügen muss (vgl. C).

Danach werden die Grenzen der städtebaulichen Verträge betrachtet. Zunächst wird untersucht, ob es im Hinblick auf das Koppelungsverbot aus § 11 Abs. 2 BauGB überhaupt zulässig ist, die Schaffung von Baurecht an den Abschluss eines städtebaulichen Vertrages zu knüpfen (vgl. D I). Denn bereits nach dem Wortlaut des § 11 Abs. 2 BauGB ist eine vom Vorhabenträger zu erbringende Leistung unzulässig, wenn er ohnehin einen Anspruch auf die Gegenleistung – hier in Form der Baugenehmigung – hätte. Es wird daher untersucht, wann kein Anspruch auf die Baugenehmigung besteht, so dass das Koppelungsverbot dem Abschluss eines städtebaulichen Vertrags nicht entgegensteht. Des Weiteren stellt sich die Frage, wie sich ein bereits bestehendes Baurecht auswirkt, welches ein geringeres Maß der baulichen Nutzung zulässt als nun realisiert werden soll.

Als zweite Grenze städtebaulicher Verträge stellt sich unter dem Gesichtspunkt der Angemessenheit die Frage, inwieweit die Gemeinde die planungsbedingte Wertsteigerung des Grundstücks abschöpfen darf (vgl. D II). In München verbleibt dem Investor mindestens das „Bauherren-Drittel" des Wertzuwachses – auch wenn die Kosten mehr als zwei Drittel des Wertzuwachses ausmachen. In der Literatur wird vorgeschlagen, den „Halbteilungsgrundsatz" des Steuerrechts auf die städtebaulichen Verträge zu übertragen, so dass nur etwa die Hälfte des Bodenwertzuwachses abgeschöpft werden darf. In Berlin hingegen gibt es keinen festen Anteil, der dem Investor verbleibt.

Wird nach alldem ein städtebaulicher Vertag abgeschlossen, so verpflichtet sich der Investor einseitig: Die Gemeinde darf sich nach § 1 Abs. 3 BauGB nicht dazu verpflichten, einen Bebauungsplan aufzustellen. Der Investor muss sich daher absichern können, sollte der Bebauungsplan nicht oder nicht wie vorgesehen zustande kommen, der Investor aber bereits Verpflichtungen übernommen oder Leistungen erbracht haben (vgl. E).

Abschließend werden die Rechtsfolgen von nichtigen Klauseln für den städtebaulichen Vertrag und den Bebauungsplan analysiert (vgl. F).

# B. Aktuelle Situation

Um einen Überblick über die aktuelle Situation zu erhalten, werden im Folgenden die Städte München (vgl. I) und Berlin (vgl. II) verglichen sowie ergänzend Stuttgart und Düsseldorf (vgl. III).

## I. Münchener Modell

In München fasste der Stadtrat 1994 den ersten Beschluss zur Sozialgerechten Bodennutzung. Hierbei handelt es sich um ein Baulandmodell mit dem Ziel, den Grundstückseigentümer an den Kosten der Planung zu beteiligen und die Schaffung günstigen Wohnraums zu forcieren.

Ist das Verfahren der Sozialgerechten Bodennutzung anwendbar (vgl. 1), verpflichten sich die Grundstückseigentümer, die durch das Bauvorhaben verursachten Kosten zu übernehmen sowie geförderten Wohnraum zu schaffen (vgl. 2). Der Umfang dieser Verpflichtungen berechnet sich nach der Bodenwertsteigerung (vgl. 3). Das gesamte Verfahren der Sozialgerechten Bodennutzung besteht dabei aus bis zu drei Schritten (vgl. 4).

### 1. Anwendungsbereich

Das Verfahren der Sozialgerechten Bodennutzung kommt gemäß Ziffer 4 der Verfahrensgrundsätze zur Sozialgerechten Bodennutzung in der Fassung vom 26. Juli 2017 (im Folgenden „Verfahrensgrundsätze“) zum Zuge bei städtebaulichen Maßnahmen, die planungsbedingt Kosten bei der Stadt auslösen und zu einer Bodenwertsteigerung in nicht unerheblichem Umfang führen. Erfasst werden Bauleitplanungen und städtebauliche Satzungen, nicht hingegen Sanierungsbaupläne und städtebauliche Entwicklungsmaßnahmen.

### 2. Leistungspflichten

Im Regelfall übernehmen die Grundstückseigentümer die Leistungspflichten; je nach Sachlage und auf Wunsch der Beteiligten können aber auch die Erwerber verpflichtet werden, Ziffer 1 der Verfahrensgrundsätze. Die Planungsbegünstigten müssen dabei bestimmte Kostenarten (vgl. a) sowie Bindungen im Wohnungsbau übernehmen (vgl. b). Außerdem verpflichten sich die Planungsbegünstigten zu einer Bebauung gemäß den planungsrechtlichen Festsetzungen innerhalb eines angemessenen Zeitraumes, Ziffer 3 Abs. 1 der Verfahrensgrundsätze.

### *a) Kostenbeteiligung*

Die Planungsbegünstigten sollen bestimmte Kostenarten übernehmen (vgl. aa). Sie sind grundsätzlich frei, wie sie diese Leistungen erbringen (vgl. bb).

#### aa) Gegenstand der Kostenbeteiligung

Die Planungsbegünstigten sollen gemäß Ziffer 2.1 der Verfahrensgrundsätze die folgenden Kostenarten ggf. anteilig übernehmen, soweit die Kosten Voraussetzung oder Folge des geplanten Vorhabens sind:

- Abtretung von Flächen für vorgesehene Erschließungsanlagen wie Grün- und Verkehrsflächen, für Gemeinbedarfseinrichtungen und Ausgleichsflächen,
- Herstellungskosten der Erschließungsanlagen und der Ausgleichsmaßnahmen,
- Herstellungskosten für die soziale Infrastruktur oder die Ablösung dieser Verpflichtung durch einen anteiligen Finanzierungsbeitrag von 100,00 €/m$^2$ neugeschaffene Geschossfläche zu Wohnzwecken,
- Wettbewerbskosten, Kosten für zusätzliche Öffentlichkeitsarbeiten, Honorare nach der Honorarordnung für Architekten und Ingenieure bei Vergabe von Leistungen an Dritte, Kosten für Gutachten, Umlegungskosten,
- Verzicht auf Ansprüche, z. B. wegen Eingriffs in den eingerichteten und ausgeübten Gewerbebetrieb.

Sollen im Ausnahmefall andere ursächliche Kosten übernommen werden, so ist die Entscheidung des Stadtrates herbeizuführen, Ziffer 2 der Verfahrensgrundsätze (letzter Absatz).

#### bb) Art der Erbringung der Leistung

Die Art der Leistungserbringung ist in Ziffer 5 der Verfahrensgrundsätze geregelt. Sie soll den Planungsbegünstigten möglichst freigestellt sein. Möglich sind Geldbeiträge, Flächenabtretung oder die tatsächliche Übernahme der Last. Verkehrs-, Grün- und Gemeinbedarfsflächen müssen jedoch durch Flächenabtretungen zur Verfügung gestellt werden. Bei Erschließungsanlagen und Kindertagesstätten gelten Besonderheiten, wie die Leistung erbracht werden kann.

### *b) Geförderter Wohnungsbau*

Neben der Kostenbeteiligung treffen die Planungsbegünstigten bestimmte kostenrelevante Bindungen im Wohnungsbau, Ziffer 2.2 der Verfahrensgrundsätze: 40 % der Geschossfläche sind dem geförderten und preisgedämpften

Wohnungsbau vorbehalten (vgl. aa), diese Quote soll grundsätzlich im Plangebiet verwirklicht werden (vgl. bb).

### aa) Höhe der Quote und Verteilung

Soweit das neu geschaffene Baurecht für den Wohnungsbau vorgesehen ist, sind 30 % der Geschossfläche für den geförderten Wohnungsbau zu binden. Diese Förderquote soll in der Regel wie folgt verteilt werden:

Zwei Drittel sollen Haushalten mit niedrigen Einkommen zur Verfügung stehen. Diese 20 % sollen für den geförderten Mietwohnungsbau nach dem Förderprogramm der Einkommensorientierten Förderung verwendet werden, Ziffer 2.2 der Verfahrensgrundsätze. Die gebundene Geschossfläche fließt in die Berechnung der Sozialgerechten Bodennutzung mit den vom Stadtrat beschlossenen festen Grundstückswertansätzen ein, Ziffer 2.2 der Verfahrensgrundsätze. Sie wird als Last in der Angemessenheit berücksichtigt, die sogleich unter B I 3 (S. 24) erläutert wird.

Das verbleibende Drittel richtet sich an Haushalte mit mittlerem Einkommen. Bei diesem Drittel hat der Planungsbegünstigte die Auswahl zwischen drei Varianten, die in der Anlage zu den Verfahrensgrundsätzen näher ausgeführt sind.[2] Auch für diese Wohnungen werden die Grundstückswertansätze in der Angemessenheit berücksichtigt.

Mit der Neufassung der Verfahrensgrundsätze zum 26. Juli 2017 sind zusätzlich 10 % des für Wohnungsbau geschaffenen Baurechts für den preisgedämpften Mietwohnungsbau zugunsten von Haushalten zu verwenden, deren Einkommen über den Einkommensgrenzen der Wohnungsbauförderprogramme liegt (Ziffer 2.3 der Verfahrensgrundsätze).

Insgesamt ergibt sich so für den geförderten und preisgedämpften Wohnungsbau eine Quote von 40 %.

### bb) Erfüllung der Quote

Der Anteil an gefördertem und preisgedämpftem Wohnungsbau ist im Planungsgebiet insgesamt zu verwirklichen, Ziffer 5 der Verfahrensgrundsätze.

Eine Ausnahme vom Grundsatz, dass die Wohnungsquote im jeweiligen Planungsgebiet verwirklicht werden muss, ist möglich, wenn alle folgenden Voraussetzungen erfüllt sind:

---

2 Anlage „Sozialgerechte Bodennutzung (SoBoN) – Varianten zur Erfüllung der Förderquote und des zusätzlichen preisgedämpften Mietwohnungsbaus“ zu den Verfahrensgrundsätzen in der Fassung vom 26. Juli 2017.

- Der Ersatzstandort liegt in räumlicher Nähe zum Planungsgebiet (etwa 1 km).
- Die Gemeinbedarfseinrichtungen für Kinder von 0 bis 10 Jahren werden – für den zusätzlichen, aus dem Ersatzstandort resultierenden Bedarf – im Planungsgebiet errichtet und angeboten.
- Die planungsrechtliche Zulässigkeit des geförderten und preisgedämpften Wohnungsbaus am Ersatzstandort ist festgestellt. Im Innenbereich nach § 34 BauGB ist hierfür ein Vorbescheid nötig.
- Die Unterbringung der Förderquote am Ersatzstandort ist sozial verträglich.
- Es wird eine Bauverpflichtung begründet.

Bei der Verteilung der Lasten, einschließlich des Anteils an gefördertem und preisgedämpftem Wohnungsbau, auf die einzelnen Planungsbegünstigten, folgt die Stadt grundsätzlich deren Vorschlägen, sofern diese nicht unangemessen sind. Können die Planungsbegünstigten sich auf keine Verteilung einigen, schlägt die Stadt eine Verteilung vor, die sich an umlegungsrechtlichen Grundsätzen orientiert, Ziffer 5 der Verfahrensgrundsätze.

## 3. Angemessenheit

Den Planungsbegünstigten bleibt mindestens ein Drittel des planungsbedingten Wertzuwachses des Grundstücks (vgl. a). Die Berechnung des Wertzuwachses erfolgt dabei nach festgelegten Vorgaben (vgl. b).

### *a) Deckelungsgrenze bei 1/3 des Wertzuwachses*

Nach Ziffer 3 der Verfahrensgrundsätze behalten die Planungsbegünstigten mindestens ein Drittel des planungsbedingten Bodenwertzuwachses. Die Stadt München geht davon aus, dass mit dieser Deckelungsgrenze ein Investitionsanreiz gewährleistet ist und nach der Deckung der individuellen Kosten noch ein angemessener Anteil für Wagnis und Gewinn verbleibt. Liegen die Lasten unterhalb von zwei Dritteln der Bodenwertsteigerung, verbleibt dem Planungsbegünstigten ein entsprechend größerer Anteil.

Ob die Werte von Gebäuden, die der Planung entgegenstehen, sowie Aufwendungen für die Beseitigung von Altlasten, Kampfmitteln, schädlichen Bodenveränderungen und für die Freistellung von Grundstückslasten als Kosten berücksichtigt werden können, wird im Einzelfall geprüft, Ziffer 2.2 der Verfahrensgrundsätze.

Die Vermutung, dass die Deckelungsgrenze von einem Drittel angemessen ist, dient dem Schutz des Planungsbegünstigten, da nach Ansicht der Stadt München auch über die zwei Drittel hinausgehende Belastungen noch angemessen sein könnten. Der Planungsbegünstigte kann die Angemessenheitsvermutung widerlegen, trägt dann aber die Beweislast dafür, dass seine wirtschaftliche Gesamtbelastung unangemessen ist. In diesem Fall können die Leistungen angemessen gemindert werden, sofern die Finanzierung anderweitig gesichert ist, Ziffer 3 der Verfahrensgrundsätze.

### *b) Berechnung des Bodenwertzuwachses*

Der Bodenwertzuwachs errechnet sich aus der Differenz des Bodenwertes vor der Überplanung (Anfangswert, vgl. aa) und nach der Überplanung (Endwert, vgl. bb), Ziffer 3 der Verfahrensgrundsätze. Auszugehen ist von objektiven, für jedermann geltenden Werten. Es wird unterschieden zwischen dem Brutto- und dem Nettobodenwertzuwachs (vgl. cc).

#### aa) Anfangswert

Nach Ziffer 3 der Verfahrensgrundsätze werden bei der Bestimmung des Anfangswerts Flächen mit Baurecht nach dem baurechtlichen Status quo ohne Berücksichtigung von Entwicklungschancen bewertet. Auch Nichtbaulandflächen werden bewertet, wobei die Maßstäbe in den Verfahrensgrundsätzen nicht festgelegt sind. Bei der Bewertung ist von den Preisverhältnissen zum Zeitpunkt der Grundzustimmung – dazu sogleich unter 4 a, S. 26 – auszugehen.

#### bb) Endwert

Für den Endwert ist das Nettobauland maßgeblich, also das Bruttobauland abzüglich der Flächen u. a. für Straßen, Grünflächen, Infrastruktur und Ausgleichsflächen. Der Bodenwert für erschließungsbeitragsfreies Nettobauland wird entsprechend der Daten nach dem vorgesehenen Bebauungsplan ermittelt. Hinzukommen die Verkehrs-, Grün- und Gemeinbedarfsflächen mit ihrem Anfangswert, also ihrem Wert nach dem baurechtlichen Status quo bzw. Bauerwartungsland. Bei der Ermittlung des Endwertes sind die Preisverhältnisse im Zeitpunkt der Grundvereinbarung – dazu sogleich unter 4 b, S. 26 – entscheidend. Eine nachträglich eintretende Wertänderung wird nicht berücksichtigt, und auch die Höhe der zu übernehmenden Lasten wird nicht angepasst, Ziffer 3 der Verfahrensgrundsätze.

#### cc) Brutto- und Nettobodenwertzuwachs

Die Differenz zwischen Anfangswert und Endwert ergibt den Bruttobodenwertzuwachs. Von dem Bruttowertzuwachs muss mindestens ein Drittel dem Planungsbegünstigten bleiben, Ziffer 3 der Verfahrensgrundsätze. Zieht man von dem Bruttowertzuwachs die Lasten ab, so ergibt sich der Nettowertzuwachs. Zu den Lasten zählen z. B. Flächenabtretungen, Erschließung, soziale Infrastruktur und geförderter Wohnungsbau; nicht hingegen der zusätzliche preisgedämpfte Mietwohnungsbau. Der Nettozuwachs verbleibt dem Planungsbegünstigten und kann auch mehr als ein Drittel des Bruttowertzuwachses betragen, Ziffer 3 der Verfahrensgrundsätze.

## 4. Verfahren

Das Verfahren der Sozialgerechten Bodennutzung umfasst zwei oder drei Schritte: Zunächst gibt der Planungsbegünstigte eine Grundzustimmung ab (vgl. a). Darauf folgt eine Grundvereinbarung, welche die Form eines städtebaulichen Vertrags, eines gesetzlichen Umlegungsverfahrens oder einer privaten Bodenordnung haben kann (vgl. b). Schließlich können ergänzende Ausführungsverträge abgeschlossen werden (vgl. c).

### *a) Grundzustimmung*

Die Grundzustimmung ist von den Planungsbegünstigten einzuholen, sobald Planungsabsichten für ein bestimmtes Gebiet bestehen. Die Planungsbegünstigten erkennen darin die Anwendung der Grundsätze der Sozialgerechten Bodennutzung an.

Ist die Planungsabsicht bereits so konkret, dass die Lasten hinreichend genau kalkuliert werden können, sollen die Planungsbegünstigten sich bereit erklären, die durch das Planungsvorhaben ausgelösten Lasten zu übernehmen.

Ist die Planung noch nicht so weit fortgeschritten und eine Lastenermittlung nicht möglich, so dass den Planungsbegünstigten eine so weitreichende Erklärung noch nicht zumutbar ist, sollen sie ihre Bereitschaft erklären, an der Kostentragung mitzuwirken, Ziffer 6 des Anhangs zu den Verfahrensgrundsätzen.

Erst nach der eingeholten Grundzustimmung wird der Aufstellungsbeschluss gefasst.[3]

### *b) Grundvereinbarung*

In der Grundvereinbarung erklären die Planungsbegünstigten rechtlich bindend, welche Leistungen sie im Rahmen der Sozialgerechten Bodennutzung erbringen werden. Diese können erst vereinbart werden, wenn die Planungen bereits so weit fortgeschritten sind, dass konkrete Leistungen definiert werden

---

3 Die Sozialgerechte Bodennutzung München, S. 16.

können. In der Grundvereinbarung sind auch die näheren Einzelheiten der Förderquote zu regeln.[4]

Die Grundvereinbarung kann in Form eines städtebaulichen Vertrags nach § 11 BauGB, einer Einverständniserklärung zu einem einvernehmlichen gesetzlichen Umlegungsverfahren nach §§ 45 ff BauGB oder einer privaten Bodenordnung bestehen. Die verschiedenen Verfahrensarten können auch miteinander kombiniert werden.[5]

Erst nach der Grundvereinbarung kann der Bebauungsplanentwurf dem Stadtrat zur Billigung vorgelegt werden (Auslegungsbeschluss).[6]

#### c) *Ausführungsverträge*

In etwaigen Ausführungsverträgen werden die Leistungen detailliert geregelt, die in der Grundvereinbarung bereits verabredet, aber nicht erschöpfend behandelt wurden. Dies sind z. B. gesonderte Erschließungsverträge, Regelungen zur Erfüllung der Quote für geförderten und preisgedämpften Wohnraum oder Herstellungsverträge für Kindergärten.[7]

### 5. Zwischenergebnis

Es kennzeichnet das Münchener Modell der Sozialgerechten Bodennutzung, dass es eine Quote für den geförderten und preisgedämpften Wohnungsbau in Höhe von 40 % der Geschossfläche vorsieht und hierbei als Ausgangspunkt die Geschossfläche zu Wohnzwecken heranzieht, für die neues Baurecht geschaffen wurde. Insgesamt können bis zu 2/3 der Bodenwertsteigerung des Grundstücks abgeschöpft werden, mindestens 1/3 verbleibt dem Planungsbegünstigten.

## II. Berliner Modell der kooperativen Baulandentwicklung

In Berlin gibt es seit dem 28. August 2014 eine Leitlinie für den Abschluss städtebaulicher Verträge im Rahmen der „kooperativen Baulandentwicklung“, wie die Sozialgerechte Bodennutzung in Berlin heißt. Die zum August 2018 novellierte Leitlinie ist ab dem 1. November 2018 in ihrer neuen Fassung anzuwenden (im Folgenden „Leitlinie für den Abschluss städtebaulicher Verträge im Land Berlin“ oder „Leitlinie“).

---

4 Die Sozialgerechte Bodennutzung München, S. 17.

5 Die Sozialgerechte Bodennutzung München, S. 17; Ziffer 6 der Verfahrensgrundsätze.

6 Die Sozialgerechte Bodennutzung München, S. 17.

7 Die Sozialgerechte Bodennutzung München, S. 17; Ziffer 6 der Verfahrensgrundsätze.

Das Berliner Modell ist stadtweit anwendbar, soweit ein Bebauungsplan für ein Vorhaben aufgestellt oder geändert werden muss (vgl. 1). Wie in München treffen auch in Berlin den Vorhabenträger zwei Arten von Leistungspflichten: Er soll sich an den Kosten beteiligen und preisgebundenen Wohnraum schaffen (vgl. 2). Der Umfang der Leistungspflichten wird dabei durch die Angemessenheit begrenzt (vgl. 3). Im Laufe des Verfahrens werden in der Regel mehrere städtebauliche Verträge zwischen Planungsträger und Vorhabenträger abgeschlossen (vgl. 4).

## 1. Anwendungsbereich

Das Berliner Modell ist nur anzuwenden, soweit die Aufstellung oder Änderung eines Bebauungsplans erforderlich ist, damit das geplante Vorhaben genehmigungsfähig wird. Die Leitlinie ist unanwendbar, soweit das jeweilige Vorhaben auch ohne Bauleitplanung genehmigungsfähig wäre.[8]

Keine Anwendung findet die Leitlinie zudem bei Bebauungsplanvorhaben mit weniger als 5.000 m² Geschossfläche zu Wohnzwecken. Für Vorhaben unterhalb dieser Schwelle liegt es im Ermessen des Planaufstellers, ob in Anlehnung an die Leitlinie Mietpreis- und Belegungsbindungen sowie Kostenbeteiligungen mit dem Vorhabenträger vereinbart werden.[9]

## 2. Leistungspflichten

Den Vorhabenträger treffen zwei Arten von Leistungspflichten: Er soll sich zum einen an den Kosten beteiligen, die Folge oder Voraussetzung des Vorhabens sind (vgl. a), und zum anderen soll er Bindungen zur Deckung des dringenden Wohnbedarfs von Bevölkerungsgruppen mit Wohnraumversorgungsproblemen eingehen (vgl. b).

### *a) Kostenbeteiligung*

Der Vorhabenträger muss nur die Kosten solcher Maßnahmen übernehmen, die Folge oder Voraussetzungen des geplanten Vorhabens sind (vgl. aa); der Umfang dieser Maßnahmen ermittelt sich nach berlinweit einheitlichen Standardansätzen (vgl. bb). Die verschiedenen Maßnahmen haben dabei unterschiedliche Prioritäten (vgl. cc). Statt einer Kostenübernahme kann auch vereinbart werden,

---

8 Leitlinie für den Abschluss städtebaulicher Verträge im Land Berlin, 1. August 2018, S. 8.

9 Leitlinie für den Abschluss städtebaulicher Verträge im Land Berlin, 1. August 2018, S. 8.

dass der Vorhabenträger die Maßnahmen selbst durchführt; für öffentliche Zwecke vorgesehene Flächen werden an das Land Berlin abgetreten (vgl. dd).

### aa) Gegenstand der Kostenbeteiligung

Die Kostenbeteiligung des Vorhabenträgers betrifft sämtliche dem Land Berlin entstehenden Aufwendungen, die Folge oder Voraussetzung des geplanten Vorhabens sind. Hierzu können je nach den Erfordernissen der jeweiligen Fläche insbesondere gehören:

- Kosten für städtebauliche Wettbewerbe, für Bürgerbeteiligung und für die Vergabe von Planungsleistungen an Dritte,
- Kosten für die Neuordnung der Grundstücke, soweit kein Umlegungsverfahren durchgeführt wird,
- Kosten der Flächenbereitstellung für die erforderliche technische Infrastruktur wie Ver- und Entsorgungsanlagen, öffentliche Grünflächen und soziale Infrastruktur,
- Bau- und Baunebenkosten für Erschließungsanlagen, Immissionsschutzanlagen, soweit diese vom Land Berlin zu finanzieren wären, Ver- und Entsorgungsanlagen, öffentliche Grünflächen und die Herrichtung von Ausgleichsmaßnahmen einschließlich Fertigstellungs- und Entwicklungspflege, soweit diese Maßnahmen den Flächen für die genannten Vorhaben zugeordnet sind,
- Bau- und Baunebenkosten für Kindertageseinrichtungen und Grundschulplätze, die der Deckung des durch das Vorhaben ausgelösten Bedarfs dienen,
- Kosten für denkmalpflegerische Maßnahmen zum Erhalt von Denkmalen, soweit diese durch das geplante Vorhaben veranlasst sind und über die generelle Verpflichtung zum Erhalt hinausgehen.[10]

Betriebskosten oder Personalkosten der herzustellenden Infrastruktureinrichtungen sind nicht Gegenstand der vertraglichen Kostenübernahme.[11]

### bb) Umfang der Maßnahmen

Welche dieser Maßnahmen erforderlich sind, richtet sich nach den Erfordernissen des Einzelfalls unter Einschluss der städtebaulichen Zielsetzung.[12]

Der Umfang der einzelnen Maßnahmen, wie zum Beispiel die nötige Anzahl von Grundschulplätzen oder Größe der Grünflächen, wird mit Hilfe von Standardsätzen und Berechnungsformeln ermittelt.

---

10 Leitlinie für den Abschluss städtebaulicher Verträge im Land Berlin, 1. August 2018, S. 9.
11 Leitlinie für den Abschluss städtebaulicher Verträge im Land Berlin, 1. August 2018, S. 9.
12 Leitlinie für den Abschluss städtebaulicher Verträge im Land Berlin, 1. August 2018, S. 9.

Hierfür wird zunächst in drei Schritten die Fläche des Baulandes berechnet:

1. Den Ausgangspunkt der Berechnung bildet der Geltungsbereich des Bebauungsplanes. Nicht berücksichtigt werden Flächen, die nicht im Eigentum des Investors stehen; regelmäßig sind dies öffentliche Verkehrsflächen. Flächen, die zwar im Eigentum des Investors stehen, aber keine wertrelevante Änderung der planungsrechtlichen Nutzungsmöglichkeit erfahren, bleiben ebenfalls unberücksichtigt.
2. Von der verbleibenden Fläche werden zur Ermittlung des Bauerwartungslandes solche Flächen abgezogen, die keiner Bauerwartung unterliegen. Dazu zählen Flächen für Ausgleichsmaßnahmen, Wasserflächen oder auch größere zusammenhängende private Grünflächen wie private Wald- oder Parkanlagen.
3. Zur Ermittlung des Baulandes werden anschließend die zur Herstellung des Baulandes erforderlichen Verkehrsflächen und öffentliche Grünflächen sowie anschließend die Gemeinbedarfsflächen abgezogen. Nach dem Berliner Modell werden standardmäßig 20 % Verkehrsfläche abgezogen.[13]

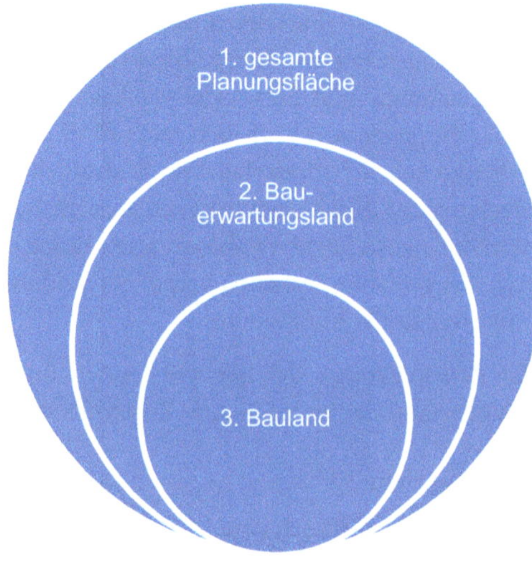


Für die Errichtung von Kindertagesstätten wird immer eine Grundstücksfläche von 2.000 m$^2$ als durchschnittlicher Bedarf angesetzt, unabhängig von der Fläche der Bauerwartung.[14] Der prozentuale Anteil der Kita-Flächen an der Bauerwartungsfläche variiert daher je nach Grundstücksgröße. Wie viele Plätze

13 Leitlinie für den Abschluss städtebaulicher Verträge im Land Berlin, 1. August 2018, S. 24.

14 Leitlinie für den Abschluss städtebaulicher Verträge im Land Berlin, 1. August 2018, S. 22, 25.

in Kindertageseinrichtungen und Grundschulen für das Vorhaben nötig sind, bestimmt sich nach der entstehenden Geschossfläche für Wohnzwecke, der sich daraus anhand von Erfahrungswerten herzuleitenden Anzahl neuer Einwohner und sich nach festgelegten Kennwerten ergebenden Kindern im Kita- und Grundschulalter.[15] Der Bedarf an Grünflächen – wobei nur wohnungsnahe Grünflächen mit einem Einzugsbereich von 500 m berücksichtigt werden – und Spielplatzflächen errechnet sich nach einer Formel in Abhängigkeit von der Geschossflächenzahl (nachfolgend GFZ). Die Formel legt einen Bedarf von 6 $m^2$ Grünfläche und 1 $m^2$ Spielfläche pro Einwohner zugrunde, wobei die Berechnung der Einwohnerzahl wie eben dargestellt auf Kennwerten basiert.[16]

#### cc) Rangfolge der Maßnahmen

Die Maßnahmen haben unterschiedliche Prioritäten: Vorrangig sind solche Maßnahmen in die Kostenvereinbarung einzubeziehen, die nach der Bedarfsermittlung im konkreten Einzelfall für eine angemessene Versorgung und Erschließung erforderlich sind. Dazu gehört insbesondere die Schaffung von Kindertageseinrichtungen und Grundschulplätzen.[17]

#### dd) Art der Erbringung der Leistung

Statt einer Kostenübernahme kann auch vereinbart werden, dass der Vorhabenträger einzelne Maßnahmen anstelle des Landes Berlin selbst auf eigene Kosten durchführt.[18]

Die Erschließung im Sinne von § 123 BauGB (gemeint ist wohl § 127 BauGB) soll der Vorhabenträger in der Regel auf eigene Kosten nach Maßgabe eines gesondert abzuschließenden Erschließungsvertrags durchführen.[19]

Sämtliche für öffentliche Zwecke zu nutzende Flächen tritt der Vorhabenträger grundsätzlich unentgeltlich, kosten- und lastenfrei an das Land Berlin ab, soweit die Bereitstellung der Flächen für öffentliche Zwecke Folge oder Voraussetzung des geplanten Vorhabens ist. Hierzu gehören insbesondere Verkehrsflächen, Flächen für Immissionsschutzanlagen, soweit diese Flächen vom Land Berlin unterhalten werden müssen, Flächen für die Ver- und Entsorgung sowie öffentliche Grünflächen.[20]

---

15 Leitlinie für den Abschluss städtebaulicher Verträge im Land Berlin, 1. August 2018, S. 10, 24.

16 Leitlinie für den Abschluss städtebaulicher Verträge im Land Berlin, 1. August 2018, S. 24, 25.

17 Leitlinie für den Abschluss städtebaulicher Verträge im Land Berlin, 1. August 2018, S. 9.

18 Leitlinie für den Abschluss städtebaulicher Verträge im Land Berlin, 1. August 2018, S. 10.

19 Leitlinie für den Abschluss städtebaulicher Verträge im Land Berlin, 1. August 2018, S. 10.

20 Leitlinie für den Abschluss städtebaulicher Verträge im Land Berlin, 1. August 2018, S. 11.

### *b) Mietpreis- und Belegungsbindungen*

Der Anteil von mietpreis- und belegungsgebundenem Wohnraum beträgt grundsätzlich 30 % der Geschossfläche für Wohnnutzung.[21] Bis zum 31. Januar 2017 lag die Quote bei 25 % und berechnete sich anhand der zu errichtenden Wohnungen.[22] Dies begünstigte die Schaffung von kleinen geförderten Wohnungen, um größere Flächen für ungebundenen Wohnraum nutzen zu können.

Diese Quote ist für ganz Berlin verbindlich. Auf sie kann nur im besonders gelagerten Einzelfall verzichtet werden, wenn andere städtebauliche Ziele der Quote entgegenstehen und trotz der großen Bedeutung von günstigem Wohnraum nicht dahinter zurücktreten können.[23]

Für die Errichtung der mietpreis- und belegungsgebundenen Wohnungen bietet Berlin dem Investor Mittel aus dem Berliner Wohnbauförderungsprogramm an. Verzichtet der Investor auf die Wohnraumfördermittel oder wird die Wohnbauförderung allein aus von ihm zu vertretenden Umständen versagt, sind dennoch Mietpreis- und Belegungsbindungen einzugehen wie bei einer bewilligten Wohnraumförderung. Der Bindungszeitraum beträgt 30 Jahre.[24]

## 3. Angemessenheit

Die Gesamtbelastung des Vorhabenträgers muss angemessen sein. Alle in einem städtebaulichen Vertrag enthaltenen Verpflichtungen sind daher in ihrer wirtschaftlichen Gesamtwirkung zu würdigen. Das Land Berlin wendet zunächst ein vereinfachtes, auf den allgemeinen Bodenrichtwerten basierendes Schätzverfahren an.[25]

Ausgehend von den jährlich durch den Gutachterausschuss für Grundstückswerte des Landes Berlin veröffentlichten Bodenrichtwerten werden der voraussichtliche Wert des nach der Planung entstehenden Baulandes (sog. Zielwert, vgl. a) und der Eingangswert (vgl. b) bestimmt.[26] Eine Verkehrswertermittlung

---

21 Leitlinie für den Abschluss städtebaulicher Verträge im Land Berlin, 1. August 2018, S. 12.

22 Leitlinie für den Abschluss städtebaulicher Verträge im Land Berlin, 14. April 2015, S. 15.

23 Leitlinie für den Abschluss städtebaulicher Verträge im Land Berlin, 1. August 2018, S. 12.

24 Leitlinie für den Abschluss städtebaulicher Verträge im Land Berlin, 1. August 2018, S. 12, 13.

25 Leitlinie für den Abschluss städtebaulicher Verträge im Land Berlin, 1. August 2018, S. 13.

26 Leitlinie für den Abschluss städtebaulicher Verträge im Land Berlin, 1. August 2018, S. 13.

findet nicht statt.[27] Zur Berechnung der Bodenwertsteigerung – also sowohl für den Zielwert als auch den Eingangswert – werden nur die künftigen privaten Baulandflächen für Wohnen betrachtet. Auch Flächen, deren Planungsrecht unverändert bleibt, werden bei der Angemessenheitsprüfung nicht betrachtet.[28] Zur Berechnung des Baulandes siehe oben unter B II 2 a bb, S. 30.

Die Differenz zwischen geschätztem Eingangswert und geschätztem Zielwert ergibt die geschätzte minimale planungsbedingte Bodenwertsteigerung. Das Berliner Modell geht grundsätzlich davon aus, dass die Leistungspflichten aus dem städtebaulichen Vertrag angemessen sind, wenn sie den Bodenwertzuwachs nicht überschreiten (vgl. c).[29]

### *a) Zielwert*

Der Zielwert wird basierend auf allgemeinen Bodenrichtwerten geschätzt. Er entspricht dem Bodenrichtwert, welcher mit der tatsächlichen Planung vergleichbar ist. Hierzu kann auch eine andere Bodenrichtwertzone als vergleichbar herangezogen werden.[30] Die vorherige Fassung der Leitlinie vom 14. April 2015 definierte eine Bodenrichtwertzone als vergleichbar, wenn die dort vorhandene charakteristische Bebauung typologisch der geplanten Bebauung entspricht.[31]

Der Zielwert soll demnach den Wert widerspiegeln, den das spätere Baugrundstück nach der Festsetzung des Bebauungsplanes und der Herstellung der Erschließung einschließlich der notwendigen Grün- und Freiflächen, der öffentlichen Spielplätze sowie der Sicherung von Kindertageseinrichtungen und Grundschulplätzen mindestens erreichen wird. Bodenwertsteigernde Effekte des Hochbaus werden insofern nur im Sinne des Nutzungsmaßes, nicht jedoch der baulichen Qualität berücksichtigt.[32]

---

27 Leitlinie für den Abschluss städtebaulicher Verträge im Land Berlin, 1. August 2018, S. 21, 23.

28 Leitlinie für den Abschluss städtebaulicher Verträge im Land Berlin, 1. August 2018, S. 22.

29 Leitlinie für den Abschluss städtebaulicher Verträge im Land Berlin, 1. August 2018, S. 15, 22.

30 Leitlinie für den Abschluss städtebaulicher Verträge im Land Berlin, 1. August 2018, S. 21.

31 Leitlinie für den Abschluss städtebaulicher Verträge im Land Berlin, 14. April 2015, S. 17, 33.

32 Leitlinie für den Abschluss städtebaulicher Verträge im Land Berlin, 1. August 2018, S. 13, 21.

Der Zielwert soll daher dem geringstmöglichen Bodenwert für Bauland entsprechen.[33]

### b) *Eingangswert*

Der Eingangswert wird mit 50 % des Zielwertes für Wohnnutzung angesetzt. Er ergibt sich prinzipiell aus dem Abzug der voraussichtlichen Kosten für Planung und Herstellung der Erschließungsanlagen sowie Kosten der sozialen Infrastruktur vom auch ohne konkrete Planungsabstimmung allgemein zu erwartenden Zielwert.[34]

Kosten der Freimachung, des Baugrundes oder ähnliche Inwertsetzungskosten vermindern zwar den Kaufpreis, finden bei der Berechnung des Eingangswertes jedoch keine Berücksichtigung.[35]

### c) *Umfang der Leistungspflichten*

Grundsätzlich geht das Berliner Modell davon aus, dass der städtebauliche Vertrag angemessen ist, wenn die danach bestehenden Leistungspflichten in der Summe den geschätzten planungsbedingten Bodenwertzuwachs nicht überschreiten.[36]

Als Leistungspflichten werden die Kosten für die öffentliche Erschließung, für die soziale Infrastruktur, für den mietpreis- und belegungsgebundenen förderfähigen Wohnraum sowie für die Verfahrensdurchführung angerechnet.[37] Für die Höhe der einzelnen Kosten gibt die Leitlinie Standardansätze vor.[38]

Unbeachtet bleiben Leistungspflichten, die bereits bei der Schätzung des Eingangswertes Berücksichtigung gefunden haben.[39] Die sich aus der besonderen

---

33 Leitlinie für den Abschluss städtebaulicher Verträge im Land Berlin, 1. August 2018, S. 23.

34 Leitlinie für den Abschluss städtebaulicher Verträge im Land Berlin, 1. August 2018, S. 13, 21.

35 Leitlinie für den Abschluss städtebaulicher Verträge im Land Berlin, 1. August 2018, S. 21.

36 Leitlinie für den Abschluss städtebaulicher Verträge im Land Berlin, 1. August 2018, S. 22.

37 Leitlinie für den Abschluss städtebaulicher Verträge im Land Berlin, 1. August 2018, S. 27.

38 Leitlinie für den Abschluss städtebaulicher Verträge im Land Berlin, 1. August 2018, S. 14, 15, 27–31.

39 Leitlinie für den Abschluss städtebaulicher Verträge im Land Berlin, 1. August 2018, S. 22.

Eigenart und den besonderen Lagemerkmalen der Grundstücke ergebenden Aufwendungen gelten als in den Grundstückswert eingegangen und bei der Kaufpreiskalkulation zugrunde gelegt. Hierzu zählen u. a. die Kosten der Beräumung (beispielweise von Kampfmitteln und baulichen Anlagen), zur Sicherung oder Beseitigung von Altlasten, für die Umverlegung von Leitungen sowie für besondere Gründungsmaßnahmen oder Aufwendungen zum Lärmschutz bei vorgefundenen Lärmbelastungen. Im Einzelfall sind auch diese Kosten in der wirtschaftlichen Gesamtbetrachtung zu berücksichtigen, sofern sie bei Kaufvertragsabschluss nicht bekannt sein konnten.[40]

Ebenso kommt es nicht auf den Verkehrswert des Grundstücks an. Es ist unerheblich, ob der Vorhabenträger das Grundstück zu einem angemessenen Wert erworben hat und welcher Verkaufswert nach Errichtung tatsächlich erreicht werden kann. Der Eingangswert soll immer dem höchstmöglichen Bodenwert für werdendes Bauland vor dem Aufstellungsbeschluss entsprechen, während der Zielwert immer dem geringstmöglichen Bodenwert für Bauland entsprechen soll. Renditen des Vorhabenträgers im Einkauf und die Steigerung der Bauerwartung bis zum Aufstellungsbeschluss auf 50 % bleiben ebenso beim Vorhabenträger wie die Renditen aus dem Hochbau wegen eines höheren Neubaustandards. Damit soll sichergestellt sein, dass beim Vorhabenträger auch in der Phase des Grunderwerbes und der Grundstücksentwicklung eine Rendite verbleibt.[41] Wie dies sichergestellt sein soll, erläutert die Leitlinie nicht.

In besonders gelagerten Einzelfällen kann auch eine von den planungsbedingten Bodenwertsteigerungen unabhängige Bewertung der Angemessenheit sachgerecht sein.[42]

## 4. Verfahren

Der Vorhabenträger erkennt zunächst die Eckpunkte der Berliner Leitlinie mit einer Grundzustimmung an (vgl. a), danach folgen mehrere städtebauliche Verträge, welche die Verpflichtungen des Vorhabenträgers regeln (vgl. b). Scheitert das Verfahren, so besteht weder ein Anspruch auf die Aufstellung des Bebauungsplans noch auf Schadensersatz (vgl. c).

---

40 Leitlinie für den Abschluss städtebaulicher Verträge im Land Berlin, 1. August 2018, S. 14.

41 Leitlinie für den Abschluss städtebaulicher Verträge im Land Berlin, 1. August 2018, S. 22, 23.

42 Leitlinie für den Abschluss städtebaulicher Verträge im Land Berlin, 1. August 2018, S. 15.

### *a) Grundzustimmung*

In einem ersten Schritt stimmt der Vorhabenträger der Anwendung der Leitlinie zu. Es handelt sich um eine schriftliche Erklärung, für die ein Muster in der Leitlinie enthalten ist. In der Regel basiert die Grundzustimmung auf dem Entwurf des Aufstellungsbeschlusses. Sobald diese Grundzustimmung vorliegt, leitet das Land Berlin das Verfahren zur Aufstellung eines Bebauungsplans ein.[43]

### *b) Städtebauliche Verträge*

Nach dem Beschluss über die Aufstellung eines Bebauungsplans ist ein städtebaulicher Vertrag zur Übernahme der Verfahrens- und Gutachterkosten durch den Investor zu schließen. Die weiteren in der Leitlinie vorgesehenen Verpflichtungen werden in einem nachfolgend abzuschließenden städtebaulichen Vertrag geregelt. Er ist vor der öffentlichen Auslegung des Bebauungsplans nach § 3 Abs. 2 BauGB zu schließen.[44]

Der Vertrag ist hinsichtlich der Verpflichtungen, welche sich auf die Umsetzung des Bebauungsplans beziehen, aufschiebend bedingt. Die Durchführung der Erschließung ist in der Regel einem gesonderten Vertrag vorbehalten.[45]

### *c) Scheitern des Bebauungsplanverfahrens*

Scheitert das Verfahren, so kann kein Rechtsanspruch auf die Aufstellung des Bebauungsplans durch den städtebaulichen Vertrag begründet werden. Kann der Bebauungsplan nicht aufgestellt werden, weil der städtebauliche Vertrag nicht zum Abschluss kommt, so tragen das Land Berlin und der Vorhabenträger ihre bis dahin entstandenen jeweiligen Kosten selbst.[46] In dem Muster für die Grundzustimmung erklärt der Vorhabenträger zudem, zur Kenntnis genommen zu haben, dass er keine Schadensersatzansprüche hat, sollte das Planverfahren

---

43 Leitlinie für den Abschluss städtebaulicher Verträge im Land Berlin, 1. August 2018, S. 15.

44 Leitlinie für den Abschluss städtebaulicher Verträge im Land Berlin, 1. August 2018, S. 15, 16.

45 Leitlinie für den Abschluss städtebaulicher Verträge im Land Berlin, 1. August 2018, S. 16.

46 Leitlinie für den Abschluss städtebaulicher Verträge im Land Berlin, 1. August 2018, S. 16.

abgebrochen werden oder der Inhalt des Bebauungsplans anders als erwartet sein.[47]

### 5. Zwischenergebnis

Festzuhalten bleibt damit, dass das Berliner Modell im Gegensatz zu Münchener Vorgaben keinen festen Anteil der Bodenwertsteigerung festlegt, den der Investor mindestens behalten darf. Vielmehr darf die Bodenwertsteigerung vollständig abgeschöpft werden. Stattdessen verbleiben dem Investor die Renditen im Einkauf und die Steigerung der Bauerwartung bis zum Aufstellungsbeschluss auf 50 %, ebenso die Renditen aus dem Hochbau wegen eines höheren Neubaustandards. Die Bodenwerte orientieren sich dabei an den allgemeinen Bodenrichtwerten oder vergleichbarer Lagen und nicht des Grundstücks selbst. Für den geförderten Wohnungsbau ist eine Quote von 30 % der Geschossfläche vorgesehen.

Berlin legt mit seinem Berechnungstool seine Rechenansätze offen, was für eine höhere Transparenz des Verfahrens sorgt. Dabei zeigt sich, dass einige Rechenansätze des Modells sehr grob sind, so etwa die einheitliche Größe einer Kita unabhängig von der Grundstücksgröße.

## III. Weitere Städte

### 1. Stuttgart

Der Stuttgarter Gemeinderat fasste im März 2011 den Grundsatzbeschluss zur Einführung des Stuttgarter Innenentwicklungsmodells (SIM). Drei Jahre später im April 2014 beschloss der Gemeinderat, das SIM mit einigen Änderungen fortzuschreiben.

Das SIM ist im gesamten Stadtgebiet anwendbar (vgl. a). Durch das SIM treffen den Planungsbegünstigten bestimmte Pflichten, nämlich die Beteiligung an den Kosten des Vorhabens sowie am geförderten Wohnungsbau (vgl. b). Der Umfang der Verpflichtungen darf zwei Drittel der Bodenwertsteigerung nicht überschreiten (vgl. c). Seit der Fortschreibung des SIM im Jahr 2014 wird auch in Stuttgart eine Grundvereinbarung zwischen dem Vorhabenträger und der Stadt getroffen (vgl. d).

---

47 Leitlinie für den Abschluss städtebaulicher Verträge im Land Berlin, 1. August 2018, S. 19.

### *a) Anwendungsbereich*

Das SIM gilt stadtweit, wenn neues Planungsrecht zugunsten einer höherwertigen Nutzung geschaffen wird[48] und dies im Zuge der Innenentwicklung geschieht.[49] Weitere Voraussetzung ist, dass mindestens ein Drittel der Bodenwertsteigerung beim Planungsbegünstigten verbleibt. Auch bei geringeren Wertsteigerungen gilt das SIM. In solchen Fällen können einzelne Konditionen oder Lasten reduziert oder erlassen werden.[50] Hingegen kommt das SIM bei fehlenden oder nur unwesentlichen Bodenwertsteigerungen nicht zum Einsatz.[51]

Wo die Grenze zwischen unwesentlichen und geringeren Wertsteigerungen liegt, bleibt dabei offen.

Die Quote für den geförderten Wohnungsbau findet erst ab einer Größe von 450 $m^2$ neuer Geschossfläche für Wohnzwecke Anwendung (vgl. unten b bb (1)).

### *b) Leistungspflichten*

Der Planungsbegünstigte verpflichtet sich, die durch das Vorhaben ausgelösten Kosten zu tragen (vgl. aa) sowie eine bestimmte Quote an geförderten Wohnungen zu bauen (vgl. bb). Außerdem besteht eine Bauverpflichtung innerhalb einer Frist von drei Jahren.[52]

#### aa) Kostenbeteiligung

Die Planungsbegünstigten verpflichten sich zu folgenden Leistungen.

- Sie tragen die Lasten, die durch die Wohnbauförderung entstehen. Dazu zählen die Kosten der städtebaulichen Planung einschließlich städtebaulicher Wettbewerbe oder Gutachterverfahren, Vermessungskosten, Fachgutachten.[53]

---

48 Beschluss des Gemeinderates der Landeshauptstadt Stuttgart vom 10. April 2014, Drs. 13/2014, S. 2.

49 Ausführliche Begründung zu Drs. 13/2014, Anlage 1 zur Vorlage 13/2014 vom 18. März 2014, S. 5.

50 Ausführliche Begründung zu Drs. 13/2014, Anlage 1 zur Vorlage 13/2014 vom 18. März 2014, S. 5.

51 Ausführliche Begründung zu Drs. 13/2014, Anlage 1 zur Vorlage 13/2014 vom 18. März 2014, S. 6.

52 Beschluss des Gemeinderates der Landeshauptstadt Stuttgart vom 10. April 2014, Drs. 13/2014, S. 4.

53 Ausführliche Begründung zu Drs. 13/2014, Anlage 1 zur Vorlage 13/2014 vom 18. März 2014, S. 11.

- Im Bebauungsplan ausgewiesene öffentliche Flächen etwa für Verkehrsflächen oder öffentliche Grünanlagen sind kostenlos an die Stadt abzutreten.[54]
- Darüber hinaus verpflichten sich die Planungsbegünstigten, Kosten für gebietsbezogene Infrastrukturmaßnahmen wie Grundschulen in Höhe von 40 % der voraussichtlich entstehenden Herstellungskosten zu übernehmen. Für Kindertagesstätten gelten Besonderheiten.[55]
- Die Kosten für erforderliche Erschließungsanlagen und naturschutzrechtliche Ausgleichsmaßnahmen einschließlich des Pflegeaufwandes übernehmen die Planungsbegünstigten komplett.[56]

Bei der Kostenweitergabe an die Planungsbegünstigten ist auf die strenge Kausalität zwischen dem Vorhaben und den vereinbarten Kosten zu achten. Die Kostenübertragung darf sich lediglich auf die konkrete Standortentwicklung beziehen und muss sich an der tatsächlichen Zahl der realisierten Wohnungen orientieren.[57]

### bb) Geförderter Wohnungsbau

Grundsätzlich sind 20 % der neugeschaffenen Geschossfläche, die Wohnzwecken dient, für den geförderten Wohnungsbau zu sichern. Die Quote soll sich gleichmäßig auf die drei Förderprogramme für preiswertes Wohneigentum, für Mietwohnungen für mittlere Einkommensbezieher und für Sozialmietwohnungen aufteilen. Die Eckdaten der drei Förderprogramme werden in der Anlage 1 der ausführlichen Begründung näher beschrieben.[58] Die Ausschüsse für Wirtschaft und Wohnen sowie für Umwelt und Technik beschlossen im Frühjahr 2017, die Ausgangsmieten zu erhöhen und Obergrenzen für die Verkaufspreise und Wohnungsgrößen festzulegen.[59]

---

54 Ausführliche Begründung zu Drs. 13/2014, Anlage 1 zur Vorlage 13/2014 vom 18. März 2014, S. 11.

55 Ausführliche Begründung zu Drs. 13/2014, Anlage 1 zur Vorlage 13/2014 vom 18. März 2014, S. 11, 12.

56 Ausführliche Begründung zu Drs. 13/2014, Anlage 1 zur Vorlage 13/2014 vom 18. März 2014, S. 13.

57 Ausführliche Begründung zu Drs. 13/2014, Anlage 1 zur Vorlage 13/2014 vom 18. März 2014, S. 6, 7.

58 Ausführliche Begründung zu Drs. 13/2014, Anlage 1 zur Vorlage 13/2014 vom 18. März 2014, S. 8 ff.

59 Beschluss des Ausschusses für Wirtschaft und Wohnen vom 31. März 2017 und vom Ausschuss für Umwelt und Technik vom 4. April 2017, GRDrs. 1018/2016.

Die erste geförderte Wohnung ist ab einer Größe von 450 $m^2$ neuer Geschossfläche für Wohnzwecke zu erstellen. Sobald das neue Planungsrecht eine neue Geschossfläche für Wohnen von 1.350 $m^2$ ausweist, ist die erste Sozialmietwohnung zu bauen.[60] Der geförderte Wohnungsbau soll grundsätzlich im Planungsgebiet erstellt werden;[61] bei besonderer Begründung können jedoch Ersatzmaßnahmen im Radius von 1.000 $m^2$ zugelassen werden. In diesem Fall erhöht sich die Förderquote allerdings auf 30 %. Eine Ablösung in Geld ist grundsätzlich nicht möglich.[62]

In Kerngebieten und Mischgebieten gelten besondere Regelungen:

In Kerngebieten sind aus der gesamten Geschossfläche 4 % zugunsten des geförderten Wohnungsbaus zu verwenden. Der Planungsbegünstigte im Kerngebiet wird damit begünstigt, wenn er einen höheren Wohnanteil schafft: Es bleibt bei den 4 % der Gesamtfläche, er muss nicht mehr geförderte Wohnungen schaffen. Bei einer Ersatzmaßnahme aus einem Kerngebiet erhöht sich der Anteil für den geförderten Wohnungsbau auf 6 % der gesamten Geschossfläche bezogen auf das zugehörige SIM-Gebiet. Damit führt auch im Kerngebiet eine Ersatzmaßnahme zu einer Steigerung der Förderquote um die Hälfte.[63]

In Mischgebieten beträgt der Anteil des geförderten Wohnungsbaus 14 % der insgesamt neu geschaffenen Geschossfläche. Dabei ist Voraussetzung, dass der Wohnanteil des Mischgebietes mindestens 70 % beträgt.[64] Gleichzeitig darf der Anteil am geförderten Wohnungsbau maximal 20 % der tatsächlich geschaffenen Geschossfläche im Wohnungsbau betragen.[65] Bei einer Ersatzmaßnahme aus einem Mischgebiet erhöht sich der Anteil für den geförderten Wohnungsbau auf 21 % der gesamten Geschossfläche bezogen auf das zugehörige SIM-Gebiet.[66] Dies widerspricht nicht der Höchstgrenze von 20 %, da die 20 % sich auf die

60 Beschluss des Gemeinderates der Landeshauptstadt Stuttgart vom 10. April 2014, Drs. 13/2014, S. 2, 3.

61 Ausführliche Begründung zu Drs. 13/2014, Anlage 1 zur Vorlage 13/2014 vom 18. März 2014, S. 7.

62 Beschluss des Gemeinderates der Landeshauptstadt Stuttgart vom 10. April 2014, Drs. 13/2014, S. 2.

63 Beschluss des Gemeinderates der Landeshauptstadt Stuttgart vom 10. April 2014, Drs. 13/2014, S. 3.

64 Beschluss des Gemeinderates der Landeshauptstadt Stuttgart vom 10. April 2014, Drs. 13/2014, S. 3.

65 Ausführliche Begründung zu Drs. 13/2014, Anlage 1 zur Vorlage 13/2014 vom 18. März 2014, S. 7, 8.

66 Beschluss des Gemeinderates der Landeshauptstadt Stuttgart vom 10. April 2014, Drs. 13/2014, S. 3.

Geschossfläche im Wohnungsbau beziehen, die 21 % hingegen an die gesamte Geschossfläche anknüpfen.

### c) *Angemessenheit*

In Stuttgart ist es bereits Voraussetzung für die Anwendbarkeit des SIM, dass mindestens 1/3 der Bodenwertsteigerung beim Planungsbegünstigten verbleibt;[67] der Umfang der Verpflichtungen darf daher maximal 2/3 der Bodenwertsteigerung betragen.

Die Bodenwertsteigerung ergibt sich aus der Differenz des Anfangswertes (vgl. aa) und des Endwertes (vgl. bb) des Grundstücks. Die Bodenwerte werden in der Regel vom Stadtmessungsamt ermittelt (vgl. cc). Reichen die abschöpfbaren 2/3 der Bodenwertsteigerung nicht aus, um alle Verpflichtungen zu erfüllen, kommen modifizierte Konditionen zum Zuge (vgl. dd).

#### aa) Anfangswert

Der Anfangswert bemisst sich nach dem geltenden Planrecht. Bei Flächen ohne geltendes Planrecht wird der Anfangswert mit Rohbauland oder Bauerwartungsland bewertet. In beiden Fällen wird der Anfangswert für das unbelastete Grundstück ermittelt.[68]

#### bb) Endwert

Der Endwert ergibt sich aus dem Wert des erschließungsbeitragsfreien Baulands entsprechend der vorgesehenen baulichen Ausnutzung in Art und Maß nach dem neuen Planungsrecht.[69]

#### cc) Ermittlung der Bodenwerte

Die dem Anfangs- und Endwert zugrunde liegenden Bodenwerte werden gutachterlich vom Stadtmessungsamt ermittelt. In besonders kritischen Fällen kann mit der Aufgabe auch der unabhängige Gutachterausschuss betraut werden.

Sofern sich Art oder wertrelevantes Maß der baulichen Nutzung zwischen dem Zeitpunkt der Grundvereinbarung und dem Abschluss des städtebaulichen

---

67 Beschluss des Gemeinderates der Landeshauptstadt Stuttgart vom 10. April 2014, Drs. 13/2014, S. 2.

68 Ausführliche Begründung zu Drs. 13/2014, Anlage 1 zur Vorlage 13/2014 vom 18. März 2014, S. 5.

69 Ausführliche Begründung zu Drs. 13/2014, Anlage 1 zur Vorlage 13/2014 vom 18. März 2014, S. 5, 6.

Vertrags ändert, ist das Wertgutachten bezüglich des Endwertes durch die kommunale Bewertungsstelle auf den aktuellen Zeitpunkt fortzuschreiben. Auch hier wird in besonders kritischen Fällen der unabhängige Gutachterausschuss einbezogen.[70]

#### dd) Leistungspflichten übersteigen abschöpfbare Bodenwertsteigerung

In den Fällen, in denen die abschöpfbaren zwei Drittel der Bodenwertsteigerung nicht ausreichen, um alle Lasten zu bedienen, finden modifizierte Konditionen Anwendung. Es können dann Lasten reduziert oder erlassen werden.[71] Die verschiedenen Lasten sind dabei priorisiert: Zunächst werden die Verfahrenskosten und die Kosten der Erschließungsmaßnahmen abgezogen. Bleibt anschließend noch mehr als ein Drittel der Bodenwertsteigerung übrig, werden der geförderte Wohnungsbau und die Kosten der erforderlichen sozialen Infrastruktur berücksichtigt.[72]

### *d) Verfahren*

Zu Beginn des Verfahrens schließen Vorhabenträger und Stadt eine Grundvereinbarung, in welcher der Vorhabenträger die Grundsätze des SIM anerkennt. Zugleich wird in der Grundvereinbarung der Anfangswert verbindlich festgelegt und der vorläufige Endwert des Grundstücks bestimmt.[73] Der Grundvereinbarung schließt sich später der eigentliche städtebauliche Vertrag an.

### *e) Zwischenergebnis*

Zusammenfassend ist festzustellen, dass nach dem Stuttgarter Innenentwicklungsmodell – wie in München – mindestens 1/3 der Bodenwertsteigerung dem Planungsbegünstigten verbleiben und maximal 2/3 abgeschöpft werden können. Die erforderlichen Bodenwerte des betroffenen Grundstücks werden gutachterlich ermittelt. Auf 20 % der für Wohnen neu geschaffenen Geschossfläche muss geförderter Wohnraum entstehen, bei Ersatzmaßnahmen steigt der Anteil auf

---

70 Ausführliche Begründung zu Drs. 13/2014, Anlage 1 zur Vorlage 13/2014 vom 18. März 2014, S. 6.

71 Ausführliche Begründung zu Drs. 13/2014, Anlage 1 zur Vorlage 13/2014 vom 18. März 2014, S. 16.

72 Ausführliche Begründung zu Drs. 13/2014, Anlage 1 zur Vorlage 13/2014 vom 18. März 2014, S. 7, beschlossen mit Änderungen am 10. April 2014, Protokoll S. 10.

73 Ausführliche Begründung zu Drs. 13/2014, Anlage 1 zur Vorlage 13/2014 vom 18. März 2014, S. 5.

30 %. Diese Quoten gelten allerdings erst ab einer Mindestgröße der neugeschaffenen Geschossfläche zu Wohnzwecken. Für Kerngebiete und Mischgebiete sieht das Stuttgarter Innenentwicklungsmodell Sonderregelungen vor.

## 2. Düsseldorf

Auch die Stadt Düsseldorf verfügt über Grundsatzregelungen, nach denen städtebauliche Verträge mit Planungsbegünstigten abgeschlossen werden. Diese verbindlichen Grundsatzregelungen wurden im Rahmen des Handlungskonzepts Zukunft Wohnen.Düsseldorf vom 6. Juni 2013 festgelegt und durch den Beschluss des Rates vom 28. April 2016[74] modifiziert.

Das Handlungskonzept ist in der gesamten Stadt anwendbar (vgl. a). Wie die anderen Städte will auch Düsseldorf die Investoren an den Kosten des Bauvorhabens sowie der Errichtung preiswerter Wohnungen beteiligen (vgl. b). Der Umfang, in dem der Investor an diesen Ausgaben beteiligt werden darf, wird nicht durch einen bestimmten Anteil der Bodenwertsteigerung bestimmt, sondern nur abstrakt von der Angemessenheit begrenzt (vgl. c).

### *a) Anwendungsbereich*

Das Handlungskonzept Zukunft Wohnen.Düsseldorf ist gesamtstädtisch anwendbar. Voraussetzung der verbindlichen Anwendung der Quote für den Bau preisgedämpfter und geförderter Wohnungen ist bei jedem Bauvorhaben, dass ein Bebauungsplan vorgesehen ist.[75] Im Unterschied zu München und Stuttgart, wo unter den Begriff „geförderter Wohnungsbau" sowohl Wohnungen für geringe als auch für mittlere Einkommen verstanden werden, unterscheidet Düsseldorf beide Gruppen begrifflich. Der preisgedämpfte Wohnungsbau richtet sich an mittlere Einkommen, der geförderte Wohnungsbau an geringe Einkommen. Teilweise wird in dem Handlungskonzept nur der geförderte Wohnungsbau genannt, gemeint ist nach Auskunft des Stadtplanungsamtes Düsseldorf aber jeweils auch der preisgedämpfte Wohnungsbau.

Die Quote sollte zunächst nur für Vorhaben ab 100 Wohneinheiten festgeschrieben werden, um sicherzustellen, dass sie städtebaulich und wirtschaftlich umsetzbar ist.[76] Mit dem Ergänzungsantrag 01/145/2013 vom 6. Juni 2013 wurde die Regelung dann jedoch auch auf Bauvorhaben unter

---

74 Beschlussvorlage 61/33/2016.

75 Handlungskonzept Zukunft Wohnen.Düsseldorf, S. 91, 93, 127; Beschlussvorlage 61/33/2016, Anlage S. 4, 5.

76 Handlungskonzept Zukunft Wohnen.Düsseldorf, S. 93, Fn. 33.

100 Wohneinheiten ausgedehnt. Der Wortlaut unterscheidet weiterhin zwischen Vorhaben ab 100 Wohneinheiten, auf welche die Quoten anzuwenden *sind*, und Vorhaben unter 100 Wohneinheiten, auf welche die Quoten angewendet werden *sollen*.[77] Dem liegt nach Auskunft des Stadtplanungsamtes Düsseldorf jedoch keine Unterscheidung in dem Sinne zugrunde, dass die Quotierung für größere Bauvorhaben ausnahmslos und für kleinere nur in der Regel gilt. Vielmehr unterliegen alle Bauvorhaben der Quote unabhängig von ihrer Größe. Diese Auslegung findet sich auch in der Anlage zur Beschlussvorlage 61/33/2016 wieder, wonach die Quotierungsregelung unabhängig von der Anzahl der geplanten Wohneinheiten gilt.[78] Nach Auskunft des Stadtplanungsamts werden bei kleinen Vorhaben aber eher Abweichungen von der Quote zugelassen.

### *b) Leistungspflichten*

Der Investor soll zum einen an den durch das Bauvorhaben ausgelösten Kosten beteiligt werden (vgl. aa), zum anderen einen bestimmten Anteil geförderter und preisgedämpfter Wohnungen errichten (vgl. bb).

#### aa) Kostenbeteiligung

Zur Finanzierung der durch ein Bauvorhaben ausgelösten Kosten wie Planung, Baureifmachung und Erschließung schließt Düsseldorf regelmäßig städtebauliche Verträge mit den Planungsbegünstigten ab. Die Verträge werden grundsätzlich individuell auf den Einzelfall ausgelegt. Neben der Kostentragung durch die Planungsbegünstigten regeln die Verträge insbesondere auch die Rechte und Pflichten der Vertragsparteien wie zum Beispiel Bau- und Sanierungsverpflichtungen, die grundsätzlich unentgeltliche Übertragung der zukünftig öffentlichen Flächen an die Stadt, die Errichtung oder Kostentragung der erforderlichen Gemeinbedarfsinfrastruktur sowie die Übernahme der Herstellungskosten von öffentlichen Grün-, Ausgleichs- und Verkehrsflächen, aber auch qualitative Planungsansprüche (etwa die Anforderungen an die energetische Qualität von Gebäuden).[79]

#### bb) Geförderter und mietpreisgedämpfter Wohnungsbau

Nach dem Düsseldorfer Handlungskonzept in der Gestalt der Anpassungen vom April 2016 müssen insgesamt 40 % der geplanten Wohneinheiten im geförderten

---

77 Handlungskonzept Zukunft Wohnen.Düsseldorf, S. 93.
78 Beschlussvorlage 61/33/2016, S. 5.
79 Handlungskonzept Zukunft Wohnen.Düsseldorf, S. 112.

und preisgedämpften Segment realisiert werden (vgl. (1)). Abweichungen von dieser Quote sind im Einzelfall möglich (vgl. (2)).

*(1) Quotierung für geförderten und preisgedämpften Wohnungsbau*

Die verbindlichen Grundsatzregelungen sahen ursprünglich vor, dass 20 % der Wohneinheiten im geförderten Mietwohnungsbau und weitere 20 % im preisgedämpften Wohnungsbau zu errichten sind.[80] Seit der Modifizierung des Handlungskonzeptes im April 2016 ist die Quote etwas flexibler gestaltet: Zwischen 20 - 30 % der Wohneinheiten sind im geförderten Wohnungsbau und zwischen 10 - 20 % der Wohneinheiten im preisgedämpften Wohnungsbau zu errichten. Innerhalb dieser Vorgaben kann der Investor die Verteilung bis zur Erstellung des städtebaulichen Vertrags wählen. Dabei muss die Summe des geförderten und preisgedämpften Wohnraums immer 40 % ergeben.[81] Die Anzahl der Wohneinheiten entspricht dabei der Bruttogeschossfläche/100 $m^2$.[82]

Für besondere Vorhabentypen wie die Umnutzung von Bestandsgebäuden oder gemeinschaftliche Wohnformen gelten abweichende Quoten. So wird bei der Umnutzung beispielsweise auf den geförderten Wohnungsbau verzichtet.[83]

*(2) Abweichungen von der Quote*

Abweichungen von der Quotierungsregelung sind im Einzelfall möglich. Hierfür ist eine politische Beschlussfassung nötig, die nicht näher konkretisiert wird.[84]

Das Handlungskonzept ging in seiner ursprünglichen Fassung noch von einer „variablen Standardquote“ aus, die abweichende Einzelfallentscheidungen zuließ. Dadurch sollte ein Kompromiss erreicht werden zwischen Transparenz, Planungssicherheit und Gleichbehandlung - denen eine feste Quote besser dient - und dem Bedürfnis, auf spezielle städtebauliche Situationen reagieren zu können.[85] Es gab auch vor, wann eine Abweichung möglich war, nämlich wenn der Standort für die Umsetzung von gefördertem und preisgedämpftem Wohnraum nicht oder nur eingeschränkt geeignet ist.[86] Dann konnte unter bestimmten Voraussetzungen die Quote des geförderten Wohnungsbaus statt im Plangebiet

80 Handlungskonzept Zukunft Wohnen.Düsseldorf, S. 93.

81 Beschlussvorlage 61/33/2016, S. 3.

82 Handlungskonzept Zukunft Wohnen.Düsseldorf, S. 93, Fn. 33.

83 Beschlussvorlage 61/33/2016, S. 4.

84 Beschlussvorlage 61/33/2016, S. 3.

85 Handlungskonzept Zukunft Wohnen.Düsseldorf, S. 92.

86 Handlungskonzept Zukunft Wohnen.Düsseldorf, S. 94.

an einem Alternativstandort innerhalb des Stadtgebietes oder durch den Ankauf von Belegungsbindungen im Bestand erfüllt werden.[87]

Die modifizierte Fassung gibt ausdrücklich keine Abweichungsoptionen mehr vor.[88]

### *c) Angemessenheit*

Eine Höchstgrenze, bis zu welcher der Investor in den städtebaulichen Verträgen durch die mitzutragenden Kosten und den günstigen Wohnraum maximal belastet werden kann, wird nicht festgelegt. Es heißt lediglich, dass der Grundstückseigentümer an den durch das Bauvorhaben ausgelösten Kosten angemessen beteiligt werden soll und der städtebauliche Vertrag individuell auf den Einzelfall ausgelegt wird.[89]

### *d) Zwischenergebnis*

Festzuhalten ist, dass in Düsseldorf eine Quote von insgesamt 40 % für den geförderten und preisgedämpften Wohnungsbau gilt. Bemessungsgrundlage sind Wohneinheiten, wobei jeweils 100 $m^2$ einer Wohneinheit entsprechen. Letztlich bemisst sich der zu schaffende Wohnraum daher auch nach der entstandenen Geschossfläche.

Auch Düsseldorf betont, dass die Belastung des Investors angemessen sein muss. Bis zu welcher Grenze die Belastung noch angemessen ist, wird nicht präzisiert.

## IV. Zwischenergebnis

Zusammenfassend ist positiv zu bewerten, dass alle betrachteten Städte inzwischen über stadtweit einheitliche Regelungen verfügen. Damit kann der Investor innerhalb einer Stadt damit rechnen, dass für alle Vorhaben dieselben Maßstäbe gelten. Dies fördert Planungssicherheit, Gleichbehandlung und Transparenz für die Investoren. Gleichzeitig stellen einheitliche Regelungen für die Verwaltung eine Arbeitserleichterung dar.

Alle Städte wollen die Investoren an den Kosten des Vorhabens sowie an dem geförderten Wohnungsbau beteiligen. Unterschiedlich geregelt ist jedoch, bis zu welchem Umfang dies geschehen kann: Während München und Stuttgart den

---

87 Handlungskonzept Zukunft Wohnen.Düsseldorf, S. 94.

88 Beschlussvorlage 61/33/2016, S. 3.

89 Handlungskonzept Zukunft Wohnen.Düsseldorf, S. 112.

Umfang der angemessenen Beteiligung auf den festen Anteil von zwei Drittel der Bodenwertsteigerung des Grundstücks begrenzen, kann in Berlin die gesamte Bodenwertsteigerung abgeschöpft werden. Dem Investor verbleibt jeweils die Differenz zwischen dem Eingangswert und dem Verkehrswert sowie zwischen dem Zielwert und dem Verkaufswert. Er darf also unterschiedlich viel behalten, je nachdem wie günstig er das Grundstück kauft und wie teuer er es verkauft. Düsseldorf schließlich legt gar keine Grenze für die Angemessenheit fest.

Die Quoten für den herzustellenden günstigen Wohnraum reichen von 20 % in Stuttgart über 30 % in Berlin bis zu 40 % in München und Düsseldorf. Inzwischen ziehen alle Städte als Bemessungsgrundlage die neu entstandene Geschossfläche für Wohnzwecke und nicht die Anzahl der Wohnungen heran.

# C. Voraussetzungen städtebaulicher Verträge

Dem Rechtsinstrument der städtebaulichen Verträge kommt in den Baulandmodellen herausragende Bedeutung zu. Daher bestimmt sich auch deren rechtliche Zulässigkeit nach der Frage, ob und inwieweit die Anforderungen des § 11 BauGB erfüllt sind. § 11 Abs. 1 S. 2 BauGB nennt in seinen Nummern 1–5 beispielhaft mögliche Gegenstände städtebaulicher Verträge. Für die hier betrachteten Verträge zur Sozialgerechten Bodennutzung sind die ersten drei Nummern am relevantesten, da sie die Beteiligung des Investors an erforderlichen städtebaulichen Maßnahmen (Nr. 1 und 3) sowie die Schaffung von Wohnraum (Nr. 2) behandeln.

Nach § 11 Abs. 1 S. 2 Nr. 1 BauGB kann dem Investor die Vorbereitung oder Durchführung städtebaulicher Maßnahmen auf eigene Kosten übertragen werden, zum Beispiel die Bodensanierung, die Erschließung und die Ausarbeitung der städtebaulichen Planungen (sog. Durchführungsvertrag). Der Begriff der städtebaulichen Maßnahmen ist in Nr. 1 im gleichen Sinn wie in Nr. 3 zu verstehen.[90] Ein Folgekostenvertrag nach Nr. 3 liegt vor, wenn der Investor die Kosten oder Aufwendungen übernimmt, die der Gemeinde für städtebauliche Maßnahmen entstehen. Da es keinen Unterschied macht, ob der Investor die Maßnahmen auf eigene Kosten durchführt oder die Gemeinde die Maßnahmen durchführt und der Investor die Kosten trägt, gelten für Nr. 1 und Nr. 3 dieselben Voraussetzungen.[91] Im Folgenden werden daher nur die Voraussetzungen von Folgekostenverträgen nach Nr. 3 (vgl. I) und Vereinbarungen zur Schaffung von günstigem Wohnraum nach Nr. 2 (vgl. II) dargestellt.

## I. Folgekostenverträge gem. § 11 Abs. 1 S. 2 Nr. 3 BauGB

Mit einem Folgekostenvertrag übernimmt der Bauherr Folgekosten seines Vorhabens. Darunter fallen vor allem Kosten, die durch den Zuzug der neuen Bewohner entstehen wie für Schulen und Spielplätze. Dabei kann der Bauherr nur solche Kosten und Aufwendungen übernehmen, die *„der Gemeinde für städtebauliche Maßnahmen entstehen oder entstanden sind und die Voraussetzung oder Folge des geplanten Vorhabens sind“* (§ 11 Abs. 1 S. 2 Nr. 3 BauGB). Die damit beschriebene Kausalität ist Voraussetzung von Folgekostenverträgen

90 BT-Drs. 17/11468, S. 13.

91 Reidt, in: Battis/Krautzberger/Löhr, BauGB, § 11 Rn. 30, 36.

(vgl. 1). Die Gemeinde muss den Kausalzusammenhang zwischen der städtebaulichen Maßnahme und dem Vorhaben belegen können (vgl. 2).

## 1. Kausalität

Damit ein Folgekostenvertrag geschlossen werden kann, muss die städtebauliche Maßnahme Voraussetzung oder Folge des Vorhabens sein. Dafür reicht nicht aus, dass die städtebauliche Maßnahme lediglich in sachlichem Zusammenhang mit dem vom Investor geplanten Vorhaben und der städtebaulichen Planung der Gemeinde steht. Vielmehr gilt das „Erfordernis der Ursächlichkeit".[92] Diese Ursächlichkeit muss unmittelbar sein, lässt der Gemeinde aber einen gewissen Wertungsspielraum (vgl. a). Innerhalb dieses Wertungsspielraumes muss die Gemeinde die vom Investor zu zahlenden Beträge bestimmten Maßnahmen zuordnen. Der Kausalzusammenhang wird so für die einzelne Maßnahme konkretisiert (vgl. b). Nicht entscheidend für die Kausalität ist die Größe des Vorhabens, so dass auch kleinere Vorhaben Kosten auslösen können, an denen der Investor sich beteiligt (vgl. c). Die Kausalität hat räumliche (vgl. d) und zeitliche Grenzen (vgl. e). Ihr steht jedoch nicht entgegen, wenn ein Vorhaben eine Maßnahme nur teilweise verursacht (vgl. f).

### *a) Unmittelbare Kausalität und Wertungsspielraum*

Die Ursächlichkeit muss unmittelbar sein.[93] Hieran fehlt es, wenn die Maßnahme auch ohne das Vorhaben erforderlich gewesen wäre.[94] Nicht zulässig sind daher beispielweise die Deckung eines Nachholbedarfs für bereits zuvor verwirklichte Planungen[95], das Bilden eines finanziellen Polsters für gegenwärtig noch nicht absehbare Planungen[96] oder die Deckung von Sowieso-Kosten[97].

Das Erfordernis der Ursächlichkeit ist nicht als naturwissenschaftliche Kausalität zu verstehen. Denn die Gemeinde hat einen gewissen Wertungsspielraum

---

92 BVerwG, Urteil vom 29. Januar 2009 – 4 C 15/07, NVwZ 2009, 1109 (1111, 1112); Urteil vom 14. August 1992 – 8 C 19/90, NJW 1993, 1810; Urteil vom 6. Juli 1973 – IV C 22/72, NJW 1973, 1895 (1898).

93 Hoffmann, in: Spannowsky/Uechtritz, BauGB, § 11 Rn. 29; Quaas/Kukk, in: Schrödter, BauGB, § 11 Rn. 51; Schwab, Städtebauliche Verträge, Rn. 233.

94 Reidt, in: Battis/Krautzberger/Löhr, BauGB, § 11 Rn. 60.

95 BVerwG, Urteil vom 29. Januar 2009 – 4 C 15/07, NVwZ 2009, 1109 (1112, Rn. 31).

96 BVerwG, Urteil vom 29. Januar 2009 – 4 C 15/07, NVwZ 2009, 1109 (1112, Rn. 31); BVerwG, Urteil vom 14. August 1992 – 8 C 19/90, NJW 1993, 1810 (1810, 1811).

97 Quaas/Kukk, in: Schrödter, BauGB, § 11 Rn. 51.

bei der Entscheidung, welche Maßnahmen sie als Voraussetzung oder Folge für erforderlich hält.[98] Die Grenze des planerischen Spielraums der Gemeinde ist das Abwägungsgebot: Die Gemeinde darf eine städtebauliche Maßnahme nur dann als Voraussetzung oder Folge einer Baugebietsausweisung oder einer sonstigen Gewährung von Baurecht ansehen (und Folgekosten geltend machen), wenn sie im Hinblick auf die Kosten der Maßnahme abwägungsfehlerfrei auf die Schaffung des Baurechts verzichten dürfte.[99] Auch Art und Umfang des Bedarfs an Folgeeinrichtungen ist eine Wertungsentscheidung der Gemeinde, z. B. die Soll-Stärke einer Kindergartengruppe.[100]

### *b) Konkretisierung nötig*

Die Pflichten des Investors müssen konkret auf das Vorhaben bezogen sein. Im Vertrag müssen daher die vereinbarten, vom Investor zu zahlenden Beträge in bestimmter Höhe bestimmten Folgemaßnahmen zugeordnet werden. Unzulässig ist es daher, die Zahlung eines pauschal geschätzten Geldbetrages pro Wohneinheit oder pro Quadratmeter Geschossfläche zu vereinbaren, mit dem die „üblicherweise" entstehenden Folgekosten gedeckt werden sollen. Bei solchen allgemeinen Zuzugs- oder Infrastrukturabgaben beteiligt sich der Investor finanziell an gemeindlichen Maßnahmen, die unabhängig von seinem Vorhaben sind, so dass die Konkretisierung und damit der Kausalzusammenhang fehlen.[101]

Die Konkretisierung muss nicht notwendig im Wortlaut der Vertragsurkunde in Erscheinung treten.[102] Ausreichend ist, wenn aus der Anlage des Vertrags oder

98 BVerwG, Urteil vom 24. März 2011 – 4 C 11/10, NVwZ 2011, 1132 (1133); Bunzel/Coulmas/Schmidt-Eichstaedt, Städtebauliche Verträge – Ein Handbuch, S. 201, 202; Hoffmann, in: Spannowsky/Uechtritz, BauGB, § 11 Rn. 29; Oerder, BauR 1998, 22 (31); Reidt, in Battis/Krautzberger/Löhr, BauGB, § 11 Rn. 59.

99 BVerwG, Urteil vom 24. März 2011 – 4 C 11/10, NVwZ 2011, 1132 (1133, Rn. 10, 11); BVerwG, Urteil vom 29. Januar 2009 – 4 C 15/07, NVwZ 2009, 1109 (1112, Rn. 30); OVG Lüneburg, Urteil vom 19. Mai 2011 – 1 LC 86/09, zitiert nach juris Rn. 63; Birk, Städtebauliche Verträge, Rn. 700.

100 Burmeister, Praxishandbuch Städtebauliche Verträge, Rn. 89.

101 BVerwG, Urteil vom 6. Juli 1973, NJW 1973, 1895 (1898); Bunzel/Coulmas/Schmidt-Eichstaedt, Städtebauliche Verträge – Ein Handbuch, S. 201; Busse, KommJur 2009, 241 (244); Hoffmann, in: Spannowsky/Uechtritz, BauGB, § 11 Rn. 31; Reidt, in: Battis/Krautzberger/Löhr, BauGB, § 11 Rn. 58, 60.

102 BVerwG, Urteil vom 6. Juli 1973 – IV C 22/72, NJW 1973, 1895 (1898); BGH, Urteil vom 18. September 2009 – V ZR 2/09, NVwZ 2010, 398 (400, Rn. 16); Bayerischer VGH, Urteil vom 2. April 1980 – 290 IV 76, BayVBL. 1980, 719 (721).

sonstigen Umständen hinreichend deutlich hervorgeht, welche Maßnahmen in welcher Höhe finanziert werden sollen.[103]

### c) *Ursächlichkeit unabhängig von der Größe des Vorhabens*

Die frühere Rechtsprechung nahm an, dass eine Ursächlichkeit nur bei größeren Vorhaben gegeben sein könnte und bei kleineren „normalen“ Vorhaben ausgeschlossen sei.[104] Dies wurde im Wesentlichen damit begründet, dass kleinere Bauvorhaben ohne wesentliche infrastrukturelle Auswirkungen keine konkreten Aufwendungen verursachen würden. Diese Auffassung hätte zur Folge, dass in den Leitlinien und Modellen der Städte Mindestgrößen der Vorhaben festgelegt sein müssten, unter denen die Baulandmodelle keine Anwendung finden dürften.

Von dieser Ansicht ist die Rechtsprechung inzwischen abgerückt. Kostenübernahmeverträge sind nunmehr auch bei einzelnen kleinen Bauprojekten möglich, wenn sie konkrete Aufwendungen verursachen. Die Verursachung konkreter Aufwendungen ist das entscheidende Kriterium, nicht die Größe des Bauvorhabens.[105] Davon geht auch ein großer Teil der Literatur aus, da es heute um die sehr viel differenziertere und aufwändigere Planung und Erschließung auch kleiner Baugebiete gehe. Die gegenteilige Auffassung sei daher zu eng und entspreche den gegenwärtigen Anforderungen des Städtebaus nicht mehr.[106] Zudem wird sich auch unter dem Gesichtspunkt der Gleichbehandlung in der Regel jeder Grundstückseigentümer im Vertragsgebiet zur Zahlung der Folgelast verpflichten müssen und nicht nur die Eigentümer der Grundstücke, auf denen größere Vorhaben realisiert werden sollen.[107]

---

103 Hoffmann, in: Spannowsky/Uechtritz, BauGB, § 11 Rn. 30; Quaas/Kukk, in: Schrödter, BauGB, § 11 Rn. 51.

104 BVerwG, Beschluss vom 25. November 1980 – 4 B 140/80, NJW 1981, 1747 (1747); Bayerischer VGH, Urteil vom 2. April 1980 – 290 IV 76, BayVBl 1980, 719 (719, 721).

105 BVerwG 29.1.2009 – 4 C 15.07, NVwZ 2009, 1109 (1112, Rn. 29); BVerwG, Urteil vom 14. August 1992 – 8 C 19/90, NJW 1993, 1810 (1811); VGH Baden-Württemberg, Urteil vom 2. Februar 2005 – 5 S 639/02, NVwZ-RR 2006, 90 (92).

106 Busse, KommJur 2009, 241 (244); Hoffmann, in: Spannowsky/Uechtritz, BauGB, § 11 Rn. 31.1; Krautzberger, in: Ernst/Zinkahn/Bielenberg/Krautzberger, BauGB, Stand August 2016, § 11 Rn. 164c; Quaas/Kukk, in Schrödter, BauGB, § 11 Rn. 56; Reidt, in: Battis/Krautzberger/Löhr, BauGB, § 11, Rn. 60; **aA** Bick, DVBl. 2001, 154 (159); Grziwotz, Vertragsgestaltung im öffentlichen Recht, Rn. 337.

107 Birk, Städtebauliche Verträge, Rn. 696.

### d) *Räumliche Grenze der Ursächlichkeit*

Die Kausalität hat nach überwiegender Auffassung eine räumliche Grenze, welche aber nicht zwingend den Grenzen des Baugebietes entspricht:

Die städtebauliche Maßnahme kann auch außerhalb des Baugebiets des Vorhabens liegen.[108] Ebenso ist ein Folgekostenvertrag auch dann zulässig, wenn der Bedarf für eine städtebauliche Maßnahme durch die Überplanung und Bebauung mehrerer Bebauungsplangebiete verursacht wird. Obwohl die Maßnahme dann nur in einem der Baugebiete anfällt, kann sie auch für Vorhaben in den anderen Baugebieten als Voraussetzung oder Folge anzusehen sein. Um zu belegen, dass eine städtebauliche Maßnahme die Folge mehrerer neu ausgewiesener Baugebiete ist, kann die Gesamtkonzeption einer Gemeinde geeignet sein. Hierfür muss die Gemeinde transparent, nachvollziehbar und damit kontrollierbar belegen können, dass die von ihr beabsichtigte Baulandentwicklung einen weiteren Bedarf an öffentlichen Einrichtungen hervorruft. Die Bebauungspläne müssen realistischerweise in einem überschaubaren zeitlichen Zusammenhang verwirklichungsfähig sein. Ein derartiges Konzept muss vom Rat der Gemeinde beschlossen und damit von seiner planerischen und gestaltenden Willensbildung gedeckt sein.[109] Dient die Maßnahme nicht nur dem im Vertrag erfassten Bauvorhaben oder Baugebiet, sondern gleichzeitig auch anderen, ist der „Verteilungsschlüssel" zwischen den einzelnen Vorhaben nachvollziehbar offenzulegen.[110] Das Konzept kann aber in der Regel nicht auf eine die gesamte Gemeinde umfassende Gesamtplanung erstreckt werden.[111]

Nach alldem bildet zwar nicht das Baugebiet die Grenze der Kausalität, dennoch kann eine räumliche Distanz in eine fehlende sachliche Zuordenbarkeit und damit fehlende Kausalität umschlagen. So ist ein Kindergarten, der 1 km entfernt vom Baugebiet liegt, für die Bewohner nutzbar, ein Kindergarten in 10 km Entfernung hingegen eher nicht.[112] Wann die sachliche Zuordenbarkeit entfällt, hängt von der jeweiligen Einrichtung ab und ist daher im Einzelfall zu

---

108 Krautzberger, UPR 2007, 407 (409).

109 BVerwG, Urteil vom 23. April 2011 - 4 C 11/10, NvWZ 2011, 1132 (1133, Rn. 11); BVerwG, Urteil vom 29. Januar 2009 - 4 C 15/07, NVwZ 2009, 1109 (1112, Rn. 30, 32); VG Cottbus, Urteil vom 27. Oktober 2005 - 3 K 948/02, zitiert nach juris Rn. 38; Hoffmann, in: Spannowsky/Uechtritz, BauGB, § 11 Rn. 31; Quaas/Kukk, in: Schrödter, BauGB, § 11 Rn. 58.

110 Birk, Städtebauliche Verträge, Rn. 706; vgl. BVerwG, Urteil vom 24. März 2011 - 4 C 11.10, ZfBR 2011, 474 (475).

111 Reidt, in: Battis/Krautzberger/Löhr, BauGB, § 11 Rn. 60.

112 Birk, Städtebauliche Verträge, Rn. 702.

bestimmen – was für Verwaltung und Investor eine gewisse Rechtsunsicherheit mit sich bringt.

Nach einer anderen Auffassung ist die räumliche Entfernung zwischen Vorhaben und Maßnahme kein geeigneter Maßstab, um den Kausalzusammenhang zu beurteilen. Denn der Zusammenhang könne bei einer Maßnahme in unmittelbarer räumlicher Nähe fehlen, wenn es sich um eine zentrale öffentliche Einrichtung handele, die ganz anderen Zwecken diene als dem Vorhaben des Investors.[113] Diese Argumentation kann indes nur widerlegen, was ohnehin nicht vertreten wird: Dass räumliche Nähe gleichbedeutend mit Kausalität sei. Die Argumentation widerlegt nicht, dass eine größere räumliche Entfernung die Kausalität ausschließen kann.

### *e) Zeitliche Grenze der Ursächlichkeit*

Neben der räumlichen Grenze kennt die Kausalität auch eine zeitliche Grenze. Wie diese Grenze zu bestimmen ist, ist umstritten. Eine Meinung stützt sich auf ältere Rechtsprechung[114], wonach die Kausalität voraussetzt, dass ein konkretes Einzelvorhaben die Aufwendungen verursacht. Daraus leitet diese Ansicht ab, dass die gemeindlichen Aufwendungen in zeitlicher Nähe zum Vorhaben anfallen müssen. Daran könne es fehlen, wenn sich bei zeitlich versetzter Bebauung eines Plangebietes der Bedarf an einer Folgeeinrichtung erst nach und nach einstelle, zum Beispiel wenn erst Jahre nach der Errichtung der ersten Wohnungen ein Kinderspielplatz hergestellt wird. Der Kinderspielplatz sei dann nicht mehr Voraussetzung oder Folge des Wohngebiets.[115] Ein Nachhinken um einige Monate sei unschädlich. Vergingen aber Jahre, werde die Kausalität zunehmend kritisch. Als Grenze werden zwei bis vier Jahre vorgeschlagen[116], andere schlagen die mittelfristige Finanzplanung mit einem Rahmen von fünf Jahren als Anhaltspunkt vor.[117]

Die Gegenmeinung hält diese Einschränkung für nicht zwingend. Sie überträgt die neuere Rechtsprechung[118] zu den räumlichen Grenzen auf die zeitlichen

---

113 Bunzel/Coulmas/Schmidt-Eichstaedt, Städtebauliche Verträge – Ein Handbuch, S. 208.

114 BVerwG, Urteil vom 14. August 1992 – 8 C 19/90, NJW 1993, 1810 (1810, 1811); Urteil vom 6. Juli 1973 – IV C 22/72, NJW 1973, 1895.

115 Dieses Beispiel entstammt dem Urteil des BVerwG vom 14. August 1992 – 8 C 19/90, NJW 1993, 1810 (1810, 1811).

116 Quaas/Kukk, in: Schrödter, BauGB, 7. Auflage 2006, § 11 Rn. 31; in der 8. Auflage wird diese Grenze nicht mehr erwähnt.

117 Scharmer, NVwZ 1995, 219 (222).

118 BVerwG, Urteil vom 29. Januar 2009 – 4 C 15/07, NVwZ 2009, 1109.

Grenzen. Auch in zeitlicher Hinsicht bilde das Gesamtkonzept für die Entwicklung mehrere Baugebiete eine Klammer. Erforderlich sei deshalb lediglich ein „überschaubarer zeitlicher Zusammenhang" der Gesamtentwicklung. Aber auch wenn ein Gesamtkonzept nicht zugrunde liege, da es um ein einzelnes Vorhaben und dessen Folgen gehe, widerspreche es nicht zwingend der Kausalität, wenn die Folgemaßnahme um mehrere Jahre zurückgestellt werde. Der erforderliche Zeitrahmen für die Umsetzung der städtebaulichen Maßnahme hänge von dem konkreten Gegenstand ab und variiere entsprechend. Liege zwischen der Verwirklichung des Vorhabens und der Folgeinvestition ein längerer Zeitraum, sei dies nicht weniger, aber auch nicht mehr als ein widerlegbares Indiz dafür, dass die Investition nicht Folge oder Voraussetzung des Vorhabens sei. Der Zeitrahmen der mittelfristigen Finanzplanung von fünf Jahren könne auch überschritten werden.[119]

In der Praxis dürfte dieser Meinungsstreit von geringer Bedeutung sein. Denn keine der Meinungen bestimmt eine feste zeitliche Grenze, bei deren Überschreiten die Kausalität in jedem Fall ausgeschlossen ist. Auch die erstgenannte Meinung nennt Jahreszahlen nur als Anhaltspunkt für eine zeitliche Grenze. Beide Ansichten stimmen also darin überein, dass es eine zeitliche Grenze der Kausalität gibt, diese aber nicht durch eine feste Jahreszahl bestimmt werden kann und ein größerer zeitlicher Abstand ein Indiz gegen die Kausalität ist. Es ist daher im Einzelfall zu entscheiden, innerhalb welcher Zeitspanne die Verwirklichung der Maßnahme noch kausal ist. Die planende Gemeine sollte deshalb umso kritischer die Kausalität prüfen, je später sie die Maßnahme verwirklichen will und im Zweifel die Folgeeinrichtung zeitnah nach Fertigstellung der ersten Wohnung herstellen. Denn ein größerer zeitlicher Abstand bietet dem Investor einen Angriffspunkt gegen die Kausalität und damit gegen die Kostentragung nach dem städtebaulichen Vertrag.

In der anderen zeitlichen Reihenfolge, also wenn die Aufwendungen bereits in der Vergangenheit entstanden sind und erst danach der Vertrag abgeschlossen und das Vorhaben realisiert wird, erlaubt § 11 Abs. 1 S. 2 Nr. 3 BauGB ausdrücklich den Abschluss eines Folgekostenvertrags. Dies ergibt sich bereits aus dem Wortlaut („*Kosten […], die der Gemeinde für städtebauliche Maßnahmen entstehen oder <u>entstanden sind</u>*") und wird durch die Gesetzesbegründung bestätigt. Die Gesetzesbegründung verdeutlicht, dass

119 Bunzel/Coulmas/Schmidt-Eichstaedt, Städtebauliche Verträge – Ein Handbuch, S. 207.

> *„auch schon zeitlich zuvor entstandene Kosten für städtebauliche Maßnahmen, die Voraussetzung für die Verwirklichung des geplanten Vorhabens sind, in die Vereinbarung einbezogen werden können“.*[120]

Dann ist allerdings eine besonders sorgfältige Prüfung der Kausalität erforderlich.[121] Teilweise wird vertreten, dass bei schon entstandenen Kosten regelmäßig die unmittelbare Kausalität fehle.[122] Diese Ansicht widerspricht jedoch der Gesetzesbegründung: Die Gesetzesbegründung will gerade verdeutlichen, dass auch bereits entstandene Kosten in den Vertrag miteinbezogen werden können. Das setzt voraus, dass auch solche Kosten grundsätzlich kausal sein können und die Kausalität eben nicht regelmäßig fehlt.

### *f) Vorhaben verursacht Maßnahme nur teilweise*

Veranlassen erst mehrere Vorhaben zusammen die städtebauliche Maßnahme, so ist jedes von ihnen kausal im Sinne des § 11 Abs. 1 S. 2 Nr. 3 BauGB.[123] Allerdings hat jeder Investor nur den Anteil der Kosten zu tragen, der durch sein Vorhaben verursacht wird. Die Kosten sind entsprechend aufzuteilen.[124] Die anteilige Kostentragung setzt dabei keine konkret-reale Teilbarkeit der Maßnahme voraus, weil die Kausalität sich auf die Kosten und nicht auf die Maßnahme bezieht.[125] Es ist daher unschädlich, wenn die Maßnahme faktisch nicht teilbar ist, etwa eine Kindertagespflege mit nur einer Gruppe.

---

120 BT-Drs. 13/6392, S. 50; unter Verweis auf die Gesetzesbegründung so auch BVerwG, Urteil vom 29. Januar 2009 – 4 C 15/07, NVwZ 2009, 1109 (1112); BVerwG, Urteil vom 25. November 2005 – 4 C 15/04, NVwZ 2006, 336 (336).

121 Bunzel/Coulmas/Schmidt-Eichstaedt, Städtebauliche Verträge – Ein Handbuch, S. 207, 208; Hoffmann, in: Spannowsky/Uechtritz, BauGB, § 11 Rn. 31.4, Krautzberger, in: Ernst/Zinkahn/Bielenberg/ Krautzberger, BauGB, Stand August 2016, § 11 Rn. 164e.

122 Quaas/Kukk, in: Schrödter, BauGB, § 11 Rn. 49.

123 BVerwG, Urteil vom 23. April 2011 – 4 C 11/10, NVwZ 2011, 1132 (1134).

124 Birk, Städtebauliche Verträge, Rn. 513; Hoffmann, in: Spannowsky/Uechtritz, BauGB, § 11 Rn. 31.2.

125 BVerwG, Urteil vom 23. April 2011 – 4 C 11/10, NvWZ 2011, 1132 (1134); Burmeister, Praxishandbuch Städtebauliche Verträge, Rn. 90; Reidt, in: Battis/Krautzberger/Löhr, BauGB, § 11 Rn. 60; **aA** Quaas/Kukk, in: Schrödter, BauGB, § 11 Rn. 53, nach dem eine teilweise Kausalität die Teilbarkeit der Maßnahme voraussetzt, da sich die Kausalität auf die Maßnahme und nicht die Kosten beziehe.

## 2. Nachweispflicht

Die Gemeinde muss die kausale Verknüpfung zwischen Vorhaben und Kosten belegen. Hierfür ist eine Bedarfsermittlung erforderlich (vgl. a). In Kerngebieten und Mischgebieten gelten Besonderheiten (vgl. b).

### *a) Allgemein*

Voraussetzung für die Wirksamkeit eines Folgekostenvertrags ist neben der Kausalität, dass die Gemeinde die kausale Verknüpfung auch belegen kann.[126] Dies geschieht zum einen – in formeller Hinsicht – dadurch, dass im Vertrag die vereinbarten Beträge in bestimmter Höhe bestimmten Folgemaßnahmen zugeordnet werden (s. o. unter C I 1 b, S. 51). Zum anderen ist in der Regel eine auf das konkrete Vorhaben bezogene Bedarfsermittlung erforderlich, die den Bedarf an öffentlichen Leistungen berechnet und den Maßnahmen mit hinreichender Bestimmtheit zuordnet.[127] Dies erfordert plausible, also nachvollziehbare und realistische Prognosen.[128] Es ist daher in einem ersten Schritt zu prognostizieren, welchen Bevölkerungszuwachs das Vorhaben auslösen wird. Hierfür kann die Gemeinde auf Erfahrungswerte zurückgreifen, beispielsweise für die Belegungsdichte, d. h. die Anzahl der Personen pro Wohneinheit. Sind viele junge Familien in dem Wohngebiet zu erwarten, kann die Belegungsdichte nach oben korrigiert werden; bei vielen Einraumwohnungen nach unten.

In einem zweiten Schritt ist zu berechnen, welchen zusätzlichen Bedarf an öffentlichen Einrichtungen die zu erwartende zusätzliche Bevölkerung auslöst. Teilweise wird gefordert, auch die Alters- und Berufsstruktur der Wohnbevölkerung zu berücksichtigen.[129] Für die Altersstruktur ist das sinnvoll, um den Bedarf an Spielplätzen, Kindergärten und Grundschulen genauer zu ermitteln. So können Lage und Schnitt der Wohnung ein Indiz dafür sein, dass mit mehr oder weniger Kindern als nach den gewöhnlichen Erfahrungswerten zu rechnen ist.

---

126 BVerwG, Urteil vom 29. Januar 2009 – 4 C 15/07, NVwZ 2009, 1109 (1112, Rn. 31); Busse, BayVBl. 2003, 129 (133).

127 Burmeister, Handbuch Städtebauliche Verträge, Rn. 88; Busse, BayVBl. 2003, 129 (133); Quaas/Kukk, in: Schrödter, BauGB, § 11 Rn. 51.

128 BVerwG, Urteil vom 29. Januar 2009 – 4 C 15/07, NVwZ 2009, 1109 (1113, Rn, 31); Birk, Städtebauliche Verträge, Rn. 701; Bunzel/Coulmas/Schmidt-Eichstaedt, Städtebauliche Verträge – Ein Handbuch, S. 223.

129 Bunzel/Coulmas/Schmidt-Eichstaedt, Städtebauliche Verträge – Ein Handbuch, S. 223 (nur für die Altersstruktur); Huber, Der planungsbedingte Wertzuwachs als Gegenstand städtebaulicher Verträge, S. 86.

Beispielsweise sind bei vielen Einraumwohnungen oder in einem lauten, nicht unbedingt familientauglichen Kerngebiet (dazu näher sogleich unter b bb, S. 61) weniger Kinder zu erwarten. In diesen Fällen den allgemeinen Erfahrungswert anzusetzen, würde dazu führen, dem Investor sehenden Auges voraussichtlich zu hohe Kosten aufzuerlegen; andersherum könnte die Gemeinde bei mehr Kindern als gewöhnlich nicht die tatsächlich höheren Kosten der Folgeeinrichtungen decken. Die Berufsstruktur hingegen lässt sich anhand der baulichen Gegebenheiten nicht prognostizieren. Zudem ist nicht ersichtlich, inwieweit sie für die zu übernehmenden Kosten ausschlaggebend ist.

Soweit Bunzel eine Anpassung nur bei „signifikanten" Unterschieden für sachgerecht hält,[130] ist dem nur teilweise zuzustimmen: Zutreffend ist, dass geringe Abweichungen von den Erfahrungssätzen hingenommen werden können. Denn Erfahrungswerte implizieren gerade, dass sie einen Durchschnitt und nicht den exakten tatsächlichen Bedarf abbilden. Allerdings ist zu bedenken, dass das OVG Lüneburg in einem Fall strenge Voraussetzungen für den Kausalitätsnachweis aufgestellt hat, obwohl um einen vergleichsweise geringen Betrag von rund 8.500 € gestritten wurde.[131] Erst bei „signifikanten" Abweichungen die Erfahrungswerte anzupassen ist daher zu ungenau. Zutreffend ist es vielmehr, nur bei geringen Abweichungen die allgemeinen Erfahrungswerte anzuwenden.

Schließlich ist in einem dritten Schritt zu prüfen, ob dieser Bedarf durch bereits vorhandene gebietsnahe Einrichtungen gedeckt werden kann. Dabei kann die derzeitige Auslastung sowie die prognostizierte künftige Auslastung ohne das Vorhaben berücksichtigt werden. Die dann noch fehlenden Kapazitäten entsprechen dem durch das Vorhaben ausgelösten Bedarf nach neuen, zusätzlichen Einrichtungen.[132]

Eine solche Bedarfsermittlung ist ausnahmsweise dann entbehrlich, wenn die Kausalität offenkundig ist. Die Kausalität ist in der Regel offenkundig, wenn die Einrichtung wegen ihrer Lage und Größe in erster Linie von den Bewohnern der errichteten Gebäude genutzt werden wird.[133]

Teilweise wird diese mehrschrittige Bedarfsprognose nur gefordert, wenn bestehende Anlagen oder Einrichtungen erweitert werden sollen.[134] Diese

---

130 Bunzel/Coulmas/Schmidt-Eichstaedt, Städtebauliche Verträge – Ein Handbuch, S. 224.

131 OVG Lüneburg, Urteil vom 19. Mai 2011 – 1 LC 86/09, zitiert nach juris.

132 OVG Lüneburg, Urteil vom 19. Mai 2011 – 1 LC 86/09, zitiert nach juris Rn. 63, 64; Burmeister, Praxishandbuch Städtebauliche Verträge, Rn. 88.

133 Hellriegel/Wild, Das Grundeigentum 2014, 1316 (1317), die entscheidend darauf abstellen, ob ein oder mehrere Bebauungsplangebiete bebaut werden.

134 Birk, Städtebauliche Verträge, Rn. 704.

Beschränkung auf Erweiterungen wird allerdings nicht begründet und könnte dazu führen, dass bei einem Neubau Kapazitäten geschaffen werden, die ungenutzt bleiben.

Stützt sich die Gemeinde auf ein Gesamtkonzept für mehrere Baugebiete, um die Kausalität zu belegen, so gelten die unter C I 1 d, S. 53 dargelegten Anforderungen.

### *b) Besonderheiten im Kerngebiet und Mischgebiet*

Eine Wohnnutzung ist nicht nur in Wohngebieten zulässig, sondern auch in Kerngebieten nach § 7 BauNVO und in Mischgebieten nach § 6 BauNVO. Einige Besonderheiten von Wohnnutzung in diesen Gebieten wurden soeben unter 2 a im Zusammenhang mit der Anpassung von Erfahrungswerten (S. 57) kurz angesprochen. Wegen der Eigenheiten dieser Gebiete lohnt indes eine vertiefte Betrachtung.

Kerngebiete und Mischgebiete unterscheiden sich von Wohngebieten dadurch, dass sie ein geringeres Maß an Wohnungen zulassen (vgl. aa) und für Familien mit Kindern weniger attraktiv sind (vgl. bb).

#### aa) Geringere Wohnfläche

Mischgebiete gelten nach § 6 Abs. 1 BauNVO gleichermaßen dem Wohnen und der Unterbringung von Gewerbebetrieben; beide sind die Hauptnutzungen des Mischgebietes. Zwar gibt die BauNVO keine bestimmte Relation oder einen Vorrang der einen gegenüber der anderen Nutzung vor. Daraus folgt die Gleichwertigkeit und Gleichgewichtigkeit von Wohnen und das Wohnen nicht wesentlich störendem Gewerbe im Mischgebiet. Dies bedeutet, dass keine der beiden Nutzungsarten in dem Gebiet beherrschend in Erscheinung treten oder das Übergewicht über die andere gewinnen darf.[135]

Die Zweckbestimmung der Kerngebiete in § 7 Abs. 1 BauNVO umfasst Wohnnutzungen gar nicht. Wohnungen sind nur zulässig, soweit sie „für Aufsichts- oder Bereitschaftspersonen sowie für Betriebsinhaber und Betriebsleiter" bestimmt sind (§ 7 Abs. 2 Nr. 6 BauNVO); sonstige Wohnungen nur, wenn sie durch die Festsetzungen des Bebauungsplans vorgesehen sind (§ 7 Abs. 2 Nr. 7 BauNVO) oder durch eine Ausnahme zugelassen werden (§ 7 Abs. 3 Nr. 2 BauNVO). Durch Festsetzungen im Bebauungsplan darf aber die allgemeine Zweckbestimmung des § 7 Abs. 1 BauNVO nicht ausgehebelt werden. Eine

135 Söfker, in Ernst/Zinkahn/Bielenberg/Krautzberger, BauGB, Stand Mai 2018, § 6 BauNVO, Rn. 10b m. w. N.

*„Regelung genereller Zulässigkeit von Wohnnutzungen […] entbehrt einer Rechtsgrundlage. […] Die Vorschrift [des § 7 Abs. 2 Nr. 7 BauNVO] gestattet keine unbeschränkte Festsetzung von Wohnungen für einzelne oder sämtliche Kerngebiete. Erlaubt sind vielmehr nur solche Festsetzungen, bei denen die allgemeine Zweckbestimmung des § 7 I BauNVO gewahrt bleibt. Anderenfalls würde die in § 1 III 1 BauNVO normierte Pflicht des Normgebers verletzt, im Bebauungsplan nur ein in § 1 II BauNVO bezeichnetes und nach Maßgabe der §§ 2 ff. BauNVO näher ausgestaltetes Baugebiet festzusetzen. Gebiete, in denen allgemein und nahezu überall gewohnt werden kann, sind keine Kerngebiete iSv § 7 BauNVO mehr.“*[136]

Sowohl im Kerngebiet als auch im Mischgebiet ist eine Wohnnutzung daher nur in wesentlich geringerem Umfang zulässig als in allgemeinen oder reinen Wohngebieten. Die Kostenbeteiligung des Investors muss diese geringere Wohnfläche beachten, da sie zu einer geringeren Einwohnerzahl und damit zu einem geringeren Bedarf an Infrastruktureinrichtungen führt. Knüpft die Kostenbeteiligung an die geplante Wohnfläche an, wie es z. B. in Berlin der Fall ist, so wird dies automatisch berücksichtigt. Anderenfalls ist der Kostenbeitrag für Vorhaben im Kerngebiet oder Mischgebiet herabzusetzen.

Nach einem Urteil des OVG Lüneburg[137] verstößt es nicht gegen den Gleichheitssatz, wenn die Gemeinde für Grundstücke, die als Mischgebiet festgesetzt werden sollen, schematisch den halben Folgekostenbetrag vereinbart. Die Gemeinde könne nicht verlässlich vorhersagen, welches Grundstück wie genutzt werden wird. Sie müsse sich auch davor schützen können, dass ein Grundstückserwerber vorgibt, eine gewerbliche Nutzung zu beabsichtigen, dann aber nach Abschluss des Folgekostenvertrags und Ausweisung der Fläche als Mischgebiet doch eine Wohnnutzung realisiert. Der pauschalierende Ansatz eines solchen Mischgebietsabschlages sei nicht willkürlich im Sinne des Gleichheitssatzes, da er nicht an persönliche Eigenschaften, sondern an das in § 6 Abs. 1 BauNVO genannte Mischungsverhältnis anknüpfe. Fraglich ist, ob solche pauschal bestimmten Beträge die oben unter C I 1 (S. 50) dargestellten Anforderungen an die Kausalität wahren. Das Urteil zeigt aber, dass ein hälftiger Betrag für Grundstücke im Mischgebiet ein Lösungsansatz sein kann.

Im Kerngebiet ist nach seiner allgemeinen Zweckbestimmung mit weniger Wohnungen zu rechnen als im Mischgebiet. Folglich wäre im Kerngebiet der Folgekostenbetrag niedriger anzusetzen als im Mischgebiet.

---

136 OVG Münster, Urteil vom 26. Juni 2014 – 7 D 68/12, NVwZ-RR 2014, 872 (873); unter Verweis auf OVG Münster, Urteil vom 18. Dezember 2009 – 7 D 62/08, BeckRS 2010, 45705 m. w. N.

137 19. Mai 2011 – 1 LC 86/09, zitiert nach juris Rn. 83, 86.

### bb) Geringere Attraktivität für Familien mit Kindern

In einem anderen Punkt gehen die Annahmen im Urteil des OVG Lüneburg aber zu weit. Nach der Ansicht des OVG Lüneburg soll eine Wohnnutzung im Mischgebiet die gleichen Folgekosten wie eine solche im Wohngebiet verursachen.[138] Dies trifft nicht auf alle Folgekosten zu. Richtigerweise ist zu differenzieren zwischen solchen Folgekosten, die durch Kinder entstehen (Kitas, Grundschulen, Spielplätze), und solchen, die unabhängig vom Alter der Einwohner entstehen (wie Straßen, Gehwege, Grünflächen). Denn Mischgebiete sind – ähnlich wie Kerngebiete – weniger geeignet für Familien als Wohngebiete. Sie haben daher in der Regel einen geringeren Anteil an Kindern, so dass der Bedarf an Kitas, Grundschulen und Spielplätzen sinkt – und damit die entsprechenden Folgekosten. In Kerngebieten wird dieser Effekt regelmäßig deutlicher sein als in Mischgebieten, da sie noch weniger familientauglich sind.

Kerngebiete dienen nach § 7 Abs. 1 BauNVO der Unterbringung von Handelsbetrieben sowie der zentralen Einrichtungen der Wirtschaft, der Verwaltung und der Kultur. Diesen Zweck erfüllen Kerngebiete,

> *„indem sie vielfältige Nutzungen und ein urbanes Angebot an Gütern und Dienstleistungen für die Besucher der Stadt und für die Wohnbevölkerung eines größeren Einzugsbereiches bieten.“*[139]

Diese Nutzungen verursachen regelmäßig erheblichen Lärm. Hinzukommt, dass Kerngebiete durch den größeren Einzugsbereich zahlreiche Menschen anlocken, bei deren An- und Abfahrt ein erheblicher Verkehrslärm entsteht. Entsprechend hoch sind die Immissionsgrenzwerte, welche § 2 Abs. 1 der 16. BImSchV im Kerngebiet zulässt. Zusätzlich führt der Einzelhandel im Kerngebiet regelmäßig schon frühmorgens zu Anlieferungen und damit einhergehendem Fahrzeug- und Verladelärm. Hinzutreten die im Kerngebiet ebenfalls zulässigen Vergnügungsstätten jeglicher Art, die insbesondere nachts mit erheblichen Lärmemissionen verbunden sind. Im Kerngebiet sind damit Nutzungen zulässig, die mit dem Wohnen grundsätzlich unvereinbar sein können.[140]

Daneben kennzeichnet eine hohe bauliche Dichte das Kerngebiet. § 17 Abs. 1 BauNVO legt Obergrenzen für das Maß der baulichen Nutzung in den verschiedenen Baugebieten fest. In Kerngebieten lässt er mit einer Grundflächenzahl

---

138 Urteil vom 19. Mai 2011 – 1 LC 86/09, zitiert nach juris Rn. 86.

139 BVerwG, Urteil vom 28. Mai 2009 – 4 CN 2/08, NVwZ 2010, 40 (41); Beschluss vom 6. Dezember 2000 – 4 B 4/00, NVwZ-RR 2001, 217 (218).

140 Otto, ZfBR 2013, 125 (126).

von 1,0 und einer Geschossflächenzahl von 3,0 die höchste bauliche Nutzung aller Baugebiete zu.

Der Lärm und die hohe bauliche Dichte führen dazu, dass Kerngebiete für Familien eher ungeeignet sind. Sie ziehen stärker Menschen ohne Kinder an, so dass der Anteil an Kindern geringer ist. Pro Einwohner werden daher niedrigere Folgekosten für Kitas, Grundschulen und Spielplätze verursacht.

Ein ähnliches, wenngleich geringer ausgeprägtes Bild zeigt sich im Mischgebiet. Das Wohnen im Mischgebiet ist grundsätzlich weniger geschützt als in Wohngebieten – auch als in allgemeinen Wohngebieten. Denn im Mischgebiet sind nach § 6 Abs. 1 BauNVO „nicht wesentlich störende" Gewerbebetriebe zulässig, d. h., die Wohnnutzung muss mit solchen Immissionen von Gewerbebetrieben rechnen. Hinzukommen die Emissionen von den anderen mischgebietstypischen Nutzungen nach § 6 Abs. 2 BauNVO, beispielweise Tankstellen und Anlagen für sportliche Zwecke. Ein bestimmtes Maß an Wohnruhe ist allerdings auch im Mischgebiet zu bewahren, besonders abends, nachts und am Wochenende. Der geminderte Schutz der Wohnruhe beschränkt sich grundsätzlich auf die übliche Arbeitszeit.[141] Da in einem Mischgebiet beide Hauptnutzungsarten deutlich erkennbar vorhanden sein müssen (s. o. C I 2 b aa, S. 59), bietet auch das Mischgebiet eine gewisse Auswahl und Vielfalt an Einzelhandel. In Orten geringerer Größe übernimmt das Mischgebiet daher oft die Funktionen eines Kerngebietes für den innerstädtischen Bereich.[142] Dies lässt sich in größeren Städten auf die einzelnen Stadtteile übertragen, in Berlin etwa auf die Altstadt Spandau. Nur der mittlere Teil der Altstadt ist durch Bebauungspläne hauptsächlich als Kerngebiet festgesetzt. Der restliche Teil der Altstadt ist noch nicht mit Bebauungsplänen überplant, so dass der Baunutzungsplan gilt, der diesen Teil überwiegend als gemischtes Gebiet ausweist. Auch diese Bereiche erfüllen jedoch mit Bibliothek, Volkstheater, Museum, Oberschule und Kirche sowie zahlreichen Schank- und Speisewirtschaften die Funktionen eines Kerngebietes. Folglich ziehen derartige Mischgebiete ein größeres Publikum an, was mit entsprechendem An- und Abfahrtslärm einhergeht. Die grundsätzliche Vergleichbarkeit in diesem Punkt mit Kerngebieten zeigt sich darin, dass die Immissionsgrenzwerte für Verkehrslärm nach § 2 Abs. 1 der 16. BImSchV in Kerngebieten genauso hoch angesetzt sind wie in Mischgebieten. Diese Werte sind nach denen für Gewerbegebiete die höchsten. Auch andere Regelwerke wie

141 Söfker, in Ernst/Zinkahn/Bielenberg/Krautzberger, BauGB, Stand Mai 2018, § 6 BauNVO, Rn. 12, 22.

142 Fickert/Fieseler, BauNVO, § 6 Rn. 1.

die TA-Lärm (dort Ziffer 6.1), die 18. BImSchV zu Sportanlagenlärm (§ 2 Abs. 2) und die DIN 18005 Schallschutz im Städtebau ordnen das Mischgebiet ebenso wie das Kerngebiet zwischen den Wohn- und den Gewerbegebieten ein.

Schließlich sind in Mischgebieten auch Vergnügungsstätten mit den dazugehörigen Immissionen anzutreffen, wenn auch hier nur in den Teilen des Mischgebietes, die überwiegend durch gewerbliche Nutzungen geprägt sind (§ 6 Abs. 2 Nr. 8 BauNVO), oder wenn eine Ausnahme für Vergnügungsstätten auch außerhalb dieser Teile erteilt wird (§ 6 Abs. 3 BauNVO).

#### cc) Zwischenergebnis

In Mischgebieten und Kerngebieten muss der Investor aus zwei Gründen nur mit einer geringeren Kostenbeteiligung rechnen: Erstens macht die Wohnnutzung nur einen Teil des Gebiets aus, so dass weniger Wohnfläche entsteht und weniger neue Einwohner zuziehen. Dadurch sinkt der Bedarf an Infrastruktureinrichtungen insgesamt. Zweitens ist der Anteil der Kinder unter den neuen Einwohnern geringer, da Kerngebiete und – je nach ihrer Zusammensetzung – auch Mischgebiete für Familien eher ungeeignet sind. Dadurch reduziert sich der Bedarf an Kitaplätzen, Grundschulplätzen und Spielplätzen weiter.

Richtet sich der Kostenbeitrag des Investors daher nicht nach der Wohnfläche und passt sich der geringeren Wohnfläche nicht automatisch an, so ist er für diese Baugebiete nach unten zu korrigieren. Anschließend ist in Kerngebieten und familienungeeigneten Mischgebieten der kinderbezogene Kostenbeitrag zu senken.

Dies kann entweder durch eine Anpassung der Erfahrungssätze geschehen, soweit entsprechende Erfahrungssätze in der jeweiligen Stadt vorhanden sind (dazu bereits oben unter C I 2 a, S. 57). Anderenfalls trifft die Stadt eine erhöhte Nachweispflicht, dass die von ihr veranschlagten Kosten tatsächlich erforderlich sind.

### 3. Zwischenergebnis

Zusammenfassend ist festzustellen, dass zwischen dem Vorhaben und den Kosten der städtebaulichen Maßnahme eine unmittelbare Kausalität bestehen muss, gleichzeitig der Gemeinde aber ein Wertungsspielraum zusteht, welche Maßnahmen sie für erforderlich hält. Den einzelnen Maßnahmen sind die vom Investor zu zahlenden Beträge konkret zuzuordnen, allgemeine Abgaben sind unzulässig. Die gemeindlichen Aufwendungen müssen in zeitlichem Zusammenhang zum Vorhaben anfallen. Eine Verzögerung um einige Monate ist unschädlich, bei Jahren wird die Kausalität zunehmend kritisch. In räumlicher Hinsicht bildet nicht das Baugebiet die Grenze, die Maßnahme kann in einem anderen Baugebiet liegen als das Vorhaben. Sie muss jedoch in einer solchen Entfernung liegen, dass sie für die Bewohner des Vorhabens sinnvoll nutzbar bleibt. Verursacht das Vorhaben die Maßnahme nur teilweise, so ist nur eine anteilige Kostenbeteiligung möglich.

Um den Bedarf an öffentlichen Einrichtungen nachzuweisen, sind realistische und nachvollziehbare Prognosen zu erstellen, die den Bevölkerungszuwachs durch das Vorhaben sowie den daraus entstehenden Bedarf ermitteln und freie Kapazitäten bestehender Einrichtungen berücksichtigen. Hierbei darf die Gemeinde auf Erfahrungssätze zurückgreifen. Zeichnet sich für das konkrete Vorhaben ein Abweichen von den Erfahrungssätzen ab, so sind diese grundsätzlich anzupassen. Zu beachten ist insbesondere, dass in Kerngebieten und Mischgebieten mit weniger Einwohnern und anteilig weniger Kindern zu rechnen ist.

## II. Verträge zur Deckung des Wohnbedarfs gemäß § 11 Abs. 1 Satz 2 Nr. 2 4. Fall BauGB

Verträge zur Deckung des Wohnbedarfs von Bevölkerungsgruppen mit besonderen Wohnraumversorgungsproblemen müssen aus städtebaulichen Gründen erforderlich sein (vgl. 1). Eine städtebauliche Erforderlichkeit besteht insbesondere bei einem Mangel an preisgünstigem Wohnraum. Diesen Mangel muss die Gemeinde nachweisen (vgl. 2).

### 1. Erforderlichkeit aus städtebaulichen Gründen

Dem Investor dürfen nur dann Mietpreis- und Belegungsbindungen auferlegt werden, wenn günstiger Wohnraum aus städtebaulichen Gründen erforderlich ist. Dies ergibt die Auslegung des § 11 Abs. 1 S. 2 Nr. 2 4. Fall BauGB (vgl. a). Die städtebaulichen Gründe sind daher abzugrenzen von allgemeinen sozialpolitischen Zielen (vgl. b). Sie setzen voraus, dass in der Umgebung des Vorhabens ein Mangel an günstigem Wohnraum besteht (vgl. c).

#### *a) Städtebauliche Gründe als Voraussetzung*

Städtebauliche Verträge zur Deckung des Wohnbedarfs müssen nach Wortlaut und Systematik des § 11 Abs. 1 S. 2 Nr. 2 4. Fall BauGB durch städtebauliche Gründe gerechtfertigt sein:

Nach dem Wortlaut des § 11 Abs. 1 S. 2 Nr. 2 BauGB können Gegenstand eines städtebaulichen Vertrags „*die mit der Förderung und Sicherung der Bauleitplanung verfolgten Ziele*“ sein. Der Bauleitplan wiederum darf nur für städtebauliche Gründe verwendet werden; daher muss auch der städtebauliche Vertrag einen unmittelbaren Bezug zur baulichen Entwicklung und Ordnung der betroffenen Grundstücke aufweisen.[143]

Auch die systematische Auslegung führt zu diesem Ergebnis: Zum einen steht die Vorschrift des § 11 Abs. 1 S. 2 Nr. 2 BauGB in Zusammenhang mit § 9 Abs. 1 Nr. 7, 8 BauGB.[144] Hiernach dürfen im Bebauungsplan aus städtebaulichen Gründen Flächen festgesetzt werden für *„Wohngebäude, die mit Mitteln der sozialen Wohnraumförderung gefördert werden könnten"* (Nr. 7) oder *„die für Personengruppen mit besonderem Wohnbedarf bestimmt sind"* (Nr. 8). Ein innerer Zusammenhang besteht auch zu der Erhaltungssatzung des § 172 Abs. 1 S. 1 Nr. 2 BauGB,[145] welche gemäß § 172 Abs. 4 BauGB die Zusammensetzung der Wohnbevölkerung aus städtebaulichen Gründen schützen soll. Beide Regelungen setzen also städtebauliche Gründe voraus. Sie zielen ebenso wie § 11 Abs. 1 S. 2 Nr. 2 4. Fall BauGB darauf ab, sozial durchmischte Bewohnerstrukturen zu schaffen. Ihr Zusammenhang mit § 11 Abs. 1 S. 2 Nr. 2 4. Fall BauGB spricht dafür, auch hier städtebauliche Gründe vorauszusetzen.

Zum anderen spricht für eine Beschränkung auf städtebauliche Gründe das planungsrechtliche Abwägungsgebot. Es gilt mittelbar auch für städtebauliche Verträge, wenn in Umsetzung des Vertrags Planungsrecht geschaffen wird. Das planungsrechtliche Abwägungsgebot in § 1 Abs. 5, 6 und 7 BauGB will eine vollständige und fehlerfreie Abwägung aller relevanten städtebaulichen Belange sicherstellen. Würden städtebaufremde Belange mit einem städtebaulichen Vertrag verfolgt, bestünde die Gefahr, dass sachfremde Gesichtspunkte in die bauplanungsrechtliche Abwägung Eingang fänden.[146]

### *b) Begriff der „städtebaulichen Gründe"*

Setzen demnach Mietpreis- und Belegungsbindungen eine städtebauliche Rechtfertigung voraus, so stellt sich die Frage, was unter städtebaulichen Gründen zu verstehen ist.

---

143 Huber, Der planungsbedingte Wertzuwachs als Gegenstand städtebaulicher Verträge, S. 90.

144 Quaas/Kukk, in: Schrödter, BauGB, § 11 Rn. 42.

145 Krautzberger, in: Ernst/Zinkahn/Bielenberg/Krautzberger, BauGB, Stand August 2016, § 11 Rn. 144.

146 Huber, Der planungsbedingte Wertzuwachs als Gegenstand städtebaulicher Verträge, S. 91 ,vgl. auch VGH München, Urteil vom 11. April 1990 – 1 B 85 A. 1480, NVwZ 1990, 979 (980), der annimmt, dass städtebauliche Verträge nichtig sind, wenn es keine städtebauliche Rechtfertigung gibt

Der Begriff der städtebaulichen Gründe ist im BauGB nicht definiert. Jedoch fasst § 1 Abs. 6 BauGB die städtebaulichen Gründe als „Belange“ zusammen.[147] Dabei ist die Aufzählung nicht abschließend, wie das Wort „insbesondere“ zeigt. Im Zusammenhang mit der Errichtung von günstigem Wohnraum spielen vor allem die Wohnbedürfnisse der Bevölkerung sowie die Schaffung und Erhaltung sozial stabiler Bewohnerstrukturen gemäß § 1 Abs. 6 Nr. 2 BauGB eine wichtige Rolle. Dieses zweite Ziel ist gleichbedeutend damit, einseitige Bevölkerungsstrukturen zu vermeiden.[148]

Daneben kann auch die soziale Wohnungsversorgung ein städtebauliches Ziel sein. Als Aspekt einer Sozialgerechten Bodennutzung ist sie in den Leitsätzen des § 1 Abs. 5 BauGB enthalten.[149] Allerdings ist der Katalog des § 1 Abs. 5 BauGB sehr weit gefasst. Könnte jedes genannte Ziel Inhalt eines städtebaulichen Vertrags sein, wäre praktisch alles erlaubt. Allein der Hinweis auf die zulässigen Abwägungsgesichtspunkte des § 1 Abs. 5 BauGB ist als Zulässigkeitsgrenze nicht ausreichend.[150] Die soziale Wohnraumversorgung erfüllt daher die Anforderungen an städtebauliche Gründe nur, soweit sie durch eine auf die städtebauliche Nutzung von Grund und Boden bezogene Ordnung und Entwicklung bestimmter Grundstücke erfolgen soll.[151]

Abzugrenzen sind die städtebaulichen Gründe von allgemein sozialpolitischen Gründen, beispielsweise der Verhinderung größerer sozialer Abstände in der Gemeinde oder von als sozial missbilligenswert empfundenen Vermögenssteigerungen bei den Grundstückseigentümern oder der Dämpfung von Immobilienspekulationen.[152]

### *c) Räumlicher Zusammenhang erforderlich*

Setzt man für Mietpreis- und Belegungsbindungen nach § 11 Abs. 1 S. 2 Nr. 2 4. Fall BauGB eine städtebauliche Rechtfertigung voraus, so schließt sich die

---

147 Mitschang, in: Battis/Krautzberger/Löhr, BauGB, § 172 Rn. 45; Stock, in: Ernst/Zinkahn/Bielenberg/Krautzberger, BauGB, Stand November 2014, § 172 Rn. 43.

148 Dirnberger, in: Beck'scher Online-Kommentar BauGB, Stand 1. November 2018, § 1 Rn. 88; Krautzberger, in: Ernst/Zinkahn/Bielenberg/Krautzberger, BauGB, Stand August 2016, § 11 Rn. 144.

149 Bunzel, ZfBR 2015, 11 (12, 15).

150 Schmidt-Eichstaedt, BauR 1996, 1 (7).

151 Vgl. Huber, Der planungsbedingte Wertzuwachs als Gegenstand städtebaulicher Verträge, S. 89.

152 Huber, Der planungsbedingte Wertzuwachs als Gegenstand städtebaulicher Verträge, S. 89.

Frage an, in welchem räumlichen Bereich der städtebauliche Grund vorliegen muss: In der Literatur vertreten wird eine Begrenzung auf das jeweilige Bebauungsplangebiet (vgl. aa) und eine stadtweite Betrachtung (vgl. bb). Am sachgerechtesten ist es jedoch, auf die nähere Umgebung des Vorhabens abzustellen (vgl. cc).

#### aa) Begrenzung auf das Bebauungsplangebiet

Nach einer Ansicht muss der Bedarf nach günstigem Wohnraum in dem Bebauungsplangebiet des Vorhabens bestehen.[153] Nur dann könne der Investor verpflichtet werden, günstigen Wohnraum zu schaffen. Der Vorteil dieses Kriteriums ist, dass es auf ein klar definiertes Gebiet abstellt. Der Nachteil ist allerdings, dass die Abgrenzung nach dem Bebauungsplangebiet zu lebensfremden Ergebnissen führen kann: Es wäre unsinnig, einen Investor zu verpflichten, günstigen Wohnraum zu schaffen, wenn in „seinem" Baugebiet zwar solcher fehlt, in unmittelbarer Nähe zum Baugebiet aber günstiger Wohnraum leersteht. Auch preiswerter Wohnraum auf der anderen Straßenseite, aber außerhalb des Baugebiets, kann den Wohnbedarf decken. Das gleiche gilt im umgekehrten Fall, wenn im benachbarten Baugebiet ein Mangel an günstigem Wohnraum herrscht, aber der Investor keinen Wohnraum schaffen muss, obwohl auch Wohnungen in seinem Bebauungsplangebiet den Mangel in der Nachbarschaft kompensieren könnten. Denn benachbarte Baugebiete stehen im Austausch miteinander, die Bewohner nutzen die gleichen Einrichtungen und dieselbe Infrastruktur – und dies umso mehr, je kleiner das Baugebiet ist. Daher und aus folgendem Grund ist das Baugebiet zur Begrenzung ungeeignet: Der Plangeber könnte einfach größere Baugebiete ausweisen oder sie gezielt zuschneiden, um leichter den Bedarf nach günstigem Wohnraum darzulegen. Es ist aber nicht der Wille des Gesetzgebers, Gemeinden dazu zu veranlassen, Bebauungspläne mit möglichst großem Geltungsbereich zu erlassen.[154]

#### bb) Stadtweite Betrachtung

Die Gegenansicht stellt eine stadtweite Betrachtung an: Danach können Mietpreis- und Belegungsbindungen auch aus gesamtstädtischen städtebaulichen Erwägungen gerechtfertigt sein, d. h., wenn in der Stadt insgesamt ein Mangel

---

153 Dolde/Menke, NJW 1999, 1070 (1082); Quaas/Kukk, in: Schrödter, BauGB, § 11 Rn. 36; Schmidt-Eichstaedt, BauR 1996, 1 (8).

154 Zu Infrastruktureinrichtungen so auch Burmeister, Praxishandbuch Städtebauliche Verträge, Rn. 102.

an günstigem Wohnraum besteht.[155] Dem ist insoweit zuzustimmen, dass bei einem stadtweiten Mangel an günstigem Wohnraum bei allen Planungen für neue Wohngebiete geprüft werden sollte, ob ein bestimmter Anteil mietpreis- und belegungsgebundener Wohnraum errichtet werden kann. Der Vorteil einer stadtweiten Betrachtung ist, dass alle Investoren die gleichen Belastungen treffen – unabhängig davon, in welchem Stadtteil sie bauen – und insgesamt mehr günstiger Wohnraum geschaffen wird. Der Nachteil ist jedoch, dass ein Investor auch dann günstigen Wohnraum schaffen muss, wenn in der Umgebung seines Vorhabens davon schon genügend vorhanden ist. Dies kann dann entweder zu einem Überangebot an günstigem Wohnraum und Leerstand führen oder es siedeln sich viele Bewohner mit geringerem Einkommen an, so dass es zu einseitigen Bevölkerungsstrukturen kommt.[156] Ergebnis wäre eine „Ghetto-Bildung", die § 1 Abs. 6 Nr. 2 BauGB verbietet.[157] Zwar weist Bunzel zutreffend darauf hin, dass nur ein bestimmter Anteil des neugeschaffenen Wohnraums günstiger Wohnraum ist, so dass innerhalb des Vorhabens überwiegend ungebundener Wohnraum entsteht. Dennoch ist es für die Durchmischung eines Quartiers mit bestehendem Überangebot an günstigem Wohnraum besser, wenn kein weiterer günstiger Wohnraum entsteht.[158] § 1 Abs. 6 Nr. 2 BauGB will sozial stabile Bewohnerstrukturen schaffen und erhalten, also einseitige Bevölkerungsstrukturen gerade vermeiden. Sinn und Zweck eines städtebaulichen Vertrags nach § 11 Abs. 1 S. 2 Nr. 2 4. Fall BauGB ist es daher nicht, in einem Stadtteil zahlreiche preiswerte Wohnungen zu schaffen, sondern an den stadtplanerisch sinnvollen Stellen, nämlich dort, wo günstiger Wohnraum erforderlich ist und umgesetzt werden kann. Möglicherweise ist dies lediglich in einem bestimmten anderen Stadtteil der Fall. Nur wenn die Realisierung in einem anderen Stadtteil rechtlich zulässig ist, erscheint eine stadtweite Betrachtung angezeigt. Ihre Zulässigkeit begegnet jedoch zwei Problemen:

Erstens besteht kein Bezug zwischen dem Vorhaben und dem günstigen Wohnraum, wenn er weder in der Umgebung des Vorhabens nötig ist noch dort geschaffen wird. Es stellt sich daher die Frage, ob die Grenze zu einer

155 Bunzel, ZfBR 2015, 11 (15).

156 Vgl. Haaß, LKV 2018, 156 (158).

157 Quaas/Kukk, in: Schrödter, BauGB, § 11 Rn. 42; vgl. auch BVerwG, Beschluss vom 17. Dezember 1992 – 4 N 2/91, NVwZ 1993, 562 (564) zum Verbot von Ghetto-Bildungen im Zusammenhang mit Personengruppen mit besonderem Wohnbedarf nach § 9 Abs. 1 Nr. 8 BauGB.

158 Bunzel, ZfBR 2018, 638 (642).

unzulässigen[159] allgemeinen Wohnungsbauabgabe überschritten ist. Eine allgemeine Wohnungsbauabgabe liegt nach mehreren Literaturstimmen vor, wenn die Verwirklichung der Ziele des § 11 Abs. 1 S. 2 Nr. 2 BauGB nicht konkret und in zeitlichem Zusammenhang sichergestellt ist.[160] Um eine konkrete und zeitnahe Verwirklichung sicherzustellen, können in dem städtebaulichen Vertrag eine Bauverpflichtung innerhalb einer bestimmten Frist festgelegt sowie das Vorhaben konkretisiert werden. Die Bauverpflichtung kann ergänzt werden durch ein Ersatzvornahmerecht der Gemeinde, sollte der Investor den günstigen Wohnraum trotz der Bauverpflichtung nicht zeitnah schaffen.

Dennoch bleiben durchgreifende Zweifel: Die soeben genannte Definition der allgemeinen Wohnungsbauabgabe stammt von den Stimmen in der Literatur, die sogar eine Ablöse der Verpflichtung zu Mietpreis- und Belegungsbindungen in Geld für grundsätzlich zulässig halten; diese Ablöse also nicht der unzulässigen Wohnungsbauabgabe zuordnen. Ihre Definition der allgemeinen Wohnungsbauabgabe ist daher entsprechend eng. Sie setzt nur die Mindeststandards und stellt keine echte Begrenzung dar. Denn sie erlaubt praktisch bei jedem Vorhaben, den Investor zur Schaffung günstigen Wohnraums zu verpflichten, wenn er nur in zeitlichem Zusammenhang verwirklicht wird. Es fehlt damit an einer effektiven Begrenzung, wann der Investor zum Bau von günstigem Wohnraum verpflichtet werden kann. Bei Folgekostenverträgen nach § 11 Abs. 1 S. 2 Nr. 3 BauGB begrenzt die Kausalität die Pflichten des Investors (s. o. C I 1, S. 50), für Verträge nach Nr. 2 gilt dies jedoch nicht. Denn um Vereinbarungen nach Nr. 2 zu überprüfen, ist der Kausalitätsmaßstab unbrauchbar: Es geht nicht um Anlagen und Einrichtungen, die adäquat verursacht sein müssen, sondern um Ziele, die die Gemeinden definieren und umsetzen können. Die Frage der Kausalität im Sinne der Nr. 3 kann sich in diesem Zusammenhang rechtslogisch (noch) nicht stellen, weil die Gemeinde mit ihrer Planung erst die „Ziele und Zwecke“ bestimmt, die in bauliche Nutzungen und dadurch verursachte Kosten münden.[161] Da der Kausalzusammenhang demnach keine Voraussetzung für

159 Burmeister, Praxishandbuch Städtebauliche Verträge, Rn. 102; Hoffmann, in: Beck'scher Online-Kommentar BauGB, Stand 1. November 2018, § 11 Rn. 22.1; Quaas/Kukk, in: Schrödter, BauGB, § 11 Rn. 44; Dolde/Menke, NJW 1999, 1070 (1082); Grziwotz, NVwZ 1996, 637 (639).

160 Burmeister, Praxishandbuch Städtebauliche Verträge, Rn. 102; Hoffmann, in: Beck'scher Online-Kommentar BauGB, Stand 1. November 2018, § 11 Rn. 22.1; Krautzberger, in: Ernst/Zinkahn/Bielenberg/Krautzberger, BauGB, Stand August 2017, § 11 Rn. 149.

161 Birk, Rn. 520; Schmidt-Eichstaedt, BauR 1996, 1 (6, 7).

die Zulässigkeit von Verträgen nach § 11 Abs. 1 S. 2 Nr. 2 BauGB ist, bedarf es zur Begrenzung ihrer Zulässigkeit einer räumlichen Konnexität im Sinne eines räumlichen Bezuges zwischen dem Baugebiet und den von § 11 Abs. 1 S. 2 Nr. 2 4. Fall BauGB verfolgten Zwecken und Zielen.[162]

Gegen das Erfordernis eines räumlichen Bezuges spricht des Weiteren nicht, dass bei Erhaltungssatzungen nach § 172 BauGB auch die Abwehr negativer Folgen für andere Stadtquartiere ein anzuerkennender städtebaulicher Grund sein kann, zum Beispiel wenn das Vorhaben Abwanderungsbewegungen in andere Gebiete auslöst, wo dann erneut eine Verdrängung stattfinden kann.[163] Dass bei Erhaltungssatzungen der städtebauliche Grund damit auch außerhalb der näheren Umgebung liegen kann, lässt sich nicht verallgemeinern und auf Mietpreis- und Belegungsbindungen übertragen. Denn in der genannten Konstellation der Erhaltungssatzung findet der städtebauliche Grund seinen Ursprung stets in dem konkreten Quartier und hat einen konkreten Bezug zu dem Vorhaben.

Neben der Frage nach der räumlichen Konnexität als Begrenzung der Pflichten des Investors stellt sich eine zweite, praktischere Frage: Wie soll der günstige Wohnraum in einem anderen Stadtteil realisiert werden, wenn der Investor dort kein Grundstück hat, auf dem Wohnungen geschaffen werden können? Denkbar ist dann nur eine Ablöse in Geld, deren Zulässigkeit umstritten ist[164]. Das Stuttgarter Innenentwicklungsmodell schließt eine Ablöse in Geld ausdrücklich aus.[165] Auch in Berlin sind lediglich Flächenabtretungen, nicht aber Geldzahlungen vorgesehen[166]. Düsseldorf sah ursprünglich noch die Möglichkeit vor, Belegungsbindungen im Bestand anzukaufen,[167] gibt diese Option seit der Modifizierung seines Handlungskonzeptes aber nicht mehr vor.[168] Ohnehin wird auch

---

162 Vgl. Schmidt-Eichstaedt, BauR 1996, 1 (8), der i. E. jedoch das Baugebiet als räumliche Grenze vorschlägt.

163 Mitschang, in: Battis/Krautzberger/Löhr, BauGB, § 172 Rn. 46.

164 **Für Zulässigkeit:** Burmeister, Praxishandbuch Städtebauliche Verträge, Rn. 102; **gegen Zulässigkeit:** Quaas/Kukk, in: Schrödter, BauGB, § 11 Rn. 44; Dolde/Menke, NJW 1999, 1070 (1082); Grziwotz, NVwZ 1996, 637 (639); Schmidt-Eichstaedt, BauR 1996, 1 (8), **differenzierend:** Krautzberger, in: Ernst/Zinkahn/Bielenberg/Krautzberger, BauGB, Stand August 2017, § 11 Rn. 149.

165 Beschluss des Gemeinderates der Landeshauptstadt Stuttgart vom 10. April 2014, Drs. 13/2014, S. 2.

166 Leitlinie für den Abschluss städtebaulicher Verträge im Land Berlin, 1. August 2018, S. 13.

167 Handlungskonzept Zukunft Wohnen.Düsseldorf, S. 94.

168 Beschlussvorlage 61/33/2016, S. 3.

diese Lösung nicht immer verfügbar sein. Günstigen Wohnraum in anderen Stadtteilen zu schaffen, kann daher praktisch nicht umsetzbar sein.

#### cc) Eigener Vorschlag: nähere Umgebung entscheidend

Am sachgerechtesten erscheint es, die nähere Umgebung als Maßstab zugrunde zu legen. So wird eine vermittelnde Lösung zwischen den soeben diskutierten Meinungen gefunden und ihre jeweiligen Schwächen werden ausgeglichen: Zum einen werden die baugebietsübergreifenden Bezüge berücksichtigt, was der Lebenswirklichkeit in den Stadtteilen entspricht. Gleichzeitig wird die Verpflichtung des Investors durch den räumlichen Zusammenhang begrenzt auf das Quartier, in dem sein Vorhaben realisiert wird. Im Ergebnis wird so der günstige Wohnraum dort geschaffen, wo er nötig ist.

Da der Begriff der näheren Umgebung wertungsoffen ist und wegen der unterschiedlichen Kriterien nicht auf die Definition der näheren Umgebung eines Vorhabens im unbeplanten Innenbereich nach § 34 BauGB zurückgegriffen werden kann, sollte die nähere Umgebung vereinfachend mit dem Bereich im Umkreis von 1 km oder 2 km festgelegt werden. Das entspricht Entfernungen, die in Städten ohne weiteres zurückgelegt werden können und es den Bewohnern ermöglichen, dieselben Einrichtungen zu nutzen. Herrscht in diesem Bereich ein Mangel an günstigem Wohnraum, so hat der Investor Wohnraum auf seinem Vorhabengrundstück oder in dessen näherer Umgebung zu schaffen.

#### dd) Zwischenergebnis

Die stadtweite Betrachtung ist zu weit, erfüllt das Erfordernis der räumlichen Konnexität nicht und lässt offen, wie der günstige Wohnraum in anderen Stadtteilen realisiert werden soll – während eine Betrachtung nur des Baugebietes zu eng ist und die Bezüge zwischen benachbarten Baugebieten ausblendet. Daher ist ein vermittelnder Ansatz zwischen den beiden in der Literatur vertretenen Ansichten zu bevorzugen. Um zu entscheiden, ob der Investor zur Schaffung günstigen Wohnraums verpflichtet werden soll, ist die nähere Umgebung des Vorhabens in den Blick zu nehmen. Die nähere Umgebung kann vereinfachend auf den Bereich im Umkreis von 1 bis 2 km um das Vorhaben festgelegt werden.

### *d) Zwischenergebnis*

Sowohl aus dem Wortlaut als auch der Systematik des § 11 Abs. 1 S. 2 Nr. 2 4. Fall BauGB folgt, dass Mietpreis- und Belegungsbindungen nur aus städtebaulichen Gründen vereinbart werden dürfen. Die städtebaulichen Gründe sind in § 1 Abs. 6 BauGB als „Belange“ zusammengefasst. Sie sind abzugrenzen von allgemeinen, sozialpolitischen Gründen.

Das Vorhaben muss mit dem Ziel, den Wohnbedarf von Bevölkerungsgruppen mit besonderen Wohnraumversorgungsproblemen zu decken, nicht kausal verknüpft sein; die Kausalität ist von vornherein ein ungeeignetes Kriterium. Allerdings muss ein räumlicher Zusammenhang bestehen zwischen dem Vorhaben und dem Ziel, preiswerten Wohnraum zu schaffen: Der Wohnraum muss in der näheren Umgebung des Vorhabens erforderlich sein und dort geschaffen werden.

### 2. Nachweispflicht

Die Gemeinde kann besonderen Wohnbedarf erfüllen, wenn dies in dem fraglichen Baugebiet ein erklärtes städtebauliches Ziel ist und sie einen entsprechenden Bedarf nachweist.[169]

Den Bedarf kann die Gemeinde nachweisen, indem sie einen angespannten Wohnungsmarkt darlegt. Kriterien für einen angespannten Wohnungsmarkt sind vor allem die Mietpreise, also Angebotsmieten und Bestandsmieten, die weitere Bevölkerungsentwicklung und die Quote des Leerstandes. In Berlin wurden die Stadtquartiere mit überdurchschnittlicher Mietpreisentwicklung und Hinweisen auf Verdrängungsprozesse bereits ermittelt und in dem Stadtentwicklungsplan Wohnen 2025 als Hinweisgebiete gekennzeichnet. Ebenfalls gekennzeichnet sind mögliche Ausstrahlungsgebiete, die an die Hinweisgebiete angrenzen und deren Entwicklung in den nächsten Jahren beobachtet werden soll.[170] Innerhalb der Hinweisgebiete liegt demnach ein Bedarf an preiswertem Wohnraum nahe. Außerhalb dieser Gebiete besteht ein größerer Begründungsbedarf für Mietpreisbindungen und Belegungsrechte, z. B. bei größeren, die Sozialstruktur des Quartiers prägenden Vorhaben.[171]

## III. Prüfung der einzelnen Modelle

Im Folgenden wird untersucht, ob die vier Städte München, Berlin, Stuttgart und Düsseldorf mit ihren Modellen die herausgearbeiteten wichtigsten

---

169 Birk, Städtebauliche Verträge, Rn. 520; nach Spieß, KommJur 2017, 441 (442) ist eine konkrete Bedarfsanalyse nicht erforderlich, allerdings reiche das alleinige Abstellen auf ein knappes Wohnraumangebot nicht aus. Dies führt zu Abgrenzungsfragen.

170 Stadtentwicklungsplan Wohnen 2025, S. 47.

171 Vgl. Leitlinie für den Abschluss städtebaulicher Verträge in Berlin, 28. August 2014, S. 12, in der aktuellen Leitlinie ist dieser Hinweis nicht mehr enthalten.

Voraussetzungen erfüllen: Für die Übernahme von Folgekosten die Kausalität (vgl. 1) und für Mietpreis- und Belegungsbindungen die städtebauliche Erforderlichkeit (vgl. 2).

## 1. Kausalität

### *a) Allgemeine Anforderungen*

Die Münchener Verfahrensgrundsätze in der Fassung vom 26. Juli 2017 sehen in Ziffer 2.1 vor, dass der Investor die Herstellungskosten der sozialen Infrastruktur durch einen pauschalen Betrag pro Quadratmeter ablösen kann. Damit werden die Kosten keinen konkreten Maßnahmen zugeordnet, sondern pauschal an den Investor weitergegeben, was nach den obigen Ausführungen unzulässig ist (C I 1 b, S. 51). Allerdings hat der Investor nach den Münchener Verfahrensgrundsätzen die Wahl, ob er die Herstellungskosten übernimmt oder den pauschalen Betrag nach der Quadratmeterzahl. Es stellt sich daher die Frage, ob der Investor auf die Konkretisierung verzichten kann, sie also abdingbar ist. Dafür spricht, dass die Konkretisierung dazu dient, nachvollziehen zu können, in welcher Höhe der Investor welche Folgemaßnahmen bezahlt. Sie dient daher seinem Schutz vor überhöhten Folgekosten. Ein tatsächlicher Ursachenzusammenhang zwischen Vorhaben und Maßnahme kann auch dann bestehen, wenn keine Konkretisierung erfolgt. So ist auch nach dem Münchener Modell der Pauschalbetrag nur zu bezahlen, wenn die Ursächlichkeit nachgewiesen ist, also geprüft wurde, ob die Einrichtungen bereits vorhanden sind, ob im Vorgriff auf die Planung die Einrichtungen bereits geschaffen wurden oder ob sie in deren Folge zu schaffen sind.[172] Der Verzicht auf die Konkretisierung bedeutet folglich nicht den Verzicht auf die Kausalität und ist jedenfalls zulässig, wenn ein Wahlrecht des Vorhabenträgers besteht.

Die Berliner Leitlinie differenziert stärker als das Münchener Modell. Sie legt ebenfalls Pauschalbeträge zugrunde, allerdings nicht – wie München – allgemein für die sozialen Folgekosten insgesamt, sondern für einzelne Maßnahmen, z. B. pro Grundschulplatz 54.900 € oder pro Quadratmeter öffentlichen Spielplatz 150 €.[173] Die Kosten lassen sich somit den einzelnen Maßnahmen zuordnen. Der Bedarf nach einzelnen Maßnahmen wird berechnet auf Grundlage von Erfahrungswerten, z. B. die voraussichtliche Anzahl der Kinder und der danach

---

172 Die Sozialgerechte Bodennutzung München, S. 11.

173 Leitlinie für den Abschluss städtebaulicher Verträge im Land Berlin, 1. August 2018, S. 29.

zu erwartende Bedarf an Grundschulplätzen. Allgemeine Erfahrungswerte zugrunde zu legen ist sowohl nach der Rechtsprechung als auch nach der Literatur zulässig.[174] Allerdings sollten die Erfahrungswerte angepasst werden, wenn Hinweise darauf bestehen, dass sie für das konkrete Bebauungsplangebiet nicht zutreffen und nicht nur geringfügig variieren, beispielsweise wenn wegen vieler Einraumwohnungen mit weniger Kindern zu rechnen ist und die Folgekosten für Kita- und Grundschulplätze geringer sind (s. o. C I 2 a und b bb, S. 57, 61). Eine Anpassung der Erfahrungswerte sieht das Berliner Modell bereits vor, je nachdem ob es sich um Geschosswohnungsbau oder individuellen Wohnungsbau, also Einfamilienhäuser, handelt.[175]

Die Berliner Leitlinie folgt der oben (C I 2 a, S. 57) dargestellten Meinung und sieht eine mehrstufige Prüfung für die Bedarfsermittlung von Kita- und Schulplätzen auch dann vor, wenn es sich um einen Neubau und nicht um eine Erweiterung handelt.[176]

Zu beachten ist sowohl in München als auch in Berlin, dass zunächst die für das Vorhaben erforderlichen Folgekosten ermittelt werden müssen und dieser Betrag dann ggf. durch die Angemessenheit begrenzt wird. Unzulässig wäre es hingegen, zunächst die maximal angemessene Kostenlast zu berechnen, um diese anschließend entweder pauschal abzuschöpfen oder mit wünschenswerten Leistungen aufzufüllen. Nach den veröffentlichten Leitlinien scheint diese Reihenfolge eingehalten zu werden.

Die Stuttgarter und Düsseldorfer Regelungen enthalten zum Aspekt der Kausalität keine Besonderheiten.

### *b) Gesamtkonzept*

Werden mehrere Baugebiete überplant, so ist ein Gesamtkonzept nötig, um die Kausalität zwischen der Ausweisung neuer Baugebiete und der Maßnahme zu belegen (s. o. C I 1 d, S. 53). Ein solches Gesamtkonzept erfordert im Regelfall eine Prognose der Bevölkerungsentwicklung (vgl. aa), die Festlegung der zu entwickelnden Wohnbauflächen (vgl. bb), die Prognose des Bedarfs an

---

174 BVerwG, Urteil vom 29. Januar 2009 – 4 C 15/07, NVwZ 2009, 1109 (1113); OVG Lüneburg, Urteil vom 19. Mai 2011, zitiert nach juris Rn. 74; Bunzel/Coulmas/Schmidt-Eichstaedt, Städtebauliche Verträge – Ein Handbuch, S. 224; Burmeister, Praxishandbuch Städtebauliche Verträge, Rn. 88.

175 Leitlinie für den Abschluss städtebaulicher Verträge in Berlin, 1. August 2018, S. 24.

176 Leitlinie für den Abschluss städtebaulicher Verträge im Land Berlin, 1. August 2018, S. 10.

Folgeeinrichtungen (vgl. cc) und ihrer Kosten (vgl. dd) sowie die Darstellung des Berechnungsmodus für die Folgekostenbeiträge, der insbesondere den Gleichheitssatz wahren muss (vgl. ee).[177] Diese Erfordernisse werden nur anhand der Berliner Leitlinie untersucht, da nur sie die hierfür erforderlichen Informationen enthält. Berlin erfüllt die Anforderungen überwiegend:

### aa) Prognose der Bevölkerungsentwicklung

Zunächst ist eine realistische und nachvollziehbare Prognose der Bevölkerungsentwicklung als Grundlage der Bedarfsberechnung nötig.[178] Eine solche Prognose liegt in Berlin mit der „Bevölkerungsprognose für Berlin und die Bezirke 2015–2030" vor.[179] Ausgehend von drei Varianten wird die Entwicklung der Bevölkerung plausibel prognostiziert. Die Variante mit der mittleren Bevölkerungsentwicklung gilt als die Wahrscheinlichste.[180] Dabei wird auch auf die Altersstruktur der Bevölkerung eingegangen. Aus der Altersgruppe der 0 bis unter 6-Jährigen lässt sich die Entwicklung der Kinder im Kita-Alter abschätzen.[181] Die Prognose berücksichtigt die unterschiedliche Bebauung, Nachverdichtungsmöglichkeit und Attraktivität der verschiedenen Bezirke. Dabei trifft sie auch Aussagen für Teilräume von Bezirken wie Westend/Heerstraße und Kreuzberg Nord.[182] Sie schlüsselt die erwartete Bevölkerungsentwicklung nach der mittleren Variante für jeden Bezirk auf.[183] Eine Prognose auf dieser räumlichen Ebene ist ausreichend; eine Prognose für die einzelnen zukünftigen Bebauungsplangebiete ist nicht erforderlich und wäre wohl nicht realisierbar. So genügt auch nach der Rechtsprechung des OVG Lüneburg eine Prognose der einzelnen Ortschaften im Gemeindegebiet.[184]

### bb) Festlegung der zu entwickelnden Wohnbauflächen

Um die zu entwickelnden Wohnbauflächen festzulegen, eignet sich insbesondere ein Flächennutzungsplan.[185] In Berlin gilt aktuell der Flächennutzungsplan auf dem Stand der Neubekanntmachung vom 5. Januar 2015.

---

177 OVG Lüneburg, Urteil vom 19. Mai 2011 – 1 LC 86/09, zitiert nach juris Rn. 73 ff.
178 OVG Lüneburg, Urteil vom 19. Mai 2011 – 1 LC 86/09, zitiert nach juris Rn. 74.
179 Bevölkerungsprognose für Berlin und die Bezirke 2015 – 2030.
180 Bevölkerungsprognose für Berlin und die Bezirke 2015 – 2030, S. 2.
181 Bevölkerungsprognose für Berlin und die Bezirke 2015 – 2030, S. 5, 25.
182 Bevölkerungsprognose für Berlin und die Bezirke 2015 – 2030, S. 20.
183 Bevölkerungsprognose für Berlin und die Bezirke 2015 – 2030, S. 27, 28.
184 OVG Lüneburg, Urteil vom 19. Mai 2011 – 1 LC 86/09, zitiert nach juris Rn. 75.
185 OVG Lüneburg, Urteil vom 19. Mai 2011 – 1 LC 86/09, zitiert nach juris Rn. 76.

#### cc) Prognose des Bedarfs an Folgeeinrichtungen

Der Bedarf an Folgeeinrichtungen muss nachvollziehbar und transparent berechnet werden. Er darf nach allgemeinen Erfahrungswerten bestimmt werden.[186] Die Berliner Leitlinie geht von allgemeinen Erfahrungswerten aus und legt die Berechnung des Folgebedarfs offen. Dabei gilt auch hier: Sind Abweichungen von den allgemeinen Erfahrungswerten absehbar, so sollten diese auch im Rahmen eines Gesamtkonzeptes berücksichtigt und der Bedarf angepasst werden (s. o. C I 2, S. 57). Zudem ist im Einzelfall darzulegen, ob die vorhandenen Kapazitäten ausgeschöpft sind. Ein pauschaler Hinweis darauf, dass etwa alle Kitas der Umgebung ausgelastet seien, ist weder nachvollziehbar noch transparent.

#### dd) Prognose der Kosten

Das Gesamtkonzept muss zudem im Regelfall eine transparente, nachvollziehbare und realistische Kostenschätzung enthalten. Realistisch ist die Kostenschätzung, wenn sie auf allgemeinen Erfahrungssätzen beruht.[187]

Die Kostenansätze der Berliner Leitlinie[188] für Grundschulplätze, Straßen, Grünflächen und Spielplätze beruhen auf allgemeinen Erfahrungssätzen und sind damit realistisch. Einzig beim Kostenansatz für Kitaplätze ist nicht angegeben, wie er zustande kommt. Er basiert auf Berechnungen der Senatsverwaltung für Stadtentwicklung und Wohnen, deren Grundlagen oder Rechenwege aber nicht dargestellt werden. Es ist anhand der Leitlinie nicht nachvollziehbar, woraus sich der Kostenansatz von immerhin 34.100 € pro Kita-Platz ergibt.

Nicht vollständig nachvollziehbar sind die Kostenansätze für Grundschulplätze, Grünflächen, Spielplätze, Straßen und Wege: Der Kostenansatz für Grundschulplätze basiert auf Berechnungen der Senatsverwaltung für Stadtentwicklung und Wohnen, denen wiederum die durchschnittlichen Kosten zur Herstellung von 3- und 4-zügigen Grundschulen mit Sporthalle nach dem neuen Musterraum- und Ausstattungsprogramm der Senatsverwaltung für Bildung, Jugend und Familie zugrunde liegt. Allerdings werden in der Regel keine neuen Schulen gebaut, sondern bestehende erweitert. Liegt für die Erweiterung der konkreten Schule noch keine Kostenschätzung vor, so hat der Investor den

---

186 OVG Lüneburg, Urteil vom 19. Mai 2011 – 1 LC 86/09, zitiert nach juris Rn. 74, 77.

187 OVG Lüneburg, Urteil vom 19. Mai 2011 – 1 LC 86/09, zitiert nach juris Rn. 79, 80.

188 Leitlinie für den Abschluss städtebaulicher Verträge im Land Berlin, 1. August 2018, S. 27–29.

pauschalen Satz zu bezahlen – der allerdings auf der Kostenberechnung eines Neubaus basiert.

Ähnlich verhält es sich mit den Kostenansätzen für Grünflächen sowie für Spielplätze, die sich auf Kostenrichtwerttabellen der Senatsverwaltung für Umwelt, Verkehr und Klimaschutz stützen, die der Leitlinie nicht beigefügt sind. Auch der Kostenansatz für Wege ergibt sich als Mittelwert aus Kostenschätzungen, die jedoch in der Leitlinie weder genauer beziffert noch dargestellt werden. Genauso sind die dem Kostenansatz für Straßen zugrunde liegenden Daten nicht in die Leitlinie aufgenommen.

Es ist verständlich, dass nicht alle Unterlagen der Leitlinie beigefügt werden, um diese nicht zu umfangreich werden zu lassen. Solange die entsprechenden Unterlagen und Daten bei den Behörden eingesehen werden können, ist dies hinnehmbar.

#### ee) Darstellung des Berechnungsmodus und Gleichheitssatz

Der Berechnungsmodus der Folgekostenbeiträge ist nachvollziehbar dargestellt: Anhand der geplanten Geschossfläche lässt sich die voraussichtliche Einwohneranzahl und damit der voraussichtliche Bedarf an Folgeeinrichtungen bestimmen.[189] Um den Gleichheitssatz zu wahren, müsste es jedoch eine Möglichkeit geben, auf verschiedene Planungen und deren Besonderheiten zu reagieren. Denn der Gleichheitssatz besagt, dass nur Gleiches gleich, Ungleiches aber ungleich zu behandeln ist. Das Gleichheitsgrundrecht ist verletzt, wenn tatsächliche Ungleichheiten des zu ordnenden Lebenssachverhalts nicht berücksichtigt werden, die so bedeutsam sind, dass sie bei einer am Gerechtigkeitsgedanken orientierten Betrachtungsweise beachtet werden müssen.[190] Auch hier gilt dasselbe wie oben: Ist mit weniger Kindern zu rechnen, ist der Bedarf nach Kita- und Grundschulplätzen zu reduzieren, bei mehr Kindern entsprechend zu erhöhen (s. o. C I 2 a und b bb, S. 57, 61).

#### ff) Zwischenergebnis

Im Ergebnis erfüllt die Berliner Leitlinie überwiegend die Voraussetzungen der Rechtsprechung an ein Gesamtkonzept für die Überplanung mehrerer Baugebiete. Eine Prognose der Bevölkerungsentwicklung liegt vor, ebenso ein

---

189 Leitlinie für den Abschluss städtebaulicher Verträge im Land Berlin, 1. August 2018, S. 24.

190 St. Rspr. des BVerfG, vgl. etwa Urteil vom 16. März 2004 – 1 BvR 1778/01, NVwZ 2004, 597 (602).

Flächennutzungsplan zur Festlegung der zu entwickelnden Wohnbauflächen. Einige Kostenschätzungen sind nicht bis ins Detail nachvollziehbar, was hingenommen werden kann, soweit die Unterlagen bei den Behörden eingesehen werden können. Nicht nachvollziehbar ist aber der Kostenansatz für Kinderbetreuungsplätze, was bei Kosten in Höhe von 34.100 € pro Platz bedenklich ist. Der Bedarf an Kita- und Grundschulplätzen sollte angepasst werden, wenn erkennbar ist, dass mit mehr oder weniger Kindern zu rechnen ist. Schließlich muss der Bezirk schlüssig darlegen, dass die vorhandenen Kapazitäten erschöpft sind, ein pauschaler Hinweis genügt nicht.

### *c) Besonderheiten im Kerngebiet und Mischgebiet*

Die Frage, ob die vier hier untersuchten Städte die Besonderheiten in Kern- und Mischgebieten hinreichend berücksichtigen, stellt sich nur, wenn die jeweiligen Modelle der Städte auf diese Baugebiete anzuwenden sind. Ist dies der Fall, hat die Stadt mit einem geringeren Einwohnerzuwachs insgesamt und im Speziellen mit einem geringeren Kinderanteil zu rechnen (s. o. C I 2 b, S. 59).

#### aa) München

Die Münchener Verfahrensgrundsätze sind nach ihrer Ziffer 4 anwendbar,

> *„bei städtebaulichen Maßnahmen im Rahmen von Bauleitplanungen und städtebaulichen Satzungen, die planungsbedingt Lasten bei der Stadt auslösen und die zu einer Bodenwertsteigerung in nicht unerheblichem Umfang führen."*

Ihr Anwendungsbereich ist damit nicht auf Wohngebiete begrenzt, vielmehr finden sie auf alle Baugebiete Anwendung – auch auf Kern- und Mischgebiete.

Die Münchener Verfahrensgrundsätze sehen weder eine Reduzierung der Folgekosten bei Vorhaben in Kern- oder Mischgebieten noch eine Reduzierung der Kosten für kinderbedingte Infrastruktureinrichtungen wie Kitaplätze vor. Dies muss jedoch nicht dazu führen, dass der Investor Kosten übernimmt, die sein Vorhaben nicht verursacht hat. Er übernimmt die „Herstellungskosten der ursächlichen sozialen Infrastruktur" oder nach seiner Wahl einen pauschalen Finanzierungsbeitrag pro Quadratmeter Geschossfläche, Ziffer 2.1 der Verfahrensgrundsätze. Berücksichtigt die Stadt München bei der Berechnung der Herstellungskosten den geringeren Anteil an Kindern, so trägt der Investor nur die durch sein Vorhaben verursachten Kosten. Anderenfalls wird gegen die Kausalitätsvoraussetzung verstoßen. Den pauschalen Finanzierungsbeitrag sollte der Investor bei Vorhaben in Kern- oder Mischgebieten freilich nicht wählen: Da er an die allgemeine Geschossfläche und nicht die Wohnfläche anknüpft, berücksichtigt er weder die geringere Wohnfläche im Misch- und Kerngebiet im Vergleich zum Wohngebiet noch den geringeren Anteil an Kindern. Er wäre für den Investor daher sehr wahrscheinlich nachteilig.

#### bb) Berlin

Auch in Berlin ist die Leitlinie zum Abschluss städtebaulicher Verträge in Kern- sowie Mischgebieten anwendbar. Die Leitlinie schränkt den Anwendungsbereich nicht auf Wohngebiete ein. Sie ist anwendbar,

> *„soweit neues Planungsrecht Grundlage für die Herbeiführung der Genehmigungsfähigkeit von Vorhaben mit Wohnnutzung ist“.*[191]

Danach erfasst die Leitlinie alle Bebauungspläne, unabhängig davon, ob der Bebauungsplan ein Wohngebiet oder ein Kern- oder Mischgebiet festsetzt. Voraussetzung ist lediglich, dass ein Vorhaben mit Wohnnutzung umgesetzt werden soll.

Die Höhe der Kostenbeteiligung richtet sich nach der neu geschaffenen Wohnfläche, so dass sich die Kostenbeteiligung automatisch für Kerngebiete und Mischgebiete anpasst, in denen anteilig weniger Wohnraum entsteht. Nicht vorgesehen sind hingegen weitere Anpassungen wegen des geringeren Anteils an Kindern. Hier sollten die Erfahrungssätze entsprechend korrigiert werden und Besonderheiten für Kern- und Mischgebiete vorsehen. Anderenfalls werden dem Investor Kosten auferlegt, die sein Vorhaben nicht verursacht hat.

#### cc) Stuttgart

Das SIM gilt stadtweit, sofern neues Planungsrecht zugunsten einer höherwertigen Nutzung geschaffen wird.[192] Es findet demnach in allen Baugebieten Anwendung. Die Anwendbarkeit speziell in Mischgebieten und Kerngebieten wird dadurch deutlich, dass es für diese beiden Baugebiete Sonderregelungen bei der Wohnungsquote vorsieht.[193]

Die zu übernehmenden Folgekosten passen sich nach dem SIM automatisch der geringeren Wohnfläche in Misch- und Kerngebieten an, da der Investor nur „die anteiligen Kosten von erforderlichen Infrastrukturmaßnahmen“

---

191 Leitlinie für den Abschluss städtebaulicher Verträge im Land Berlin, 1. August 2018, S. 8.

192 Beschluss des Gemeinderates der Landeshauptstadt Stuttgart vom 10. April 2014, Drs. 13/2014, S. 2.

193 Beschluss des Gemeinderates der Landeshauptstadt Stuttgart vom 10. April 2014, Drs. 13/2014, S. 3.

übernimmt. Grundsätzlich sind 40 % der voraussichtlich entstehenden Herstellungskosten zu übernehmen.[194] Zwar ist nicht nachvollziehbar, wie der Prozentsatz in Höhe von 40 % zustande kommt und er basiert darüber hinaus auf einer bloßen Schätzung der entstehenden Herstellungskosten. Da jedoch der Investor nur 40 % der geschätzten Kosten trägt, besteht ein ausreichend großer Puffer, um Abweichungen der Schätzung von den tatsächlichen Kosten abzufangen. Zudem macht die Begründung des Gemeinderatsbeschlusses deutlich, dass die Kostenübertragung sich an der tatsächlichen Zahl der realisierten Wohnungen orientieren muss.[195]

Eine Anpassung der Kostenbeteiligung für kinderbedingte Infrastrukturmaßnahmen sieht das SIM nicht vor. Dies ist unschädlich, solange bei der Berechnung der voraussichtlichen Kosten ein geringerer Kinderanteil zugrunde gelegt wird. Ist dies nicht der Fall, werden dem Investor Kosten auferlegt, die nicht durch sein Vorhaben verursacht wurden.

### dd) Düsseldorf

Auch das Düsseldorfer Handlungskonzept Zukunft Wohnen.Düsseldorf ist in allen Baugebieten anwendbar. So heißt es zur Anwendbarkeit, dass die Wohnungsquote in „Neubaugebieten“ und „bei allen Wohnungsbauprojekten“ anwendbar ist.[196] Eine Beschränkung auf Wohngebiete lässt sich dem nicht entnehmen.

Die Kostenbeteiligung des Investors ist in dem Konzept nicht näher beschrieben. Es legt nur fest, dass die Stadt zur Finanzierung der durch ein Bauvorhaben ausgelösten Kosten regelmäßig städtebauliche Verträge mit den Planungsbegünstigten abschließt und zu den Pflichten des Investors u. a. die Errichtung oder Kostentragung der erforderlichen Gemeinbedarfsinfrastruktur gehören.[197] Hier gilt dasselbe wie in München und Stuttgart: Orientiert sich die Stadt bei der Kostenbeteiligung des Investors an den tatsächlich errichteten Wohnungen, so fällt seine Kostenbeteiligung wegen der geringeren Wohnfläche automatisch geringer aus. Legt die Stadt auch einen geringeren Kinderanteil für die Berechnung der

194 Ausführliche Begründung zu Drs. 13/2014, Anlage 1 zur Vorlage 13/2014 vom 18. März 2014, S. 11, 12.

195 Ausführliche Begründung zu Drs. 13/2014, Anlage 1 zur Vorlage 13/2014 vom 18. März 2014, S. 6, 7.

196 Handlungskonzept Zukunft Wohnen.Düsseldorf, S. 93, 127.

197 Handlungskonzept Zukunft Wohnen.Düsseldorf, S. 112.

kinderbedingten Infrastruktur zugrunde, sind die Kosten durch das Vorhaben des Investors verursacht.

ee) Zwischenergebnis

In allen vier Städten sind die Wohnungsquoten in allen Baugebieten anzuwenden, einzig in Berlin besteht eine unklare Regelung, die der Auslegung bedarf. Der geringere Anteil an Wohnfläche in Misch- und Kerngebieten wird in allen Städten beachtet, entweder, indem an die tatsächlich entstehenden Herstellungskosten für Infrastruktureinrichtungen angeknüpft wird, die durch weniger Einwohner geringer sein werden, oder indem an die neu geschaffene Wohnfläche angeknüpft wird.

Keine der Städte beachtet jedoch ausdrücklich, dass in Mischgebieten und besonders in Kerngebieten mit einem geringeren Anteil an Kindern zu rechnen ist und sich dadurch der Bedarf an kinderbedingten Einrichtungen verringert. Dem Investor wird damit eine zu hohe Kostenbeteiligung auferlegt für Einrichtungen, die nicht durch sein Vorhaben erforderlich werden. Dies ist nur dann nicht der Fall, wenn die Städte sich nicht allgemein an der geschaffenen Wohnfläche oder der üblicherweise in Wohngebieten erforderlichen kinderbedingten Infrastruktur orientieren, sondern den tatsächlichen Bedarf oder die tatsächlichen Herstellungskosten zugrunde legen. Ein solches Vorgehen ermöglichen die Verfahrensgrundsätze von München, Stuttgart und Düsseldorf, die auf die tatsächlich erforderlichen Einrichtungen oder Herstellungskosten abstellen – ohne jedoch die Berechnung im Einzelnen darzulegen. In Berlin hingegen wird in allen Baugebieten von demselben Kinderanteil ausgegangen, was dem Investor besonders in Kerngebieten eine zu hohe, nicht kausale Kostenbeteiligung auferlegt.

## 2. Städtebauliche Erforderlichkeit

### *a) Städtebauliche Gründe als Hauptmotiv*

Sowohl München als auch Berlin nennen nicht nur städtebauliche Gründe, sondern auch allgemeinpolitische Ziele. So gibt München als Ziel an, wirtschaftliche Prosperität und sozialen Frieden zu fördern[198] und Berlin erwartet, preisdämpfend auf den Grundstücksmarkt einzuwirken[199]. Beide Städte nennen

198 Die Sozialgerechte Bodennutzung München, S. 5.

199 Leitlinie für den Abschluss städtebaulicher Verträge im Land Berlin, 1. August 2018, S. 5.

aber wiederholt auch den städtebaulichen Grund, sozial durchmischte und stabile Bevölkerungsstrukturen zu schaffen und zu erhalten.[200] Zumindest nach der Formulierung der Leitlinien stellt sich dies als Hauptmotiv für die städtebaulichen Verträge dar. Dies ist ausreichend, wie ein vergleichender Blick auf § 9 BauGB zeigt. Auch nach § 9 BauGB dürfen Festsetzungen in Bebauungsplänen nur aus städtebaulichen Gründen erfolgen und es genügt, wenn die Festsetzungen von einem legitimen städtebaulichen Interesse als Hauptmotiv getragen werden.[201] Zudem ist unschädlich, dass städtebauliche und wohnungspolitische Zielsetzungen sich überlagern können.[202] Folglich können ergänzend zu den städtebaulichen Hauptzielen noch andere Ziele verfolgt werden.

### *b) Ersatzmaßnahmen in anderen Gebieten*

Oben wurde gezeigt (C II 1 c, S. 66), dass Mietpreis- und Belegungsbindungen einen räumlichen Zusammenhang mit dem Vorhaben voraussetzen. Dieser Zusammenhang spiegelt sich in den Regelungen der Städte wider: So sind in München und Stuttgart die günstigen Wohnungen grundsätzlich im Plangebiet zu schaffen, nur ausnahmsweise können sie in bis zu 1 km Entfernung errichtet werden.[203] In Stuttgart erhöht sich in diesem Fall die Quote, was wohl einen Anreiz dafür bilden soll, im Gebiet selbst die Wohnungen zu errichten. Mit der Begrenzung der Umgebung auf den Umkreis von 1 km finden die Städte einen geeigneten Kompromiss zwischen einer eindeutigen Definition und Abgrenzbarkeit des Gebietes, ohne es lebensfremd und schematisch nur auf das Baugebiet zu beschränken.

Ähnlich war die Regelung in Berlin, wonach der Vorhabenträger Mietpreis- und Belegungsbindungen unter Berücksichtigung der städtebaulichen Notwendigkeiten und Zielsetzungen *„in dem jeweiligen Plangebiet und seinem Umfeld“* übernehmen sollte und die Quote wegen der vorgefundenen Bevölkerungsstruktur *„in angrenzenden Quartieren“* angepasst werden konnte.[204] Im Unterschied

---

200 Die Sozialgerechte Bodennutzung München, S. 4, 6, 14, 26; Leitlinie für den Abschluss städtebaulicher Verträge im Land Berlin, 1. August 2018, S. 8, 12, 13.

201 Söfker, in: Ernst/Zinkahn/Bielenberg/Krautzberger, BauGB, Stand Mai 2016, § 9 Rn. 17.

202 Reidt, in: Battis/Krautzberger/Löhr, BauGB, § 11 Rn. 50.

203 Münchener Verfahrensgrundsätze zur Sozialgerechten Bodennutzung in der Fassung vom 26. Juli 2006, Ziffer 5; Beschluss des Gemeinderates der Landeshauptstadt Stuttgart vom 10. April 2014, Drs. 13/2014, S. 2, Ziffer 1b.

204 Leitlinie für den Abschluss städtebaulicher Verträge im Land Berlin, 14. April 2015, S. 8, 15.

zu München und Stuttgart galt hier kein Regel-Ausnahme-Verhältnis. In der novellierten Leitlinie aus August 2018 findet sich diese Regelung nicht wieder.

Die Düsseldorfer Regelung wich in ihrer ursprünglichen Fassung hiervon ab: Zwar sollten die Wohnungen grundsätzlich auf dem Grundstück realisiert werden und, wenn dies nicht möglich war, im näheren Umfeld. War aber auch dies nicht umsetzbar, konnte die Quote für den günstigen Wohnungsbau an einem Alternativstandort innerhalb des Stadtgebietes erfüllt werden.[205] Gemäß der oben herausgearbeiteten Kriterien ist dies städtebaulich nicht gerechtfertigt. Es fehlt an dem nach der vorgeschlagenen Lösung erforderlichen räumlichen Zusammenhang mit dem Vorhaben. Nach der hier vertretenen vermittelnden Meinung ist ein Alternativstandort irgendwo im Stadtgebiet unzulässig. Aber auch wenn man der Meinung folgt, die eine stadtweite Betrachtung befürwortet, lag eine unzulässige allgemeine Wohnungsbauabgabe vor: Die ursprüngliche Düsseldorfer Regelung stellte nicht sicher, dass der günstige Wohnraum konkret und in zeitlichem Zusammenhang verwirklicht wird. Wird dies nicht im städtebaulichen Vertrag nachgeholt, ist diese Fallgestaltung auch nach dieser Ansicht unzulässig. Mit ihrer Modifizierung gibt die Leitlinie nun keine Abweichoptionen mehr vor.[206] Bei der Entscheidung über Abweichungen ist dennoch zu beachten, dass die nicht mehr ausdrücklich erwähnte Option von Alternativstandorten irgendwo im Stadtgebiet unzulässig ist.

### c) *Quote für günstigen Wohnraum*

Es kann nur so viel günstiger Wohnraum von dem Investor verlangt werden, wie benötigt wird. Denn die Verpflichtung zum Bau günstigen Wohnraums setzt eine städtebauliche Erforderlichkeit voraus, die nur in dem Umfang gegeben sein kann, wie es an Wohnraum mangelt. Die Quote muss sich deshalb nach dem konkreten Wohnungsmarkt des Gebietes richten. Wie bei den Folgekosten (s. o. C III 1 a, S. 73) ist in einem ersten Schritt der Bedarf zu ermitteln. Erst danach in einem zweiten Schritt ist zu prüfen, ob es den Investor unangemessen belastet, diesen Bedarf vollständig zu erfüllen. So begrenzt die Angemessenheit seine Pflichten, die im ersten Schritt ermittelt wurden. Unzulässig wäre es hingegen, zunächst zu bestimmen, in welcher Höhe der Investor maximal zu einer Kostentragung sowie Mietpreis- und Belegungsbindungen verpflichtet werden kann, um erst danach zu ermitteln, welche Maßnahmen wünschenswert wären, um den Betrag auszuschöpfen.

205 Handlungskonzept Zukunft Wohnen.Düsseldorf, S. 94.

206 Beschlussvorlage 61/33/2016, S. 3.

Vor diesem Hintergrund ist die Münchener Regelung problematisch. Die Quote für günstigen Wohnraum liegt dort immer bei 40 %, egal ob in dem betreffenden Gebiet überhaupt ein Bedarf besteht. Besteht aber kein oder ein geringerer Bedarf als ihn eine Quote von 40 % deckt, so fehlt es an der städtebaulichen Erforderlichkeit.

Vorzugswürdig ist daher die Stuttgarter Regelung. Hier gibt es zwar auch eine Standardquote von 20 %, sie kann aber aus städtebaulichen oder sozialräumlichen Gründen reduziert oder erlassen werden.[207]

Ähnlich ist auch die Berliner Quote geregelt: Nach der Leitlinie gilt der Prozentsatz nur grundsätzlich, in besonders gelagerten Einzelfällen kann hiervon abgewichen werden.[208]

Nur Düsseldorf nennt ausdrücklich, dass Abweichungen von der Standardquote möglich sind, um auf spezielle städtebauliche Situationen reagieren zu können. So sind Abweichungen von der Standardquote z. B. möglich, wenn keine zusätzlichen Sozialwohnungen sinnvoll sind und sogar problemverschärfend wirken könnten oder wenn das städtebauliche Umfeld eine instabile Sozialstruktur aufweist.[209] Ob eine Abweichung von der Standardquote in Düsseldorf auch nach der Modifizierung des Handlungskonzeptes nur bedeutet, dass weniger Sozialwohnungen, dafür mehr preisgedämpfte Wohnungen gebaut werden, es aber bei einer Quote von insgesamt 40 % bleibt, ist unklar. Die neue Formulierung beschränkt sich darauf, keine Abweichungsoptionen vorzugeben.[210] Soll hierdurch nur die Regelung zu Alternativstandorten als Abweichungsoption ersetzt werden, so bliebe es im Ergebnis immer bei einer Quote von insgesamt 40 % und der tatsächliche Bedarf an günstigem Wohnraum würde nur bedingt berücksichtigt.

Zu empfehlen ist daher eine Standardquote, die bei fehlendem Bedarf oder Ungeeignetheit des Gebietes reduziert werden kann. Die Standardquote bietet den Vorteil der besseren Vorhersehbarkeit und Kalkulierbarkeit für Investor und Gemeinde und stellt die Gleichbehandlung der Investoren sicher. Die Möglichkeit, von der Standardquote abzuweichen, trägt der Voraussetzung der städtebaulichen Erforderlichkeit Rechnung.

---

207 Ausführliche Begründung zu Drs. 13/2014, Anlage 1 zur Vorlage 13/2014 vom 18. März 2014, S. 7, beschlossen mit Änderungen am 10. April 2014, Protokoll S. 5, 15.

208 Leitlinie für den Abschluss städtebaulicher Verträge im Land Berlin, 1. August 2018, S. 12, 29.

209 Handlungskonzept Zukunft Wohnen.Düsseldorf, S. 92, 94.

210 Handlungskonzept Zukunft Wohnen.Düsseldorf, S. 94; Beschlussvorlage 61/33/2016, S. 3.

## IV. Zwischenergebnis

Dies bedeutet zusammengefasst: Die wichtigsten Voraussetzungen für städtebauliche Verträge – bei Folgekostenverträgen die Kausalität und bei Verträgen zur Deckung des Wohnbedarfs die städtebauliche Erforderlichkeit – werden von den untersuchten Städten überwiegend eingehalten.

Das standardisierte Berliner Berechnungsverfahren für den Bedarf nach Folgeeinrichtungen und deren Kosten geht zulässigerweise von Erfahrungswerten aus. Allerdings sollte ausdrücklich ermöglicht werden, von den allgemeinen Erfahrungswerten abzuweichen, wenn diese erkennbar nicht zutreffen. Es fehlt auch an einer nachvollziehbaren Begründung für den Kostenansatz pro Kinderbetreuungsplatz. Andere Kostenansätze sind nicht bis ins Detail nachvollziehbar, was im Rahmen einer Kostenschätzung akzeptabel ist. Schließlich erfüllt die Berliner Leitlinie überwiegend die Anforderungen eines Gesamtkonzeptes, das bei der Überplanung mehrerer Baugebiete erforderlich ist.

Nach den Münchener Verfahrensgrundsätzen kann der Investor die Herstellungskosten der sozialen Infrastruktur durch einen pauschalen Betrag pro Quadratmeter ablösen. Die konkrete Zuordnung der Kosten zu einer Maßnahme ist dann nicht möglich. Die Konkretisierung dient jedoch der Nachvollziehbarkeit für den Investor und seinem Schutz, so dass er auf sie verzichten kann. Da der Investor ein Wahlrecht hat, ist sein Verzicht auf die Konkretisierung zulässig.

Berlin und München nennen nicht nur städtebauliche Ziele, sondern auch allgemeinpolitische Ziele, die Mietpreis- und Belegungsbindungen nicht rechtfertigen können. Da Hauptmotiv aber städtebauliche Ziele sind, ist dies unschädlich.

Alle vier untersuchten Städte berücksichtigen, dass zwischen dem Vorhaben und dem günstigen Wohnraum ein räumlicher Zusammenhang bestehen muss. Allein Düsseldorf ließ es nach der ersten Fassung des Handlungskonzeptes zu, den günstigen Wohnraum irgendwo im Stadtgebiet zu schaffen, wenn er im näheren Umfeld nicht umsetzbar ist. Der erforderliche räumliche Bezug und somit die städtebauliche Rechtfertigung waren damit nicht gewährleistet. Hiervon sollte, gerade nachdem in der neuen Fassung des Handlungskonzeptes diese Option nicht mehr erwähnt wird, kein Gebrauch gemacht werden.

Ebenfalls an einer städtebaulichen Rechtfertigung fehlt es, wenn mehr günstiger Wohnraum gebaut werden muss, als erforderlich ist. Daher sind stadtweit pauschale und feste Quoten wie in München problematisch. Vorzugswürdig sind flexiblere Quoten wie in Berlin oder Düsseldorf, wo von einer Standardquote abgewichen werden kann, um auf spezielle städtebauliche Situationen zu reagieren. Die Quote muss sich dann jedoch am Wohnungsmarkt orientieren und nicht daran, welche Quote für den Investor noch angemessen wäre. Die Angemessenheit begrenzt anschließend die Leistungspflichten des Investors.

Zu empfehlen ist daher eine Standardquote, von der bei geringerem Bedarf oder Ungeeignetheit des Gebiets abgewichen werden kann.

# D. Grenzen städtebaulicher Verträge

Nachdem im vorherigen Kapitel die Voraussetzungen städtebaulicher Verträge dargelegt wurden, sollen nun ihre Grenzen aufgezeigt werden. Die wichtigsten Grenzen städtebaulicher Verträge sind das Koppelungsverbot (vgl. I) und die Angemessenheit nach § 11 Abs. 2 S. 1 BauGB (vgl. II). Während das Koppelungsverbot eine qualitative Grenze darstellt, indem es festlegt, welche Leistungen vom Investor verlangt werden können, stellt das Gebot der Angemessenheit eine quantitative Grenze auf, bis zu welcher der Investor mit Pflichten belastet werden darf.

Beide Grenzen schränken die Abwägungsfreiheit der Gemeinde aus § 1 Abs. 7 BauGB beim Abschluss städtebaulicher Verträge ein. Dies ist vom Gesetzgeber jedoch offenbar gewollt mit Blick darauf, dass er den Gemeinden mit der Schaffung von § 11 BauGB ausdrücklich städtebauliche Verträge als städtebauliches Instrument an die Hand gegeben hat und zugleich im § 11 BauGB diese Grenzen aufgenommen hat.

## I. Koppelungsverbot

Das Koppelungsverbot hat zwei Aspekte: Zum einen darf der städtebauliche Vertrag nichts miteinander verknüpfen, was nicht ohnehin in einem inneren Zusammenhang steht (vgl. 1). Zum anderen dürfen hoheitliche Entscheidungen in der Regel nicht von wirtschaftlichen Gegenleistungen abhängig gemacht werden. Hiermit soll ein „Verkauf von Hoheitsakten" verhindert werden (vgl. 2).[211] Das Koppelungsverbot ist auch auf „hinkende Austauschverträge" anwendbar, in denen nur die Leistungspflicht einer Vertragspartei ausdrücklich benannt ist.[212] Nach einer Zusammenfassung der Anforderungen (vgl. 3) wird untersucht, ob die Modelle der vier Städte diese Anforderungen erfüllen (vgl. 4).

---

211 Grundlegend BVerwG, Urteil vom 6. Juli 1973 - IV C 22/72, NJW 1973, 1895 (1897); diesem folgend: BVerwG, Urteil vom 16. Mai 2000 - 4 C 4/99, ZfBR 2000, 491 (493); Urteil vom 16. Dezember 1993 - 4 C 27/92, NVwZ 1994, 485 (485); OVG Lüneburg, Urteil vom 3. Mai 2006 - 1 LC 170/04, NJOZ 2007, 994 (999).

212 BVerwG, Urteil vom 16. Mai 2000 - 4 C 4/99, NVwZ 2000, 1285 (1287); Grziwotz, BauR 2005, 812 (814); Grziwotz, DVBl. 1994, 1048 (1052); Otto, ZfBR 2006, 320 (321).

## 1. Innerer Zusammenhang

Wann ein innerer Zusammenhang zwischen Leistung und Gegenleistung besteht, lässt sich nicht allgemein-generell festlegen. Entscheidend sind Inhalt und Begleitumstände des konkreten Vertrags.[213] Um prüfen zu können, ob beim konkreten Vertrag die Leistungspflichten der Gemeinde und des Investors sachlich zusammenhängen, ist die bereits oben (C I 1 b, S. 51) betrachtete Konkretisierung der Leistungspflichten bei Folgekostenverträgen auch an dieser Stelle relevant.[214] Denn nur wenn die Zahlungspflichten bestimmten Leistungen zugeordnet werden, kann der innere Zusammenhang zwischen ihnen geprüft werden.

Der sachliche Zusammenhang fehlt jedenfalls dann, wenn die vom Bürger zu erbringende Leistung einem anderen öffentlichen Interesse dienen soll als die von der Behörde zu erbringende Leistung.[215] Deswegen reichen nicht irgendwelche städtebaulichen Gründe aus, vielmehr müssen die Gründe unmittelbar im Zusammenhang mit dem vertragsgegenständlichen Vorhaben stehen.[216]

Spezielle Kriterien, nach denen ein innerer Zusammenhang besteht, hat die Literatur für Folgekostenverträge (vgl. a) und Planverwirklichungsverträge (vgl. b) entwickelt.

### *a) Innerer Zusammenhang bei Folgekostenverträgen*

Für Folgekostenverträge ist das Gebot des inneren Zusammenhanges in § 11 Abs. 1 S. 2 Nr. 3 BauGB konkretisiert.[217] Danach kann Gegenstand eines städtebaulichen Vertrags die Übernahme von Kosten sein, die *„Voraussetzung oder Folge des geplanten Vorhabens sind"*. Das bedeutet: Übernimmt der Investor bestimmte, durch die Bauleitplanung verursachte Aufwendungen, so besteht mit der Kausalität zugleich ein innerer Zusammenhang zwischen der Bauleitplanung

---

213 BVerwG, Urteil vom 16. Mai 2000 - 4 C 4/99, NVwZ 2000, 1285 (1287).

214 Vgl. Burmeister, Praxishandbuch Städtebauliche Verträge, Rn. 60.

215 BVerwG, Urteil vom 16. Mai 2000 - 4 C 4/99, ZfBR 2000, 491 (493); vgl. BVerwG, Urteil vom 13. Juli 1979 - 4 C 67/76, NJW 1980, 1294 (1295) zum Baudispens gegen Entrichtung der Einkommenssteuer; Burmeister, Praxishandbuch Städtebauliche Verträge, Rn. 60.

216 VGH München, Urteil vom 12. Mai 2004 - 20 N 04.329, NVwZ-RR 2005, 781 (782); Reidt, in: Battis/Krautzberger/Löhr, BauGB, § 11 Rn. 74.

217 Bunzel/Coulmas/Schmidt-Eichstaedt, Städtebauliche Verträge - Ein Handbuch, S. 43; Burmeister, Praxishandbuch Städtebauliche Verträge, Rn. 60.

und den übernommenen Kosten.[218] Kausalität und innerer Zusammenhang gehen Hand in Hand.

Dies gilt auch im umgekehrten Fall: Sollen Anlagen errichtet und vom Investor bezahlt werden, die erkennbar nicht dem betreffenden Baugebiet dienen, sondern ausschließlich anderen Gebieten oder der Allgemeinheit zugutekommen, so sind weder Kausalität noch innerer Zusammenhang gegeben. Der sachliche Zusammenhang entfällt dagegen nicht, wenn der Investor die Herstellung von Erschließungsanlagen übernimmt, die nicht nur, aber auch dem zu erschließenden Baugebiet zugutekommen – z. B. die Errichtung eines zu groß dimensionierten Kinderspielplatzes, der auch von den Kindern angrenzender Baugebiete genutzt werden soll. Eine derartige Kostenübernahme des Erschließungsträgers ist jedoch im Hinblick auf die Angemessenheit kritisch zu sehen.[219] Auch dies entspricht der Bewertung im Rahmen der Kausalität: Verursachen mehrere Vorhaben eine Anlage anteilig, ist jedes von ihnen kausal, die Kosten müssen aber nur anteilig getragen werden (s. o. C I 1 f, S. 56).

### *b) Innerer Zusammenhang bei Planverwirklichungsverträgen*

#### aa) Allgemeines

Bei Verträgen nach § 11 Abs. 1 S. 2 Nr. 2 BauGB ist dem Gebot des sachlichen Zusammenhangs Genüge getan, wenn der städtebauliche Vertrag dazu dient, die mit der anstehenden Bauleitplanung verfolgten Ziele zu fördern und zu sichern.[220] Noch nicht abschließend geklärt ist, ob der sachliche Zusammenhang auch dann gewahrt ist, wenn die Ziele außerhalb des Plangebietes verwirklicht werden sollen, also die mietpreis- und belegungsgebundenen Wohnungen in einem anderen Baugebiet errichtet werden sollen.[221]

Meines Erachtens sollte hier ebenso wie bei der Frage der städtebaulichen Erforderlichkeit auf die nähere Umgebung abgestellt werden (s. o. C II 1 c cc, S. 71). Denn nicht die Grenzen des Baugebietes entscheiden darüber, ob ein Wohnbedarf von Bevölkerungsgruppen mit besonderen Wohnraumversorgungsproblemen besteht, sondern die Strukturen des Quartiers und der näheren Umgebung. Die Nähe und Erreichbarkeit von Infrastruktureinrichtungen wie ÖPNV, Kita und Schule ist entscheidender für den Bedarf an Wohnraum als die

---

218 BVerwG, Urteil vom 6. Juli 1973 – 4 C 22/72, NJW 1973, 1895 (1897).

219 Hoffmann, in: Spannowsky/Uechtritz, BauGB, 2. Auflage 2014, § 11 Rn. 39.1.

220 Bunzel/Coulmas/Schmidt-Eichstaedt, Städtebauliche Verträge – Ein Handbuch, S. 43, 44.

221 Burmeister, Praxishandbuch Städtebauliche Verträge, Rn. 60.

Grenze eines Baugebiets. Deswegen kann ein sachlicher Zusammenhang auch über die Grenzen des Baugebietes hinaus in der näheren Umgebung bestehen.

### bb) Bauordnungsrechtliche Abweichungen

Nach diesen Kriterien kann der innere Zusammenhang auch gegeben sein, wenn der Investor sich im Gegenzug für die Zulassung einer bauordnungsrechtlichen Abweichung dazu verpflichtet, günstigen Wohnraum zu schaffen. Denn die Schaffung günstigen Wohnraums dient den Wohnbedürfnissen der Bevölkerung, die nach § 1 Abs. 6 Nr. 2 BauGB ein bei der Bauleitplanung zu berücksichtigender Belang sind und auch Ziel der einzelnen anstehenden Bauleitplanung sein können. Der städtebauliche Vertrag dient dann dazu, diese Ziele zu fördern und zu sichern.

Auch das allgemeine Kriterium, dass Leistung und Gegenleistung demselben öffentlichen Interesse zu dienen bestimmt sein müssen, ist erfüllt: Seitens der Behörde ist dabei das Interesse der Norm maßgeblich, welche die Behörde zu ihrer Leistung ermächtigt[222] – im Fall der Erteilung einer Abweichung also beispielsweise § 67 BauO Berlin. Nicht abzustellen ist hingegen auf das Interesse der Norm, von der eine Abweichung gewährt wird, etwa die Regelungen zu Abstandsflächen oder der Anzahl der notwendigen Stellplätze. Es liegt auf der Hand, dass die Leistung des Investors nicht demselben Interesse dienen kann wie die Vorschrift, von der er gerade eine Abweichung begehrt. Abzustellen ist daher beispielsweise bei Abweichungen von der Stellplatzpflicht nicht auf das Interesse an einer ausreichende Anzahl an Stellplätzen, sondern auf das Interesse der Norm, die die Abweichung zulässt. Das kann etwa die erleichterte Schaffung zusätzlichen Wohnraums durch Ausbau, Anbau oder Nutzungsänderung sein.[223] Unzutreffend ist daher das Urteil des OVG Schleswig[224], welches das öffentliche Interesse der Stellplatzpflicht zum Maßstab nimmt. Richtigerweise hätte es für den inneren Zusammenhang das Interesse der Norm betrachten müssen, welche die Behörde zu der von ihr zu erbringenden Leistung ermächtigt[225] – sprich zu der Abweichung.

222 Tegethoff, in: Kopp/Ramsauer, VwVfG, § 56 Rn. 17.

223 Vgl. § 56 Abs. 2 Nr. 1 BauO Baden-Württemberg (allgemein zu Abweichungen) und § 51 Abs. 9 BauO NRW, der bei Dachgeschossausbauten zu Wohnzwecken auf Stellplätze verzichtet.

224 15. September 1992 – 1 L 303/91, zitiert nach juris Rn. 22, 23 zur Erteilung einer Ausnahme von der Stellplatzpflicht.

225 Tegethoff, in: Kopp/Ramsauer, VwVfG, § 56 Rn. 17.

Bei Abweichungen von Abstandsflächen ist allerdings die Rechtsprechung des OVG Berlin-Brandenburg und des OVG Münster zu beachten. Danach dürfen Abweichungen von den Abstandsflächen nur in atypischen Situationen erteilt werden, wobei regelmäßig nur eine grundstücksbezogene Atypik eine Abweichung rechtfertigen kann. Diese kann sich z. B. aus Besonderheiten der Lage und des Zuschnitts der benachbarten Grundstücke oder aus topografischen Besonderheiten des Geländeverlaufs ergeben. Sie muss die Bebaubarkeit unter Berücksichtigung von Abstandsflächenvorschriften in besonderem Maße erschweren. Hingegen begründen Wünsche eines Eigentümers, sein Grundstück stärker auszunutzen, als dies ohnehin schon zulässig wäre, keine Atypik.[226] Eine Abweichung darf also nicht erteilt werden, um im Gegenzug vom Investor günstigen Wohnraum schaffen zu lassen. Denn die Abweichung dient hiernach ausschließlich dem öffentlichen Interesse, in Sonderfällen die Bebauung eines Grundstücks zu ermöglichen, wo sie sonst bei Einhaltung der Abstandsflächen erheblich erschwert wäre. Dies ist nicht deckungsgleich mit dem öffentlichen Interesse, günstigen Wohnraum zu schaffen. Zumindest für Berlin wird sich diese Rechtsprechung unter dem Einfluss der neuen Bauordnung für Berlin vom 17. Juni 2016 ändern, die in § 6 Abs. 11 nunmehr bestimmt:

> *„Eine Abweichung von den Abstandsflächen und Abständen kann nach § 67 zugelassen werden, wenn deren Schutzziele gewahrt bleiben. Eine atypische Grundstückssituation ist nicht erforderlich."*

Dann kann die Zulassung einer Abweichung von Abstandsflächen dem Interesse dienen, günstigen Wohnraum zu schaffen, und wäre in einem städtebaulichen Vertrag zulässig.

### *c) Zwischenergebnis*

Der innere Zusammenhang bei Folgekostenverträgen entspricht der Kausalität zwischen der städtebaulichen Maßnahme und dem Vorhaben. Bei Planverwirklichungsverträgen entspricht er der städtebaulichen Erforderlichkeit.

Soll der Investor für bauordnungsrechtliche Abweichungen eine Gegenleistung erbringen, so müssen die Abweichung und die Gegenleistung demselben Interesse dienen. Da die OVGs in Berlin-Brandenburg und Nordrhein-Westfalen

---

226 OVG Berlin-Brandenburg, Beschluss vom 19. Dezember 2012 – OVG 2 S 44/12, NVwZ-RR 2013, 400; OVG Münster, Beschluss vom 5. März 2007 – 10 B 274/07, NVwZ-RR 2007, 510 (511); OVG Münster, Beschluss vom 2. März 2007 – 10 B 275/07, zitiert nach juris Rn. 31.

Abweichungen von Abstandsflächen grundsätzlich nur bei grundstücksbezogener Atypik zulassen, werden städtebauliche Verträge zur Schaffung von Wohnraum mit der Abweichung von Abstandsflächen als Leistung der Behörde kaum möglich sein. In Berlin zeichnet sich mit der neuen Bauordnung jedoch eine Änderung ab.

## 2. Keine wirtschaftliche Gegenleistung

Der zweite Aspekt des Koppelungsverbotes besagt, dass hoheitliche Leistungen nicht von wirtschaftlichen Gegenleistungen abhängig gemacht werden dürfen. Jedoch gilt das Verbot einer wirtschaftlichen Gegenleistung nicht ausnahmslos: Beseitigt die Gegenleistung ein der Leistung entgegenstehendes Hindernis – ermöglicht also die Gegenleistung der Behörde erst, die fragliche Leistung zu erbringen – so ist eine Gegenleistung ausnahmsweise zulässig.[227]

Eine solche Ausnahme ist anerkannt, wenn der Behörde ein Ermessensspielraum zusteht und damit kein Anspruch auf die behördliche Leistung besteht (vgl. a). Teilweise wird auch vertreten, dass ein städtebaulicher Vertrag zulässig sei, wenn zwar ein Anspruch besteht, aber die Gegenleistung Inhalt einer Nebenbestimmung sein könnte (vgl. b).

Folgekostenverträge unterliegen aus anderen Gründen einer Ausnahme: Bei Folgekostenverträgen findet kein Leistungsaustausch statt, es geht vielmehr um eine Entlastung ähnlich einem Aufwendungsersatz. Von einer Gegenleistung kann daher nicht gesprochen werden (vgl. c).

### *a) 1. Ausnahme: Ermessen der Behörde*

Besteht ein Anspruch auf die Leistung der Gemeinde, ist eine Gegenleistung des Investors nach § 11 Abs. 2 S. 2 BauGB unzulässig. Raum für einen städtebaulichen Vertrag bleibt daher nur, wenn kein Anspruch auf die Baugenehmigung oder den Bebauungsplan besteht.

Auf die Baugenehmigung hat der Investor nach dem BVerwG nur dann einen Anspruch, wenn die Baubehörde ausschließlich gebundene Entscheidungen treffen muss – es mit den Worten des BVerwG

227 BVerwG, Urteil vom 16. Mai 2000 – 4 C 4/99, ZfBR 2000, 491 (493); Urteil vom 16. Dezember 1993 – 4 C 27/92, NVwZ 1994, 485 (485); OVG Lüneburg, Urteil vom 3. Mai 2006 – 1 LC 170/04, NJOZ 2007, 994 (999).

*„an jedem Spielraum fehlt und dementsprechend nichts anderes als die unverzügliche und uneingeschränkte Genehmigungserteilung der Rechtslage entspricht“.*[228]

Dies ist bei plankonformen Bauvorhaben der Fall, auf ihre Genehmigung besteht ein Anspruch (vgl. aa). Kein Anspruch in diesem Sinne besteht hingegen, wenn die Baugenehmigung aufgrund einer Ermessensentscheidung ergeht. Eine Ermessensentscheidung liegt vor, wenn die Erteilung der Baugenehmigung von einer Befreiung (vgl. bb) oder einer Ausnahme (vgl. cc) abhängt.

Die Baugenehmigung für ein Vorhaben im unbeplanten Innenbereich liegt nur in Einzelfällen im Ermessen der Behörde, grundsätzlich ist ihre Erteilung eine gebundene Entscheidung (vgl. dd). Auch bei Baugenehmigungen im unbeplanten Außenbereich besteht – entgegen des Wortlautes des § 35 BauGB – kein Ermessen (vgl. ee). Abweichungen von bauordnungsrechtlichen Vorschriften liegen in den meisten Bundesländern im Ermessen der Gemeinde (vgl. ff). Besteht nach litera aa) bis ff) der Anspruch auf die Baugenehmigung teilweise, ist in diesem Umfang ein städtebaulicher Vertrag ausgeschlossen (vgl. gg).

Einen Anspruch auf einen Bebauungsplan gibt es nicht, so dass hier Raum für einen städtebaulichen Vertrag bleibt (vgl. hh).

### aa) Plankonforme Bauvorhaben

Kein Ermessen steht der Gemeinde zu, wenn das Bauvorhaben einem Bebauungsplan nach § 30 BauGB entspricht oder der maßgebliche Bebauungsplan bereits das Stadium der Planreife gemäß § 33 BauGB erreicht hat und gleichzeitig die Erschließung des Grundstücks gesichert ist. Wegen des Anspruchs auf die Zulassung des plankonformen Bauvorhabens[229] verstieße ein dennoch abgeschlossener städtebaulicher Vertrag gegen das Koppelungsverbot.

Strebt die Gemeinde einen städtebaulichen Vertrag an, sollte dieser daher vor Inkrafttreten des Bebauungsplans und möglichst am Anfang des Planungsverfahrens abgeschlossen werden. Zwar wird in der Literatur teilweise vertreten, dass Erschließungsverträge nach § 11 Abs. 1 S. 2 Nr. 1 BauGB auch nach Inkrafttreten des Bebauungsplans abgeschlossen werden könnten, weil dadurch die „gesicherte Erschließung“ im Sinne der §§ 30 ff. BauGB als notwendige Voraussetzung des Baurechts erst gewährleistet werde.[230] Umgekehrt wird aber auch

---

228 BVerwG, Beschluss vom 25. November 1980 – 4 B 140/80, NJW 1981, 1747 (1748); Beschluss vom 30. Oktober 1973 – 4 B 127/73, zitiert nach juris Rn. 3.

229 Hoffmann, in: Beck'scher Online-Kommentar BauGB, Stand 1. November 2018, § 11 Rn. 40; Reidt, in: Battis/Krautzberger/Löhr, BauGB, § 11 Rn. 73.

230 Hoffmann, in: Beck'scher Online-Kommentar BauGB, Stand 1. November 2018, § 11 Rn. 40.

vertreten, dass insbesondere bei Verträgen nach § 11 Abs. 1 S. 2 Nr. 1 BauGB vielfach ein Vertragsschluss vor Inkrafttreten des Bebauungsplans notwendig ist.[231] Um den rechtssichersten Weg zu beschreiten, sollte der städtebauliche Vertrag daher möglichst frühzeitig abgeschlossen werden.

#### bb) Befreiung

Anders stellt es sich dar, wenn das Bauvorhaben nicht dem Bebauungsplan entspricht und eine Befreiung oder eine Ausnahme nötig ist. Die Entscheidung über eine Befreiung nach § 31 Abs. 2 BauGB liegt im Ermessen der Behörde.[232] In der Ermessensentscheidung können neben städtebaulichen Gründen auch die Umstände des jeweiligen Falles berücksichtigt werden.[233] Daher können in die Ermessensentscheidung alle Nachteile eingestellt werden, die auf die Gemeinde zukämen – auch fiskalische Interessen der Gemeinde. Die Gemeinde darf die Erteilung einer Befreiung daher ablehnen, wenn sie sich weitere finanzielle Lasten der Erschließung oder Infrastruktur nicht leisten kann oder will.[234] Folglich kann die Leistung der Gemeinde aus einer im Einzelfall erteilten Befreiung bestehen, welche die bauplanungsrechtliche Zulässigkeit des Vorhabens begründet.[235] Dann kann eine Gegenleistung des Investors vereinbart werden, ohne dass das Koppelungsverbot entgegensteht.

Hat sich allerdings das Ermessen der Gemeinde soweit verdichtet, dass sie zur Erteilung der Befreiung verpflichtet ist, hat der Investor wieder einen Anspruch auf die Erteilung der Baugenehmigung einschließlich der Befreiung. Eine Gegenleistung hierfür darf dann nicht vereinbart werden. Eine solche Ermessensreduzierung „auf Null“ kommt in Betracht, wenn der Gemeinde keine Nachteile durch die Zulassung des Vorhabens drohen.

231 Reidt, in: Battis/Krautzberger/Löhr, BauGB, § 11 Rn. 73.

232 BVerwG, Urteil vom 19. September 2002 – 4 C 13/01, NVwZ 2003, 478 (479); Reidt, in: Battis/Krautzberger/Löhr, BauGB, § 31 Rn. 43; Söfker, in: Ernst/Zinkahn/Bielenberg/Krautzberger, BauGB, Stand Februar 2015, § 31 Rn. 61.

233 Söfker, in: Ernst/Zinkahn/Bielenberg/Krautzberger, BauGB, Stand Februar 2015, § 31 Rn. 61.

234 Reidt, in: Battis/Krautzberger/Löhr, BauGB, § 31 Rn. 44; Jarass/Kment, BauGB, § 31 Rn. 23.

235 BVerwG, Beschluss vom 21. Juni 2005 – 4 B 32.05, ZfBR 2005, 682 (682); vgl. ebenso BVerwG, Urteil vom 14. August 1992 – 8 C 19/90, NJW 1993, 1810 (1810).

### cc) Ausnahme

Die Erteilung einer Ausnahme nach § 31 Abs. 1 BauGB ist – wie die einer Befreiung – eine Ermessensentscheidung, so dass der Bauherr keinen Anspruch auf die Baugenehmigung hat.[236] Daher kann auch die Erteilung einer Ausnahme davon abhängig gemacht werden, dass der Bauherr sich in einem städtebaulichen Vertrag zur Übernahme bestimmter Leistungen verpflichtet, wenn die Gemeinde berechtigt wäre, wegen sonst auf sie zukommender Kosten die Erteilung einer Ausnahme zu verweigern.[237] Auch bei einer Ausnahme kann das Ermessen „auf Null" reduziert sein und die Gemeinde verpflichtet sein, eine Ausnahme zu erteilen. Anders als bei der Befreiung dürfen bei der Ausnahme in der Ermessensentscheidung nur städtebauliche Gründe berücksichtigt werden. Die Ausnahme darf daher nur aus städtebaulichen Gründen versagt werden.[238]

### dd) Unbeplanter Innenbereich

Im unbeplanten Innenbereich hat der Investor grundsätzlich einen Anspruch auf die Baugenehmigung, wenn sein Vorhaben sich in die nähere Umgebung einfügt und die weiteren Voraussetzungen des § 34 BauGB erfüllt. Dann entspricht nur die Genehmigungserteilung der Rechtslage, womit es an einem Spielraum der Behörde fehlt.[239]

Zwar besteht ein gewisser Spielraum der Behörde auch dann, wenn sie auf der Tatbestandsseite eine Wertung vornimmt, also beispielsweise bei der Einschätzung, ob sich das Vorhaben in die nähere Umgebung einfügt. Das BVerwG[240] knüpft aber nur an einen Spielraum durch Ermessen an und nimmt in einem unbeplanten Innenbereich trotz der Wertung auf Tatbestandsseite grundsätzlich einen Anspruch auf die Baugenehmigung an. Dies ist zutreffend: Eine

---

236 Söfker, in: Ernst/Zinkahn/Bielenberg/Krautzberger, BauGB, Stand Februar 2015, § 31 Rn. 26.

237 BVerwG, Urteil vom 24. März 2011 – 4 C 11/10, NVwZ 2011, 1132 (1133); Reidt, in: Battis/Krautzberger/Löhr, BauGB, § 31 Rn. 20.

238 OVG Münster, Beschluss vom 6. Mai 2005 – 7 B 2752/04, ZfBR 2005, 474 (476); VGH Mannheim, Urteil vom 19. November 2003 – 5 S 2726/02, ZfBR 2004, 284 (286); VGH München, Urteil vom 9. August 2007 – 25 B 05.1339, ZfBR 2008, 501 (503); Söfker, in: Ernst/Zinkahn/Bielenberg/Krautzberger, BauGB, Stand Februar 2015, § 31 Rn. 26; Jarass/Kment, BauGB, § 31 Rn. 8.

239 BVerwG, Beschluss vom 25. November 1980 – 4 B 140/80, NJW 1981, 1747 (1748); Beschluss vom 30. Oktober 1973 – 4 B 127/73, zitiert nach juris Rn. 3.

240 BVerwG, Beschluss vom 25. November 1980 – 4 B 140/80, NJW 1981, 1747 (1748); Beschluss vom 30. Oktober 1973 – 4 B 127/73, zitiert nach juris Rn. 3.

Ermessensentscheidung ist nur daraufhin gerichtlich überprüfbar, ob sie ermessensfehlerfrei getroffen wurde. Ist dies der Fall, so hat die Behörde sich innerhalb ihres Entscheidungsspielraumes bewegt und das Gericht kann in die Ermessensentscheidung nicht eingreifen.[241] Hingegen ist die Wertung der Behörde auf der Tatbestandsseite von den VGs vollständig überprüfbar. Die Behörde hat keinen Beurteilungsspielraum.[242] Entweder fügt sich das Vorhaben ein und es besteht ein Anspruch auf die Baugenehmigung oder es fügt sich nicht ein und die Erteilung einer Baugenehmigung ist rechtswidrig.

Die Behörde kann auch nicht die Voraussetzungen des § 34 Abs. 1 BauGB „wohlwollend" auslegen, wenn im Gegenzug der Investor einen städtebaulichen Vertrag eingeht. Hat der Investor keinen Anspruch auf die Baugenehmigung und ist sein Vorhaben auch nicht im Wege einer Ausnahme oder Befreiung genehmigungsfähig, so ist die Erteilung der Baugenehmigung rechtswidrig. Wird dennoch ein städtebaulicher Vertrag geschlossen, so ist er als unzulässiges Koppelungsgeschäft nach § 59 Abs. 2 Nr. 4 i. V. m. § 56 Abs. 1 VwVfG nichtig.[243] Ebenfalls unzulässig ist der städtebauliche Vertrag in der entgegengesetzten Konstellation: Fügt sich das Vorhaben nach der Einschätzung der Behörde in die nähere Umgebung ein und erteilt sie auf Grundlage des § 34 BauGB die Baugenehmigung, so geht sie von einen Anspruch des Investors aus. Ein städtebaulicher Vertrag ist dann gerade unzulässig.[244]

In zwei Sonderfällen besteht jedoch auch im unbeplanten Innenbereich ein Ermessen:

- Bei dem erweiterten Bestandsschutz nach § 34 Abs. 3a BauGB, der für bestimmte Vorhaben eine erweiterte Genehmigungsfähigkeit in Abweichung von dem Erfordernis des Einfügens vorsieht, hat die Gemeinde ein Ermessen. Dem Bauherrn steht daher kein Anspruch auf die Baugenehmigung zu. Allerdings wird in den meisten Fällen das Ermessen auf Null reduziert sein, wenn das Vorhaben nach den Grundsätzen des Bestandsschutzes an sich genehmigungsfähig wäre.[245]

---

241 Vgl. Stüer, Bau- und Fachplanungsrecht, Rn. 5230.

242 BVerwG, Beschluss vom 4. Oktober 2006 – 4 BN 26/06, NVwZ 2007, 223 (223).

243 Vgl. Burmeister, Praxishandbuch Städtebauliche Verträge, Rn. 10 (zur rechtswidrigen Erteilung des Einvernehmens nach § 36 BauGB).

244 Vgl. Scharmer, NVwZ 1995, 219 (223).

245 BVerwG, Urteil vom 15. Februar 1990 - 4 C 23/86, NJW 1990, 755 (757) (zu § 34 Abs. 3 aF); VGH Mannheim, Beschluss vom 8. März 2011 - 10 S 161/09, NVwZ 2011, 355 (359); Söfker, in: Ernst/Zinkahn/Bielenberg/Krautzberger, BauGB, Stand Mai 2017, § 34 Rn. 88e.

- Im faktischen Baugebiet gemäß § 34 Abs. 2 BauGB liegt die Erteilung einer Ausnahme oder Befreiung grundsätzlich im Ermessen der Behörde. Es gelten die obigen Ausführungen zu Ausnahmen und Befreiungen (D I 2 a bb und cc, S. 94), da § 34 Abs. 2 2. Hs. BauGB auf § 31 Abs. 1 und 2 BauGB verweist.

### ee) Unbeplanter Außenbereich

Auch der unbeplante Außenbereich nach § 35 BauGB kann für die Sozialgerechte Bodennutzung relevant sein, wenn im Stadtgebiet sog. „Außenbereichsinseln" liegen. Es handelt sich bei einem solchen Außenbereich im Innenbereich um eine ringsum von Bebauung umgebene Freifläche, die so groß ist, dass sich ihre Bebauung nicht mehr als zwanglose Fortsetzung der vorhandenen Bebauung aufdrängt und die deshalb nicht als Baulücke erscheint.[246] Dies kann etwa bei größeren Konversionsflächen wie stillgelegten Bahngeländen, Flughäfen oder ehemaligen Kasernen gegeben sein.

Soll in einer derartigen Außenbereichsinsel Wohnbebauung realisiert werden, richtet sich deren Zulässigkeit als sonstiges, nicht privilegiertes Vorhaben nach § 35 Abs. 2 BauGB. Danach können sonstige Vorhaben zugelassen werden, wenn ihre Ausführung oder Benutzung öffentliche Belange nicht beeinträchtigt und die Erschließung gesichert ist. Entgegen dem Wortlaut des § 35 Abs. 2 BauGB („können") besteht kein Ermessen.[247] Sind im jeweiligen Einzelfall öffentliche Belange nicht beeinträchtigt und die Erschließung gesichert, so besteht ein Rechtsanspruch auf die Zulassung des Vorhabens. Es gilt daher das zu § 34 BauGB oben Gesagte (D I 2 a dd, S. 95) entsprechend: Die Behörde hat keinen Entscheidungsspielraum – insbesondere nicht bei der Bewertung, ob öffentliche Belange beeinträchtigt werden. Entweder besteht ein Anspruch auf die Baugenehmigung oder ihre Erteilung wäre rechtswidrig. Der Abschluss eines städtebaulichen Vertrags kommt nicht in Betracht.

---

246 BVerwG, Beschluss vom 15. September 2005 – 4 BN 37/05, ZfBR 2006, 54 (54).

247 BVerwG; Urteil vom 29. April 1964 – 1 C 30/62, NJW 1964, 1973 (1974, 1975); Beschluss vom 20. Mai 1966 – 4 B 77/66, BeckRS 1966, 31301701; BGH, Urteil vom 5. Februar 1981 – III ZR 119/79, NJW 1981, 982 (982); Urteil vom 7. März 1985 – III ZR 126/83, NJW 1985, 3071 (3072); OVG Münster, Urteil vom 28. Februar 2008 – 10 A 1998/06, NvWZ-RR 2008, 682 (683); Mitschang/Reidt, in: Battis/Krautzberger/Löhr, BauGB, § 35 Rn. 66; Söfker, in: Ernst/Zinkahn/Bielenberg/Krautzberger, BauGB, Stand November 2015, § 35 Rn. 73; **aA** Fislake, ZfBR 1988, 166 (166–168); Ortloff, NVwZ 1988, 320 (320–322).

### ff) Abweichungen vom Bauordnungsrecht

In den meisten Ländern sind Abweichungen von der Bauordnung eine Ermessensentscheidung der Bauaufsichtsbehörde[248]. Allein nach § 56 Abs. 1, 2 BauO Baden-Württemberg „*ist*“ die Abweichung zuzulassen. Damit besteht – außer in Baden-Württemberg – kein Anspruch auf die Zulassung der Abweichung.

In die Ermessensüberlegungen zu einer Abweichung sind ausschließlich städtebauliche und bausicherheitsrechtliche Belange einzustellen.[249] Städtebauliche Belange sind nach § 1 Abs. 6 Nr. 2 BauGB die Wohnbedürfnisse der Bevölkerung sowie die Schaffung und Erhaltung sozial stabiler Bevölkerungsstrukturen. Die Sozialgerechte Bodennutzung ist in § 1 Abs. 5 S. 1 BauGB als Ziel der Bauleitplanung genannt. Diese Aspekte dürfen somit in der Ermessensentscheidung eine Rolle spielen – soweit sie nicht bereits auf Tatbestandsebene als öffentlicher Belang für das Vorhaben und die Abweichung berücksichtigt wurden.[250] So dürfte etwa die Schaffung preiswerten Wohnraums ein Belang sein, der für die Erteilung der Abweichung streitet; er darf aber nicht doppelt auf der Tatbestandsebene und auf der Ermessensebene ins Feld geführt werden.

Entscheidender für die Zulassung einer Abweichung ist ohnehin die Tatbestandsseite: Ist die „Hürde“ der tatbestandlichen Voraussetzungen genommen, so ist im Regelfall die Abweichung zu erteilen – es handelt sich um einen Fall des intendierten Ermessens.[251] Liegt ein solcher Regelfall vor, hat der Antragsteller einen Anspruch auf die Zulassung der Abweichung, womit ein städtebaulicher Vertrag ausgeschlossen ist.

---

248 So nach Art. 63 BauO Bayern, § 68 BauO Berlin, § 60 BauO Brandenburg, § 67 BauO Bremen, § 69 BauO Hamburg; § 63 BauO Hessen, § 67 BauO Mecklenburg-Vorpommern, § 66 BauO Niedersachsen, § 73 BauO NRW, § 69 BauO Rheinland-Pfalz, § 68 BauO Saarland, § 66 BauO Sachsen-Anhalt, § 67 BauO Sachsen, § 71 BauO Schleswig-Holstein, § 66 BauO Thüringen.

249 Dhom, in: Simon/Busse, BayBO, Stand Oktober 2018, Art. 63 Rn. 38.

250 Vgl. OVG Lüneburg, Beschluss vom 11. Januar 2000 – 1 L 4588/99, zitiert nach juris Rn. 9.

251 Dhom, in: Simon/Busse, BayBO, Stand Oktober 2018, § 63 Rn. 39; Knuth, in: Wilke/Dageförde/Knuth, Berliner BauO, § 68 Rn. 19; Otto, Brandenburgische Bauordnung, § 67 Rn. 1549; **aA** für das Hessische Bauordnungsrecht: Hornmann, in: Hessische BauO, § 73 Rn. 37, 38, der sich gegen ein intendiertes Ermessen ausspricht, aber zugleich Charakteristika der Entscheidung über die Abweichung benennt, die gerade ein intendiertes Ermessen kennzeichnen, nämlich dass keine gebundene Entscheidung vorliegt, die Abweichung im Regelfall erteilt wird und eine Begründung nur bei einer Versagung der Abweichung nötig ist.

Die „Hürde" der tatbestandlichen Voraussetzungen für Abweichungen von Abstandsflächen ist jedoch in einigen Ländern hoch: Nach der Rechtsprechung des OVG Berlin-Brandenburg und des OVG Münster dürfen Abweichungen von den Abstandsflächen nur in atypischen Situationen erteilt werden. Dabei kann regelmäßig nur eine atypische grundstücksbezogene Situation die Abweichung rechtfertigen, das heißt, wenn das Grundstück wegen seines Zuschnitts, seiner Lage zum Nachbargrundstück oder des Geländeverlaufs wirtschaftlich nicht sinnvoll zu bebauen ist[252] (dazu bereits unter D I 1 b bb, S. 90). Dies wird nur in Ausnahmefällen gegeben sein, so dass in der Regel eine Abweichung bereits auf der Tatbestandsebene ausscheidet. In Berlin ist mit der neuen Bauordnung, die von der bisherigen Rechtsprechung abweicht (s. o. D I 1 b bb, S. 90), wieder großzügiger mit Abweichungen von Abstandsflächen zu rechnen.

### gg) Teilweiser Anspruch auf Baugenehmigung

Besteht ein Anspruch auf die (vollständige) Baugenehmigung, ist ein städtebaulicher Vertrag nach § 11 Abs. 2 S. 2 BauGB unzulässig. Das Gleiche gilt entsprechend, wenn der Investor nur teilweise einen Anspruch auf die Baugenehmigung hat; ein städtebaulicher Vertrag ist dann insoweit unzulässig. Dies kann beispielsweise der Fall sein, wenn sich ein Vorhaben im unbeplanten Innenbereich hinsichtlich der Blockrandbebauung, nicht aber hinsichtlich der Blockinnenbebauung einfügt oder wenn der Bebauungsplan zwar Wohnnutzung zulässt, aber nur ein geringeres Maß der baulichen Nutzung als vom Investor gewünscht. Dann darf für den Teil, der ohnehin genehmigungsfähig ist, keine Gegenleistung vereinbart werden. Nur für das zusätzlich ermöglichte Baurecht, z. B. aus einer Befreiung von der maximal zulässigen Geschossfläche oder den Baugrenzen, kann der Investor zu einer Gegenleistung verpflichtet werden.[253] Denn die

> *„Verwaltungsleistung besteht nicht aus irgendeiner […] „Gesamtplanung", sondern aus dem einzelnen Bebauungsplan bzw. der im Einzelfall erteilten Befreiung".*[254]

---

252 OVG Berlin-Brandenburg, Beschluss vom 19. Dezember 2012 – OVG 2 S 44.12, NVwZ-RR 2013, 400 (400); OVG Münster, Beschluss vom 5. März 2007 – 10 B 274/07, NVwZ-RR 2007, 510 (511); OVG Münster, Beschluss vom 2. März 2007 – 10 B 275/07, zitiert nach juris Rn. 31.

253 Vgl. Gaßner, BayVBl. 1998, 577 (579); Krautzberger, in: Ernst/Zinkahn/Battis/Krautzberger, BauGB, Stand August 2016, § 11 Rn. 168b.

254 BVerwG, Beschluss vom 21. Juni 2005 – 4 B 32/05, ZfBR 2005, 682 (682); BVerwG Urteil vom 14. August 1992 – 8 C 19.90, NJW 1993, 1810 (1810).

Dieses Zitat ist auf andere hoheitliche Ermessensentscheidungen wie Ausnahmen übertragbar. Sie sind wie die Befreiung eine konkrete Verwaltungsleistung, die im Einzelfall erbracht wird. Nur für die zusätzliche Verwaltungsleistung in Form der erteilten Befreiung darf eine Gegenleistung begehrt werden. Denn nur im Rahmen der zusätzlichen Verwaltungsleistung steht der Behörde ein Ermessen zu.

Das Zitat stammt aus einem Urteil, das sich mit einem Folgekostenvertrag beschäftigt und auf das Erfordernis der Ursächlichkeit abstellt.[255] Das dort Gesagte gilt aber ebenso für Verträge, in denen der Investor sich verpflichtet, günstigen Wohnraum zu schaffen. Denn das Gericht verknüpft das Erfordernis der Kausalität mit dem Koppelungsverbot, indem es schreibt, dass

> *„das Erfordernis der Ursächlichkeit [...] daraus folgt, daß hoheitliche Entscheidungen nicht von zusätzlichen Gegenleistungen abhängig gemacht und deshalb solche Gegenleistungen nicht vereinbart werden dürfen“.*[256]

Im Ergebnis führt das Gericht das Kausalitätserfordernis damit auf das Koppelungsverbot zurück. Das Koppelungsverbot gilt auch für Verträge zur Schaffung günstigen Wohnraums, so dass das Urteil auf diese Verträge übertragbar ist.

Zusammenfassend ist festzuhalten, dass bei teilweise bestehendem Baurecht nur für die zusätzliche Verwaltungsleistung, beispielsweise in Form einer Befreiung, eine Gegenleistung vereinbart werden darf. Denn nur im Umfang der zusätzlichen Verwaltungsentscheidung steht der Gemeinde ein Ermessen zu.

#### hh) Bebauungsplan

Auf die Aufstellung eines Bebauungsplans besteht nach § 1 Abs. 3 S. 2 BauGB kein Anspruch. Daher bleibt nach § 11 Abs. 2 S. 2 BauGB Raum für einen städtebaulichen Vertrag.

Etwas anderes ergibt sich auch nicht daraus, dass nach § 1 Abs. 3 S. 1 BauGB die Gemeinden die Bauleitpläne aufzustellen haben, sobald und soweit es für die städtebauliche Entwicklung und Ordnung erforderlich ist.[257] Denn den Gemeinden steht grundsätzlich ein Planungsermessen zu, welches sich nur

---

255 BVerwG Urteil vom 14. August 1992 – 8 C 19.90, NJW 1993, 1810 (1810).

256 BVerwG Urteil vom 14. August 1992 – 8 C 19.90, NJW 1993, 1810 (1810); vgl. BVerwG, Beschluss vom 21. Juni 2005 – 4 B 32.05, ZfBR 2005, 682.

257 Diese Ansicht vertreten jedoch Möller/Hatz, nach denen ein städtebaulicher Vertrag unzulässig sein soll, wenn die Gemeinde zur Aufstellung des Bebauungsplans ohnehin verpflichtet ist und daher keine Gegenleistung der Gemeinde vorgesehen ist (Das Grundeigentum 2013, 314 (318, 319)).

ausnahmsweise zu einer strikten Planungspflicht verdichtet.[258] Nur in diesem Ausnahmefall wäre daher ein Anspruch auf einen Bebauungsplan denkbar und ein städtebaulicher Vertrag ausgeschlossen. Aber selbst wenn ein solcher Ausnahmefall vorliegt, begründet dies nur eine objektive Pflicht der Gemeinde, nicht jedoch einen Anspruch des Investors. Der Planungspflicht der Gemeinde entspricht kein subjektives Recht des Bürgers.[259] Dementsprechend kann der Investor nicht auf die Aufstellung eines Bebauungsplans klagen, vielmehr kann die Planungspflicht nur mit Mitteln der Kommunalaufsicht durchgesetzt werden.[260]

Auch nach dem Sinn und Zweck des Koppelungsverbotes steht nur ein Anspruch des Bürgers einem städtebaulichen Vertrag entgegen. Ein bloßes objektives Recht löst das Koppelungsverbot hingegen nicht aus. Denn das Koppelungsverbot soll den Rechtsunkundigen davor schützen, sich zu vertraglichen Gegenleistungen zu verpflichten, obwohl er die Leistung der Behörde auch ohne Gegenleistung verlangen könnte.[261] Die Gegenleistung kann der Investor aber nur dann verlangen, wenn er einen Anspruch darauf hat. Einen Anspruch auf die Aufstellung eines Bebauungsplans hat er jedoch, wie soeben dargestellt, nicht.

#### ii) Zwischenergebnis

Städtebauliche Verträge dürfen nur abgeschlossen werden, wenn kein Anspruch auf die Baugenehmigung besteht. Die Erteilung einer Baugenehmigung für ein plankonformes Bauvorhaben darf daher nicht von dem Abschluss eines städtebaulichen Vertrags abhängig gemacht werden.

Keinen Anspruch hat der Investor hingegen, wenn die Erteilung der Baugenehmigung vom Ermessen der Behörde abhängt, wie es bei Befreiungen und Ausnahmen der Fall ist. In beiden Konstellationen kann sich allerdings das Ermessen „auf Null" reduzieren, so dass doch ein Anspruch gegeben und ein städtebaulicher Vertrag ausgeschlossen ist.

Ebenso besteht im unbeplanten Innenbereich nach § 34 Abs. 1 BauGB grundsätzlich ein Anspruch auf die Baugenehmigung, wenn das Vorhaben die Voraussetzungen des § 34 Abs. 1 BauGB erfüllt, sich insbesondere in die nähere

---

258 BVerwG, Urteil vom 19. September 2003 – 4 C 14/01, NVwZ 2004, 220 (221, 222).

259 Battis, in: Battis/Krautzberger/Löhr, BauGB, § 1 Rn. 31; Degenhart, BayVBl. 1979, 289 (293); Jäde, BayVBl. 1992, 549 (550).

260 Battis, in: Battis/Krautzberger/Löhr, BauGB, § 1 Rn. 27; Köster, KommJur 2016, 81 (83).

261 Krautzberger, in: Ernst/Zinkahn/Bielenberg/Krautzberger, BauGB, Stand August 2016, § 11 Rn. 168.

Umgebung einfügt. Nur in zwei Sonderfällen hat die Behörde einen Ermessensspielraum: Beim erweiterten Bestandsschutz nach § 34 Abs. 3a BauGB und wenn in einem faktischen Baugebiet nach § 34 Abs. 2 BauGB eine Ausnahme oder Befreiung erteilt wird. Im Außenbereich steht der Behörde entgegen des Wortlautes von § 35 Abs. 2 BauGB kein Ermessen zu, so dass auch hier der Investor keinen Anspruch auf die Baugenehmigung hat, wenn das Vorhaben öffentliche Belange nicht beeinträchtigt und die Erschließung gesichert ist. In beiden Fällen führt ein Beurteilungsspielraum der Behörde auf Tatbestandseite – anders als ein Ermessen – nicht zur Zulässigkeit eines städtebaulichen Vertrags.

Im Ermessen der Behörde liegt hingegen in den meisten Ländern die Zulassung von bauordnungsrechtlichen Abweichungen; wobei das Ermessen intendiert ist und daher im Regelfall ein städtebaulicher Vertrag ausgeschlossen ist. Nach der baden-württembergischen Bauordnung besteht sogar ein Anspruch auf die Zulassung der Abweichung.

Soweit ein teilweiser Anspruch auf die Baugenehmigung besteht, kann hierfür keine Gegenleistung vereinbart werden, sondern nur für die zusätzliche Verwaltungsleistung, beispielsweise die Befreiung.

Auf die Aufstellung eines Bebauungsplans besteht kein Anspruch des Bürgers, selbst wenn das Planungsermessen der Gemeinde sich zu einer objektiven Planungspflicht verdichtet. Ein städtebaulicher Vertrag bleibt folglich zulässig.

### *b) 2. Ausnahme: Nebenbestimmung?*

Nach durchaus gewichtigen Stimmen der Literatur greift eine zweite Ausnahme von dem Verbot der wirtschaftlichen Gegenleistung, wenn zwar ein Anspruch auf die Leistung besteht, die Gegenleistung aber zulässiger Inhalt einer Nebenbestimmung sein könnte. Diese Literaturstimmen stützen sich auf § 56 Abs. 2 VwVfG. Diese Norm lautet:

> *"Besteht auf die Leistung der Behörde ein Anspruch, so kann nur eine solche Gegenleistung vereinbart werden, die bei Erlass eines Verwaltungsaktes Inhalt einer Nebenbestimmung nach § 36 sein könnte."*

§ 56 VwVfG ist gemäß seines Absatz 1 nur auf öffentlich-rechtliche Verträge im Sinne des § 54 Satz 2 anwendbar, mithin auf subordinationsrechtliche Verträge. Da auch städtebauliche Verträge subordinationsrechtliche Verträge sein können, steht § 56 Abs. 1 VwVfG einer Anwendbarkeit des § 56 VwVfG nicht entgegen (vgl. aa). Es stellt sich daher die Frage, in welchem Verhältnis das Koppelungsverbot aus § 11 Abs. 2 S. 2 BauGB und das Koppelungsverbot aus § 56 Abs. 2 VwVfG zueinander stehen (vgl. bb).

### aa) Anwendbarkeit des § 56 VwVfG auf städtebauliche Verträge

Nach Birk[262] ist § 56 VwVfG nicht auf städtebauliche Verträge anwendbar, da diese nie subordinationsrechtliche Verträge nach § 54 S. 2 VwVfG, sondern stets koordinationsrechtliche Verträge nach § 54 S. 1 VwVfG seien. Seine Auffassung begründet Birk damit, dass die in § 11 genannten Regelungsbereiche und zulässigen Regelungsinhalte von der Gemeinde nicht mittels Verwaltungsakt durchsetzbar seien. Birk orientiert sich mit seiner Argumentation streng am Wortlaut des § 54 S. 2 VwVfG, nach dem die Behörde einen öffentlich-rechtlichen Vertrag mit demjenigen schließen kann, an den sie sonst einen Verwaltungsakt richten würde. Dabei lässt Birk außer Acht, dass inzwischen in Rechtsprechung und Literatur weitgehende Einigkeit darüber herrscht, dass § 54 S. 2 VwVfG trotz des engen Wortlautes einen weiteren Anwendungsbereich hat: Er gilt für alle Verträge zwischen einer Privatperson und einem Träger der öffentlichen Verwaltung auf einem Gebiet, das von einem hoheitlichen Verhältnis der Über- und Unterordnung geprägt ist. Es kommt nicht darauf an, ob der konkrete Gegenstand der vertraglichen Vereinbarung „sonst" durch Verwaltungsakt geregelt werden könnte.[263]

Für eine weite Auslegung des Passus *„anstatt einen Verwaltungsakt zu erlassen"* streiten zudem der Sinn und Zweck der Unterscheidung zwischen subordinations- und koordinationsrechtlichen Verträgen. § 59 Abs. 2 VwVfG bestimmt zusätzliche Nichtigkeitsgründe für subordinationsrechtliche Verträge. Damit sind diese Verträge einer strengeren Nichtigkeitskontrolle durch die Gerichte unterworfen. Der Grund hierfür liegt in dem gesteigerten Schutzbedürfnis der Privatperson. Ein gesteigertes Schutzbedürfnis liegt nicht nur vor, wenn der Vertrag verwaltungsaktersetzende Funktion hat, sondern generell, wenn der Vertrag in einem Über- und Unterordnungsverhältnis geschlossen wird.[264]

262 Birk, Städtebauliche Verträge, Rn. 43.

263 BVerwG, Urteil vom 16. Mai 2000 – 4 C 4/99, NVwZ 2000, 1285 (1286); VGH München, Urteil vom 11. April 1990 – 1 B 85 A.1480, NVwZ 1990, 978 (981), VGH Mannheim, Urteil vom 18. Oktober 1990 – 2 S 2098/89, NVwZ 1991, 583 (584); Bunzel/Coulmas/Schmidt-Eichstaedt, Städtebauliche Verträge – Ein Handbuch, S. 332; Burmeister, Praxishandbuch Städtebauliche Verträge, Rn. 211; Franßen, UPR 2017, 134 (136); Kämmerer, in: Beck'scher Online-Kommentar VwVfG, Stand 1. Juli 2018, § 54 Rn. 84; Pietzcker, in: Festschrift für Hoppe zum 70. Geburtstag, S. 451, 452; Tegethoff, in: Kopp/Ramsauer, VwVfG, § 54 Rn. 48.

264 Vgl. Bunzel/Coulmas/Schmidt-Eichstaedt, Städtebauliche Verträge – Ein Handbuch, S. 332.

Die strukturelle Unterlegenheit des Investors resultiert beim städtebaulichen Vertrag typischerweise daraus, dass er in der Regel auf die hoheitlichen Gestaltungs- und Mitwirkungsbefugnisse der Gemeinde im Bebauungsplanverfahren und Baugenehmigungsverfahren angewiesen ist.[265] Da demnach typischerweise ein Subordinationsverhältnis besteht und der Investor schutzbedürftiger ist als in einem Gleichordnungsverhältnis, sollte die Einordnung als subordinationsrechtlicher Vertrag nicht generell ausgeschlossen werden. Vielmehr sollte im Einzelfall anhand des jeweiligen Vertragsinhaltes geprüft werden, ob ein Vertrag im Sinne des § 54 S. 2 VwVfG vorliegt. Dabei kann auch berücksichtigt werden, ob im Einzelfall keine Unterordnung vorliegt, da der Investor aufgrund besonderer Umstände der Gemeinde auf Augenhöhe begegnet oder ihr gar überlegen ist. Eine Überlegenheit des Investors kann in kleineren Gemeinden bestehen, in denen die Schaffung von Wohnungen weniger lukrativ ist – in diesen Gemeinden werden in der Regel aber keine städtebaulichen Verträge nach den untersuchten Modellen abgeschlossen.

Festzuhalten bleibt, dass je nach Vertragsinhalt auch städtebauliche Verträge Verträge im Sinne des § 54 S. 2 VwVfG sein können, so dass § 56 VwVfG insgesamt anwendbar ist. Dies hat nicht nur für die Anwendbarkeit des § 56 Abs. 2 VwVfG, sondern auch für die Anwendbarkeit der Nichtigkeitsgründe des öffentlich-rechtlichen Vertrags nach § 59 Abs. 2 VwVfG, insbesondere dem Nichtigkeitsgrund einer nach § 56 VwVfG unzulässigen Gegenleistung, Bedeutung (s. o. D I 2 a dd, S. 95).

#### bb) Verhältnis § 11 Abs. 2 S. 2 BauGB zu § 56 Abs. 2 VwVfG

Sind demnach auf öffentlich-rechtliche städtebauliche Verträge sowohl § 56 Abs. 2 VwVfG als auch § 11 Abs. 2 S. 2 BauGB anwendbar, stellt sich die Frage nach ihrem Verhältnis zueinander. Ist ein städtebaulicher Vertrag nur zulässig, wenn kein Anspruch des Investors auf die Leistung der Gemeinde besteht, so wie es sich aus § 11 Abs. 2 S. 2 BauGB ergibt? Oder kann zusätzlich § 56 Abs. 2 VwVfG herangezogen werden, so dass ein städtebaulicher Vertrag auch dann zulässig ist, wenn zwar ein Anspruch auf die Leistung besteht, die Gegenleistung aber Inhalt einer Nebenbestimmung sein könnte?

---

265 Bunzel/Coulmas/Schmidt-Eichstaedt, Städtebauliche Verträge – Ein Handbuch, S. 332; Burmeister, Praxishandbuch Städtebauliche Verträge, Rn. 211.

Den zweiten Ansatz vertreten Reidt und Bunzel/Coulmas/Schmidt-Eichstaedt[266]: Zwar sei ein Hinweis auf den zulässigen Gegenstand einer Nebenbestimmung als möglicher Inhalt eines städtebaulichen Vertrags in § 11 BauGB nicht ausdrücklich enthalten, folge aber aus Sinn und Zweck der Regelung und der ihr allgemein zugrunde liegenden Vorschrift des § 56 Abs. 2 VwVfG.[267] Reidt zitiert dabei ein Urteil des VGH Kassel[268], das allerdings keine Aussage zu dem Verhältnis zwischen § 11 Abs. 2 S. 2 BauGB und § 56 Abs. 2 VwVfG trifft.

Gegen diese Ansicht spricht, dass das VwVfG nach seinem § 1 Abs. 1 letzter Hs. nur gilt,

> *„soweit nicht Rechtsvorschriften des Bundes inhaltsgleiche oder entgegenstehende Bestimmungen enthalten."*

Eine solche entgegenstehende Bestimmung enthält § 11 Abs. 2 S. 2 BauGB. Er schließt den Abschluss städtebaulicher Verträge aus, wenn der Investor ohnehin einen Anspruch auf die Leistung hätte. § 56 Abs. 2 VwVfG, der eine weitere Ausnahme vom Verbot der wirtschaftlichen Gegenleistung vorsieht, findet als entgegenstehende Norm daher keine Anwendung.

Ebenso findet § 56 Abs. 2 VwVfG keine (mittelbare) Anwendung, indem er in den § 11 BauGB hineingelesen und dieser so erweiternd ausgelegt wird. Auch eine solche mittelbare Anwendung widerspricht dem Wortlaut des § 1 Abs. 1 letzter Hs. VwVfG. Denn § 1 VwVfG bestimmt gerade, dass § 56 VwVfG keine Anwendung finden soll – was nicht durch eine mittelbare Anwendung umgangen werden darf.

Zudem ist es systemwidrig, wie Reidt es vorschlägt, die Auffangnorm in die speziellere Norm hineinzulesen. Reidt verkennt dabei zweierlei:

Zum einen prägt die Spezialnorm die Auffangnorm[269] und nicht andersherum. Würde die Auffangnorm die speziellere Regelung prägen, wäre die Spezialnorm überflüssig.

Zum anderen besteht zwischen § 11 BauGB und §§ 54 ff VwVfG kein lex specialis-Verhältnis (obgleich dies in der Literatur häufiger so genannt wird[270]).

---

266 Bunzel/Coulmas/Schmidt-Eichstaedt, Städtebauliche Verträge – Ein Handbuch, S. 332; Burmeister, Praxishandbuch Städtebauliche Verträge, Rn. 21 (jedoch ohne Begründung); Reidt, in: Battis/Krautzberger/Löhr, BauGB, § 11 Rn. 73.

267 Reidt, in: Battis/Krautzberger/Löhr, BauGB, § 11 Rn. 73.

268 VGH Kassel, Urteil vom 25. November 2004 – 12 A 1496/04, NVwZ-RR 2005, 680 (682).

269 Birk, Städtebauliche Verträge, Rn. 28.

270 Birk, Städtebauliche Verträge, Rn. 28; Gaßner, BayVBl. 1998, 577 (579); Quaas/Kukk, in: Schrödter, BauGB, § 11 Rn. 8; Tegethoff, in: Kopp/Ramsauer, VwVfG, § 54 Rn. 55.

Ein Verhältnis der Spezialität setzt voraus, dass der Anwendungsbereich der einen Norm völlig in dem der allgemeineren Norm aufgeht. Das ist der Fall, wenn der Tatbestand der spezielleren Norm alle Merkmale der allgemeineren Norm enthält und darüber hinaus noch mindestens ein weiteres Merkmal. Davon zu unterscheiden sind Fälle, in denen sich die Tatbestände zweier Normen nur teilweise decken.[271] So liegt es hier. Die Anwendungsbereiche beider Normen überschneiden sich und bilden eine Schnittmenge: § 11 BauGB findet auf alle städtebaulichen Verträge Anwendung, unabhängig davon, ob sie öffentlich-rechtlich oder zivilrechtlich sind. Die §§ 54 ff VwVfG hingegen sind nur auf öffentlich-rechtliche Verträge anwendbar, dafür gilt die Beschränkung auf städtebauliche Verträge nicht. Städtebauliche Verträge öffentlich-rechtlicher Natur liegen in der Schnittmenge beider Normen.

In den Fällen solcher Schnittmengen zwischen zwei Normen stellt sich die Frage, ob beide Normen nebeneinander anzuwenden sind oder nur eine der Normen den Sachverhalt erschöpfend regeln soll. Dies entscheidet sich nach dem Sinn und Zweck der Regelungen und ihrer Systematik.[272] Selbst wenn nicht § 1 VwVfG den Anwendungsvorrang des § 11 BauGB regeln würde, spräche hier vieles dafür, dass der Gesetzgeber eine alleinige Anwendung des § 11 Abs. 2 S. 2 BauGB wollte:

- Würde man für öffentlich-rechtliche städtebauliche Verträge auch auf § 56 Abs. 2 VwVfG zurückgreifen, so wäre § 11 Abs. 2 S. 2 BauGB nur noch auf privat-rechtliche städtebauliche Verträge anwendbar. Da die Mehrzahl der Vertragstypen des § 11 Abs. 1 S. 2 aber öffentlich-rechtlicher Natur ist,[273] verbliebe nur ein geringer Anwendungsbereich des § 11 Abs. 2 S. 2 BauGB.
- Zudem ist § 11 BauGB eine Norm des öffentlichen Rechts[274] und es wäre systemwidrig, eine Regelung, die ausschließlich auf privat-rechtliche Verträge anwendbar ist, in einer öffentlich-rechtlichen Norm zu regeln.
- Schließlich verweist § 11 Abs. 2 BauGB nicht auf andere Rechtsvorschriften – anders als Abs. 3, der bezüglich der Formvorschriften eine solche Öffnungsklausel ausdrücklich enthält. So findet sich auch in der Gesetzesbegründung[275]

271 Zippelius, Juristische Methodenlehre, S. 32.

272 Zippelius, Juristische Methodenlehre, S. 32.

273 Hoffmann, in: Beck'scher Online-Kommentar BauGB, Stand 1. November 2018, § 11 Rn. 4; Pietzcker, in: Festschrift für Hoppe zum 70. Geburtstag, S. 451; Quaas/Kukk, in: Schrödter, BauGB, § 11 Rn. 8.

274 Hoffmann, in: Beck'scher Online-Kommentar BauGB, Stand 1. November 2018, § 11 Rn. 4.

275 BT Drs. 13/6392, S. 50.

zu § 11 Abs. 2 BauGB kein Verweis auf § 56 Abs. 2 VwVfG, obwohl bei § 11 Abs. 3 BauGB ausdrücklich der Rückgriff auf § 57 VwVfG zugelassen wird. Vor allem aber findet sich in der Gesetzesbegründung die Aussage, § 11 BauGB sei

> *„eine bereichsspezifische, über die §§ 54 ff. des Verwaltungsverfahrensgesetzes hinausgehende Konkretisierung.“*[276]

Da mithin dem Gesetzgeber vorschwebte, dass § 11 Abs. 2 S. 2 BauGB den § 56 Abs. 2 VwVfG verdrängen soll, ist ein Rückgriff auf die §§ 54 ff VwVfG gesperrt, soweit es eine Regelung in § 11 BauGB gibt. Es ist daher auch aus diesem Grund ausgeschlossen, den § 56 Abs. 2 VwVfG erweiternd in den § 11 Abs. 2 S. 2 BauGB hineinzulesen.

Festzuhalten bleibt, dass § 11 Abs. 2 S. 2 BauGB eine abschließende Regelung trifft, die nicht durch § 56 Abs. 2 VwVfG erweitert wird. Besteht ein Anspruch auf die Leistung der Gemeinde, ist ein städtebaulicher Vertrag unzulässig. Dies gilt auch dann, wenn die Gegenleistung als Inhalt einer Nebenbestimmung zulässig wäre.

### *c) Sonderfall: Folgelastenverträge*

Nach der Rechtsprechung des BVerwG[277] gilt bei Folgelastenverträgen das Koppelungsverbot nicht. Denn bei Folgekostenverträgen geht es nicht um den Austausch von Leistung und Gegenleistung, also nicht um den Verkauf von Hoheitsakten. Vielmehr findet eine Entlastung von Aufwendungen statt, zu denen der Erlass eines Bebauungsplans geführt hat oder führen wird. Es bleibt jedoch bei dem Grundsatz, dass per Folgelastenvertrag nur solche Aufwendungen zugeordnet werden dürfen, die gerade durch diese Vorhaben verursacht werden (Grundsatz der unmittelbaren Kausalität, s. o. C I 1, S. 50).

Nach Hoffmann[278] gilt das Koppelungsverbot nur in modifizierter Form, ohne dass er darlegt, inwiefern das Koppelungsverbot modifiziert sein solle. Vorzugswürdig – da klarer – ist daher der Ansatz der Rechtsprechung, wonach das Koppelungsverbot nicht gilt.

---

276 BT Drs. 13/6392, S. 50.

277 Grundlegend Urteil vom 6. Juli 1973 – 4 C 22/72, NJW 1973, 1895 (1897); Urteil vom 14. August 1992 – 8 C 19/90, NJW 1993, 1810 (1810); Beschluss vom 21. Juni 2005 – 4 B 32./05, ZfBR 2005, 682 (682).

278 In: Beck'scher Online-Kommentar BauGB, Stand 1. November 2018, § 11 Rn. 41 sowie in: Spannowsky/Uechtritz, BauGB, § 11 Rn. 41.

### 3. Zwischenergebnis

Zusammenfassend ist festzustellen, dass städtebauliche Verträge zwei Aspekte beachten müssen, um nicht gegen das Koppelungsverbot zu verstoßen:

1. Zwischen Leistung und Gegenleistung muss ein innerer Zusammenhang bestehen. Der innere Zusammenhang entspricht bei Folgekostenverträgen der Kausalität und bei Planverwirklichungsverträgen der städtebaulichen Erforderlichkeit.
2. Die Leistung der Gemeinde darf grundsätzlich nicht von einer wirtschaftlichen Gegenleistung abhängig gemacht werden. Eine Ausnahme von diesem Grundsatz gilt, wenn kein Anspruch auf die Leistung besteht. Soweit die Literatur eine zweite Ausnahme annimmt, wenn die Gegenleistung Inhalt einer Nebenbestimmung sein könnte, ist dem nicht zuzustimmen. Diese zusätzliche Ausnahme findet keine Grundlage in § 11 BauGB, sondern nur in § 56 Abs. 2 VwVfG, auf den nicht zurückgegriffen werden darf.
   Hiervon unabhängig greift das Verbot wirtschaftlicher Gegenleistungen nicht bei Folgekostenverträgen. Bei diesen findet kein Austausch von Leistung und Gegenleistung statt, sondern der Ersatz von Aufwendungen.

### 4. Prüfung der einzelnen Modelle

Im Folgenden wird dargestellt, ob die vier Städte die beiden Aspekte des Koppelungsverbotes einhalten, nämlich dass ein innerer Zusammenhang zwischen Leistung und Gegenleistung bestehen muss (vgl. a) und dass eine wirtschaftliche Gegenleistung nur dann vom Investor verlangt werden darf, wenn dieser keinen Anspruch auf die Leistung hat (vgl. b).

#### *a) Innerer Zusammenhang*

Der innere Zusammenhang zwischen Leistung und Gegenleistung entspricht bei Folgekostenverträgen der Kausalität zwischen dem Vorhaben und den städtebaulichen Maßnahmen. Somit kann für die Rechtmäßigkeit der verschiedenen Modelle in München, Berlin, Stuttgart und Düsseldorf auf die Prüfung der Kausalität verwiesen werden (C III 1, S. 73).

Bei Planverwirklichungsverträgen wird der innere Zusammenhang durch die städtebauliche Erforderlichkeit des zu schaffenden Wohnraums begründet. Auf die obige Prüfung der städtebaulichen Erforderlichkeit wird daher Bezug genommen (C III 2, S. 81).

### b) *Kein Anspruch des Investors auf die Leistung*

#### aa) München

In den Münchener Verfahrensgrundsätzen findet sich kein Hinweis darauf, dass ein städtebaulicher Vertrag nur zulässig ist, wenn der Investor keinen Anspruch auf die Schaffung des Baurechts hat. Unproblematisch ist dies für Folgekostenverträge nach § 11 Abs. 1 S. 2 Nr. 3 BauGB, für die das Koppelungsverbot nicht gilt (s. o. D I 2 c, S. 107). Jedoch sollen die städtebaulichen Verträge nach dem Münchener Modell auch Bindungen im Wohnungsbau nach § 11 Abs. 1 S. 2 Nr. 2 BauGB vorsehen und diese unterliegen dem Koppelungsverbot: Eine Belastung des Investors mit Mietpreis- oder Belegungsbindungen ist unzulässig, soweit er einen Anspruch auf die Baugenehmigung hat. In den Verfahrensgrundsätzen wird dies nicht festgelegt. Auch die Formulierung im Muster der Grundzustimmung, wonach der Investor Interesse an der Aufstellung eines Bebauungsplans hat,[279] deutet lediglich an, dass der Investor keinen Anspruch auf eine Baugenehmigung hat. Hätte er bereits einen Anspruch, wäre er auf einen Bebauungsplan nicht angewiesen. Sollte das Koppelungsverbot nicht nur in den Verfahrensgrundsätzen, sondern auch tatsächlich beim Abschluss der Verträge nicht beachtet werden, wären die städtebaulichen Verträge insoweit rechtswidrig.

#### bb) Berlin

Die Berliner Leitlinie ist anwendbar, *„soweit neues Planungsrecht Grundlage für die Herbeiführung der Genehmigungsfähigkeit von Vorhaben mit Wohnnutzung ist"*.[280] Dies ist nicht deckungsgleich mit der oben herausgearbeiteten Voraussetzung, dass kein Anspruch auf die Baugenehmigung bestehen darf. Denn einen Anspruch gibt es auch dann nicht, wenn das Vorhaben zu seiner Genehmigungsfähigkeit keiner Aufstellung oder Änderung des Bebauungsplans bedürfte, sondern eine Ausnahme oder Befreiung von den Festsetzungen des Bebauungsplans ausreichen würde. Kann diese ermessensfehlerfrei erteilt werden, so bedarf es keiner Aufstellung oder Änderung des Bebauungsplans. Berlin verzichtet in diesen Konstellationen auf die Anwendbarkeit seiner Leitlinie und den Abschluss städtebaulicher Verträge.

---

279 Die Sozialgerechte Bodennutzung München, S. 16.

280 Leitlinie für den Abschluss städtebaulicher Verträge im Land Berlin, 1. August 2018, S. 8.

Aus dem Wort *„soweit“* lässt sich folgern, dass die Leitlinie bei Vorhaben, die zum Teil auch ohne Bauleitplanung genehmigungsfähig sind, nur auf den Teil des Vorhabens anzuwenden ist, der noch einer Bauleitplanung bedarf. Damit wird das Koppelungsverbot auch bei teilweise bestehendem Baurecht eingehalten (s. o. D I 2 a gg, S. 99). Dies ergibt sich seit dem 1. März 2016 auch aus den „Präzisierungen zur Anwendung des Berliner Modells“, wonach sich die vom Investor zu übernehmende soziale Infrastruktur auf die Teile des Vorhabens beschränkt, die ohne neues Planungsrecht unzulässig wären. In die Leitlinie vom 1. August 2018 wurde diese Präzisierung nicht aufgenommen.

### cc) Stuttgart

Nach dem Beschluss des Stuttgarter Gemeinderates gilt das SIM stadtweit, wenn neues Planungsrecht zugunsten einer höherwertigen Nutzung geschaffen wird.[281] Die Begründung präzisiert, dass bei Anwendung des § 34 BauGB oder bei unverändertem Planungsrecht das SIM nicht greift.[282] Damit sind die Konstellationen, in denen ein Anspruch auf die Baugenehmigung bestehen kann – nämlich im unbeplanten Innenbereich oder bei plankonformen Bauvorhaben – von der Anwendung des SIM ausgeschlossen. Der unbeplante Außenbereich spielt für das SIM keine Rolle, da es nur für die Innenentwicklung Anwendung findet.

Auch bei einer Ermessensreduzierung auf Null für Befreiungen oder Ausnahmen vom Bebauungsplan muss das bestehende Planungsrecht nicht verändert werden. Dasselbe gilt für bauordnungsrechtliche Abweichungen, deren Zulassung in Baden-Württemberg nicht im Ermessen der Behörde steht (§ 56 Abs. 1, 2 Bauordnung Baden-Württemberg).

Das Koppelungsverbot wird somit beachtet. Zudem weist die Begründung ausdrücklich auf das Koppelungsverbot hin.[283]

Im Unterschied zu der Berliner Leitlinie heißt es nach dem SIM nicht „soweit“, sondern „*wenn* neues Planungsrecht geschaffen wird“. Während das Wort „soweit“ deutlich macht, dass bei teilweise bestehendem Baurecht das Berliner Modell nur auf den darüber hinausgehenden Teil des Vorhabens

---

281 Beschluss des Gemeinderates der Landeshauptstadt Stuttgart vom 10. April 2014, Drs. 13/2014, S. 2.

282 Ausführliche Begründung zu Drs. 13/2014, Anlage 1 zur Vorlage 13/2014 vom 18. März 2014, S. 5.

283 Ausführliche Begründung zu Drs. 13/2014, Anlage 1 zur Vorlage 13/2014 vom 18. März 2014, S. 7.

anzuwenden ist, lässt sich dies dem Wort „wenn" nicht entnehmen. Ein Hinweis auf den Umgang mit teilweise bestehendem Baurecht fehlt daher.

dd) Düsseldorf

Nach dem Düsseldorfer Konzept ist Voraussetzung für die verbindliche Anwendung der Quote für den Bau preisgedämpfter und geförderter Wohnungen, dass ein Bebauungsplan vorgesehen ist.[284] Ein Bebauungsplan wird in der Regel nur dann vorgesehen sein, wenn das Vorhaben ohne ihn unzulässig ist, also der Investor keinen Anspruch auf die Erteilung der Baugenehmigung hat.

Nach der Formulierung des Konzeptes ist es nur für die Verpflichtung des Investors zur Schaffung von Wohnungen Voraussetzung, dass ein Bebauungsplan vorgesehen ist. Für die Verpflichtung zur Kostenbeteiligung ist der vorgesehene Bebauungsplan hingegen keine Voraussetzung. Diese Differenzierung ist zulässig, da für Folgekosten das Koppelungsverbot nicht greift.

Eine Regelung für Vorhaben mit teilweise bestehendem Baurecht fehlt auch in Düsseldorf.

*c) Zwischenergebnis*

Außer München beziehen sich alle Städte in ihren Leitlinien und Konzepten auf das Koppelungsverbot, indem an die Erforderlichkeit eines Bebauungsplans angeknüpft wird. In München ist daher im konkreten Fall besonders gründlich zu prüfen, ob die Verwaltung das Koppelungsverbot beachtet.

Eine klare Aussage zu dem Umgang mit teilweise bestehenden Baurecht trifft keine der Städte; allein aus den Präzisierungen zur Berliner Leitlinie lässt sich die zutreffende Annahme herauslesen, dass das bereits bestehende Baurecht aus dem städtebaulichen Vertrag ausgeklammert werden muss.

## II. Angemessenheit

Neben dem Koppelungsverbot stellt die Angemessenheit die zweite Grenze städtebaulicher Verträge dar. Sie ist für öffentlich-rechtliche Verträge in § 56 Abs. 1 S. 2 VwVfG und für städtebauliche Verträge in § 11 Abs. 2 S. 1 BauGB normiert. Nach § 11 Abs. 2 S. 1 BauGB müssen die vereinbarten Leistungen *„den gesamten Umständen nach angemessen sein"*. Wann die Leistungen angemessen sind, lässt sich nur schwer definieren. Möglich ist jedoch eine Annäherung an den Begriff der Angemessenheit über seine Kriterien und Bezugspunkte (vgl. 1). Zu

284 Handlungskonzept Zukunft Wohnen.Düsseldorf, S. 91, 93, 127.

der Frage, bis zu welcher Grenze eine Beteiligung des Investors an den Kosten noch angemessen ist, werden zwei Lösungsansätze vorgeschlagen (vgl. 2). Keiner dieser Ansätze überzeugt (vgl. 3), so dass ein eigener Lösungsansatz vorgeschlagen wird (vgl. 4). Schließlich werden die Modelle der vier Städte anhand dieses Lösungsansatzes untersucht (vgl. 5).

## 1. Begriff und Kriterien der Angemessenheit

Nach der gängigen Definition der Literatur ist eine Gegenleistung angemessen, wenn sie verhältnismäßig ist.[285] Diese Definition ist freilich nicht sehr hilfreich, da die Angemessenheit ein Element der Verhältnismäßigkeit ist.[286] Die Angemessenheit wird so mit sich selbst definiert. Rechtsprechung (vgl. a) und Literatur (vgl. b) haben jedoch Maßstäbe und Kriterien herausgearbeitet, die eine Annäherung an den Begriff erlauben. Nicht entscheidend für die Abgrenzung zwischen der Angemessenheit und der Unangemessenheit ist, von welcher Vertragspartei die Initiative zu dem städtebaulichen Vertrag ausgeht (vgl. c) und ob der Investor den Vertrag freiwillig unterzeichnet hat (vgl. d). Zu beachten ist hingegen die Gleichbehandlung mehrerer Investoren durch die Gemeinde (vgl. e). Ob das Gebot der Angemessenheit nur den privaten Investor oder auch die Gemeinde schützt, ist noch nicht geklärt (vgl. f).

### *a) Maßstäbe nach der Rechtsprechung*

Um sich dem Begriff der Angemessenheit anzunähern, kann die Rechtsprechung des BVerwG herangezogen werden, welche die Bezugspunkte der Angemessenheit klärt. Danach verlangt das Gericht,

> *„daß erstens die aus Anlaß eines bestimmten Vorhabens vereinbarte Übernahme von Folgekosten bei wirtschaftlicher Betrachtung des Gesamtvorganges in angemessenem Verhältnis zum Wert des Vorhabens steht […] und zweitens auch sonst keine Anhaltspunkte dafür gegeben sind, daß die vertragliche Übernahme von Kosten eine unzumutbare Belastung – sei es des nach dem Vertrage zur Zahlung Verpflichteten, sei es derjenigen, an die später bei einer Veräußerung die Kosten weitergegeben werden – bedeutet.“*[287]

285 Bunzel/Coulmas/Schmidt-Eichstaedt, Städtebauliche Verträge – Ein Handbuch, S. 209; Krautzberger, in: Ernst/Zinkahn/Bielenberg/Krautzberger, BauGB, Stand August 2016, § 11 Rn. 167; Reidt, in: Battis/Krautzberger/Löhr, BauGB, § 11 Rn. 75.

286 St. Rspr. des BVerfG, u.a. Beschluss vom 13. Juni 2007 – 1 BvR 1550/03, NJW 2007, 2464 (2468) m. w. N.

287 Grundlegend BVerwG, Urteil vom 6. Juli 1973 – IV C 22.72, NJW 1973, 1895 (1898); dem folgend Urteil vom 29. Januar 2009 – 4 C 15/07, NVwZ 2009, 1109 (1113).

Obwohl das BVerwG begrifflich an Folgekostenverträge anknüpft, beziehen sich seine Ausführungen auch auf Verträge zur Schaffung günstigen Wohnraums. Denn das Gericht stellt eingangs klar, dass die im Zitat genannten Anforderungen für verwaltungsrechtliche Verträge im Allgemeinen und Folgekostenverträge im Besonderen gelten.[288]

Aus den zitierten Urteilen des BVerwG lassen sich folgende Maßstäbe herleiten: Entscheidend für die Beurteilung der Angemessenheit ist eine wirtschaftliche Gesamtbetrachtung. Es kommt auf das Verhältnis der Leistungen des Investors zum Wert des Vorhabens an (in der Literatur auch objektive Angemessenheit genannt[289]). Was unter dem Wert des Vorhabens zu verstehen ist, wird nicht näher beschrieben. Gleichzeitig darf der Investor nicht unzumutbar belastet werden, seine Investitionen müssen also rentabel sein (in der Literatur auch subjektive Angemessenheit genannt[290]). Dabei kommt es nicht auf den einzelnen Investor an, wie das Gericht mit dem Verweis auf den späteren Erwerber des Grundstücks deutlich macht. Entscheidend ist daher eine allgemeine Angemessenheit, die unabhängig von dem einzelnen Investor und dessen finanzieller Situation zu prüfen ist.

### *b) Kriterien nach der Literatur*

Zwischen Literatur und Rechtsprechung besteht kein Meinungsstreit, vielmehr entsprechen die Kriterien der Literatur denen der Rechtsprechung oder sie überschneiden sich. Nach der Literatur kann die Angemessenheit anhand folgender Kriterien beurteilt werden:[291]

- der Gesamtumfang der vom Bauwilligen getätigten Investitionen im Verhältnis zu der vereinbarten Kostenübernahme;
- die Rentabilität der vom Bauwilligen getätigten Investitionen. Soweit dabei gefordert wird, für die Angemessenheit müsse dem Investor eine angemessene Rendite verbleiben[292], dreht sich diese Voraussetzung wieder im Kreis.

288 BVerwG, Urteil vom 6. Juli 1973 – IV C 22.72, NJW 1973, 1895 (1898).

289 Bunzel, ZfBR 2015, 11 (15, 16); Burmeister, Praxishandbuch Städtebauliche Verträge, Rn. 58; Quaas/Kukk, in: Schrödter, BauGB, § 11 Rn. 66.

290 Bunzel, ZfBR 2015, 11 (15, 16); Burmeister, Praxishandbuch Städtebauliche Verträge, Rn. 58; Quaas/Kukk, in: Schrödter, BauGB, § 11 Rn. 66.

291 Bunzel/ Coulmas/Schmidt-Eichstaedt, Städtebauliche Verträge – Ein Handbuch, 4. Auflage 2013, S. 209; Krautzberger, in: Ernst/Zinkahn/Bielenberg/Krautzberger, BauGB, Stand August 2016, § 11 Rn. 167, 167a.

292 Bunzel, ZfBR 2015, 11 (16).

Denn sie verlangt, dass etwas angemessen ist, damit es angemessen ist. Hilfreicher ist die Aussage, die Investitionen müssten zumindest mittelfristig rentierlich sein.[293] Dieses Kriterium entspricht der subjektiven Angemessenheit nach der Rechtsprechung;

- die Werterhöhung der dem Bauwilligen gehörenden Grundstücke durch die gemeindliche Planung. Diese Bodenwertsteigerung ist enger sowie klarer zu bestimmen als der nicht näher definierte „Wert des Vorhabens" nach der Rechtsprechung.

Bei diesem letzten Kriterium sind zwei Punkte zu beachten: Erstens bedeutet die Anknüpfung an die Bodenwertsteigerung nicht, dass diese pauschal abgeschöpft werden darf. Die Beteiligung des Bauherrn muss sich stets auf nachvollziehbare Kosten stützen.[294] Wie bereits dargestellt, sind zunächst die erforderlichen Lasten zu ermitteln, um anschließend die Beteiligung des Investors auf einen angemessenen Umfang zu begrenzen (s. o. C III 2 c, S. 83). Zweitens darf ein bereits (teilweise) bestehendes Baurecht nicht in die Bodenwerterhöhung eingerechnet werden. Da es schon ohne die gemeindliche Planung besteht, kommt es insofern zu keiner Bodenwertsteigerung. Vielmehr ist das bereits vorhandene Baurecht im Anfangswert mit einzurechnen. Die obigen Ausführungen zum teilweisen Anspruch auf eine Baugenehmigung im Zusammenhang mit dem Koppelungsverbot gelten entsprechend (D I 2 a gg, S. 99).

### c) *Initiative als Indiz?*

Kein echtes Kriterium, aber ein Indiz für die Angemessenheit, soll sein, wer den Anstoß für den Abschluss des städtebaulichen Vertrags gegeben hat. Sei die Initiative vom Investor ausgegangen, so spreche dies für die Angemessenheit der vereinbarten Leistungen.[295]

Die Initiative ist indes nicht trennscharf genug, um auch nur ein Indiz für die Angemessenheit zu sein. Sie kann an zwei verschiedene Zeitpunkte geknüpft werden: An die Aufnahme von Vertragsverhandlungen oder an den Abschluss des Vertrags. Soll auf den Abschluss des Vertrags abgestellt werden, ist nach

---

293 Bunzel/Coulmas/Schmidt-Eichstaedt, Städtebauliche Verträge – Ein Handbuch, S. 209.

294 Vgl. Krautzberger, in: Ernst/Zinkahn/Bielenberg/Krautzberger, BauGB, Stand August 2016, § 11 Rn. 167a.

295 BVerwG, Urteil vom 25. November 2005 – 4 C 15/04, NVwZ 2006, 336 (337); Bunzel/Coulmas/Schmidt-Eichstaedt, Städtebauliche Verträge – Ein Handbuch, S. 210; Stüer, Bau- und Fachplanungsrecht, Rn. 2273.

vorangegangenen Verhandlungen schwer zu bestimmen, aufgrund wessen Initiative der Vertrag schließlich geschlossen wurde. Soll dagegen die Initiative zur Aufnahme von Vertragsverhandlungen maßgeblich sein, so steht in diesem Zeitpunkt das Ergebnis der Verhandlungen – und damit die Kostenverteilung – noch nicht fest. Die Initiative des Investors sagt daher nichts darüber aus, ob das spätere Verhandlungsergebnis für ihn angemessen ist.

### *d) Rechtsprinzip „volenti non fit iniuria"*

Ebenso wenig hilft das Rechtsprinzip „volenti non fit iniuria" („dem Einwilligenden geschieht kein Unrecht"). Die Schlussfolgerung, allein weil ein städtebaulicher Vertrag vom Investor freiwillig eingegangen werde, sei die Vereinbarung als Ergebnis von Verhandlungen angemessen, ist haltlos. Nur weil kein rechtlicher Zwang zum Abschluss des Vertrags besteht, sind Leistung und Gegenleistung nicht automatisch angemessen. So zeigen das Recht der Allgemeinen Geschäftsbedingungen und Teile des Arbeitsrechts, dass auch im Vertragsrecht Bereiche der strukturellen Überlegenheit eines Vertragspartners anerkannt sind.[296] Zudem liefe die Regelung des § 11 BauGB weitgehend leer, wenn gegen eine Unzulässigkeit nach § 11 Abs. 2 S. 1 BauGB eingewendet werden könnte, der städtebauliche Vertrag sei mit dem Investor ausgehandelt worden.[297]

Selbst wenn man von der Prämisse ausgehen wollte, ein im Wesentlichen gleichberechtigt ausgehandeltes Ergebnis sei in aller Regel angemessen,[298] so setze dies zweierlei voraus: Die Vertragspartner begegnen sich auf Augenhöhe und es finden echte Verhandlungen statt. Tatsächlich wird aber die Gemeinde häufig strukturell überlegen sein, da sie das Monopol auf die Schaffung von Bauland innehat (s. o. D I 2 b aa, S. 103). Dies zeigt sich besonders in Großstädten wie Berlin und München, die sich darauf zurückziehen, Bebauungspläne grundsätzlich nur noch aufzustellen, wenn die Investoren sich zur Übernahme von Planungs-, Erschließungs- und Folgekosten bereiterklären.[299] In Gemeinden mit einem weniger umkämpften Wohnungsmarkt mag das Machtverhältnis ein anderes sein und die Gemeinde für die Entwicklung von Wohnungen von einem

296 Schmidt-Eichstaedt, BauR 1996, 1 (3).

297 VG München, Urteil vom 15. Juli 2008, M 2 K 07.1039, zitiert nach juris Rn. 25.

298 Bunzel/Coulmas/Schmidt-Eichstaedt, Städtebauliche Verträge – Ein Handbuch, 4. Auflage 2013, S. 210.

299 Leitlinie für den Abschluss städtebaulicher Verträge im Land Berlin, 1. August 2018, S. 8; Münchener Verfahrensgrundsätze zur Sozialgerechten Bodennutzung in der Fassung vom 26. Juli 2006, 3. (vor Ziffer 1); Stüer/König, ZfBR 2000, 528 (532).

Investor abhängig sein – in solchen Gemeinden werden jedoch kaum städtebauliche Verträge nach den Modellen abgeschlossen werden.

Zum anderen bedürfte es echter Verhandlungen. In Städten mit Leitlinien zum Abschluss städtebaulicher Verträge sind jedoch die Leistungen des Investors oft schon recht präzise festgelegt,[300] was ergebnisoffenen Verhandlungen entgegenstehen kann – aber nicht muss, da es sich nur um Leitlinien oder Richtlinien und nicht um ein verbindlich anzuwendendes Gesetz handelt. So wird im Rahmen des Stuttgarter Innenentwicklungsmodells ausdrücklich jedes Vorhaben einzeln geprüft und können Lasten reduziert oder erlassen werden.[301] Auch die Berliner Leitlinie lässt Raum für die Berücksichtigung zusätzlicher vorhabenbezogener Kosten wie Verkehrs- oder technische Infrastruktur.[302] Je nachdem, wie ergebnisoffen die Verwaltung Gespräche mit dem Investor führt, können daher Verhandlungen vorliegen oder nicht.

Festzuhalten bleibt, dass der städtebauliche Vertrag nicht automatisch deshalb angemessen ist, weil der Investor mit seiner Unterschrift darin eingewilligt hat.

### e) *Gleichheitsgrundsatz*

Kommen die von der Gemeinde getätigten Investitionen nicht nur dem Vorhaben des Investors zu Gute, sondern auch anderen Vorhaben, so erfordert dies eine gleichmäßige Verteilung der Kosten. Das gilt etwa, wenn eine Kita gebaut wird, die auch Plätze für Kinder aus anderen Vorhaben bereitstellt oder wenn eine Straßenanbindung geschaffen wird, die zugleich die Erschließung anderer Gebiete verbessert. Dann muss der Verteilungsmaßstab der Gemeinde mit dem allgemeinen Gleichheitsgrundsatz aus Art. 3 Abs. 1 GG vereinbar sein. Eine vollständige Kostenübernahme durch einen von mehreren Investoren dürfte deshalb in der Regel unangemessen sein. Dies gilt auch dann, wenn die Gemeinde nur bei einem Teil der Investoren auf eine Kostenübernahme besteht und etwa für Grundstücke in früheren oder späteren Bauabschnitten darauf verzichtet.[303] Unverhältnismäßig ist eine Kostenaufteilung jedoch nicht bereits, wenn sie den

---

300 Leitlinie für den Abschluss städtebaulicher Verträge im Land Berlin, 1. August 2018, S. 27–29; Münchener Verfahrensgrundsätze zur Sozialgerechten Bodennutzung in der Fassung vom 26. Juli 2006, Ziffer 2.

301 Ausführliche Begründung zu Drs. 13/2014, Anlage 1 zur Vorlage 13/2014 vom 18. März 2014, S. 5.

302 Leitlinie für den Abschluss städtebaulicher Verträge im Land Berlin, 1. April 2018, Berechnungstool, Hinweis zu Zeile 104.

303 Bunzel/Coulmas/Schmidt-Eichstaedt, Städtebauliche Verträge – Ein Handbuch, S. 211.

jeweiligen Verursacheranteil an einer Planungsfolge nicht exakt abbildet, sondern erst dann, wenn die Vergleichsquoten in unvertretbarem Maße divergieren.[304]

### *f) Angemessenheit nur zugunsten des Investors?*

Einigkeit herrscht in Rechtsprechung und Literatur insofern, als dass das Gebot der Angemessenheit zugunsten des privaten Investors wirkt. Ob es darüber hinaus auch eine Schutzwirkung zugunsten der Gemeinde entfaltet, ist noch nicht abschließend geklärt.

Das BVerwG leitet das Gebot der Angemessenheit aus dem Übermaßverbot ab.[305] Daraus folgert ein Teil der Literatur, dass das Gebot der Angemessenheit eine Schutzrichtung allein zugunsten des privaten Investors hat.[306] Andere Stimmen der Literatur verstehen dies nur als einen Grundsatz, von dem Ausnahmen möglich sind. Danach gelte das Gebot der Angemessenheit auch zugunsten der Gemeinde, wenn sie echte Leistungspflichten übernehme und es sich nicht um einen hinkenden Austauschvertrag handele.[307] Diese Stimmen können sich auf ein Urteil des VG Halle stützen, in dem das Gericht einen städtebaulichen Vertrag für (teil)nichtig erklärte, da die Gegenleistung eine unzumutbare Belastung für die beklagte Gemeinde bedeutete.[308] Das Gericht wendet das Gebot der Angemessenheit aus § 11 Abs. 2 S. 1 BauGB damit auch zugunsten der Gemeinde an, ohne jedoch die Schutzrichtung zu problematisieren.

Um die Schutzrichtung zu bestimmen, ist § 11 Abs. 2 S. 1 BauGB auszulegen:

Der Wortlaut des § 11 Abs. 2 S. 1 BauGB, wonach „*die vereinbarten Leistungen*" angemessen sein müssen, spricht von Leistungen im Plural und lässt damit eine Auslegung zu, nach der auch die Leistungen der Gemeinde angemessen sein müssen. Diese Auslegung untermauert ein Vergleich mit dem Wortlaut des § 56 Abs. 1 S. 2 VwVfG, nach dem „*die Gegenleistung*" angemessen sein muss. Diese Gegenüberstellung spricht dafür, dass im Rahmen des § 56 Abs. 1 VwVfG allein

---

304 Möller/Hatz, Das Grundeigentum 2013, 314 (321); vgl. BVerwG, Urteil vom 24. März 2011 – 4 C 11/10, NVwZ 2011, 1132 (1135), zu der Kostenteilung zwischen Altnutzern und Neunutzern.

305 Grundlegend Urteil vom 6. Juli 1973 – IV C 22/721973, NJW 1973, 1895 (1898); darauf verweisend Urteil vom 24. März 2011 – 4 C 11/10, NVwZ 2011, 1132 (1135).

306 Vgl. Krautzberger, in: Ernst/Zinkahn/Bielenberg/Krautzberger, BauGB, Stand August 2016, § 11 Rn. 167.

307 Quaas/Kukk, in: Schrödter, BauGB, § 11 Rn. 66; Reidt, in; Battis/Krautzberger/Löhr, BauGB, § 11 Rn. 75; Wilke/Düwel, NVwZ 2012, 1449.

308 VG Halle, Urteil vom 22. März 2011 – 2 A 376/09 HAL, BeckRS 2012, 53730.

die Gegenleistung des Vertragspartners der Gemeinde angemessen sein muss, wohingegen nach § 11 Abs. 2 S. 1 BauGB alle vereinbarten Leistungen, mithin auch die der Gemeinde, angemessen sein müssen.[309] Zwingend ist diese Schlussfolgerung gleichwohl nicht: § 11 Abs. 2 S. 1 BauGB könnte ebenso gut von Leistungen im Plural sprechen, da sich der gesamte § 11 BauGB auf eine Vielzahl städtebaulicher Verträge (im Plural) bezieht, wohingegen § 56 VwVfG insgesamt nur von einem öffentlich-rechtlichen Vertrag spricht – konsequenterweise also auch nur von einer Gegenleistung.

Nach der Gesetzesbegründung zu § 11 BauGB *„greift Abs. 2 Satz 1 den für alle städtebaulichen Verträge von der Rechtsprechung entwickelten geltenden Grundsatz der Angemessenheit auf“.*[310] Nach der Rechtsprechung des BVerwG schützt das Gebot der Angemessenheit nur den Investor. Zwar gab es zu der Zeit, als das BVerwG das Gebot der Angemessenheit entwickelte, die Norm des § 11 BauGB mit ihrem heutigen Inhalt noch nicht. Aber auch in seinem Urteil vom 24. März 2011 – d. h. mit Kenntnis des Wortlautes des aktuellen § 11 BauGB – verwies das BVerwG auf das Urteil aus 1973 und die Herleitung aus dem Übermaßverbot.

Legt man den Angemessenheitsgrundsatz nach Sinn und Zweck aus, so kann argumentiert werden, dass das Gebot der Angemessenheit aus dem Übermaßverbot hergeleitet wird und damit nur den Privaten vor unangemessenen Belastungen durch den Staat schützen soll. Zwar kann man dagegenhalten, dass das BVerwG nur über hinkende Austauschverträge zu entscheiden hatte, also möglicherweise einen Schutz auch der Gemeinde gar nicht ausschließen wollte, sondern diese Konstellation lediglich nicht im Blick hatte. Ein dringender Bedarf besteht aber für den Schutz der Gemeinde nicht. Geht sie unangemessene Verträge ein, so lässt sich dies über § 62 VwVfG in Verbindung mit § 138 BGB zum sittenwidrigen Rechtsgeschäft lösen. Zwar sind die Voraussetzungen der Unangemessenheit und des § 138 BGB nicht völlig deckungsgleich, als Korrektiv für solche Extremfälle aber ausreichend.[311]

## 2. Stand des Meinungsstreites

Bis zu welcher Grenze eine Belastung des Investors noch angemessen ist, ist umstritten. Einigkeit besteht nur darüber, dass die Gemeinde für ihre Leistung

---

309 Vgl. Wilke/Düwel, NVwZ 2012, 1449 (1451).

310 BT-Drs. 13/6392, S. 50.

311 Vgl. Krautzberger, in: Ernst/Zinkahn/Bielenberg/Krautzberger, BauGB, Stand August 2016, § 11 Rn. 167.

nicht überkompensiert werden darf. Unbestritten ist auch der Ansatz, dass angemessen ist, was auch hoheitlich festgesetzt werden könnte (vgl. a). Welcher Anteil der Bodenwertsteigerung dem Investor verbleiben muss, ist wiederum umstritten. Neben der Münchener und Stuttgarter Praxis, wonach dem Investor mindestens 1/3 der Bodenwertsteigerung zusteht, werden zwei andere Quoten vertreten: Nach der einen Ansicht darf die gesamte Bodenwertsteigerung „abgeschöpft" werden (vgl. b). Die andere Ansicht überträgt den „Halbteilungsgrundsatz" aus dem Steuerrecht auf städtebauliche Verträge, wonach dem Investor nicht mehr als die Hälfte der Bodenwertsteigerung genommen werden darf (vgl. c).

### *a) Unstreitig: keine Überkompensation und hoheitlich festsetzbar*

Die Beteiligung des Investors darf nicht dazu führen, dass die Ausgaben der Gemeinde überkompensiert werden. Das OVG Lüneburg führt dazu aus:

> *„An der Angemessenheit fehlt es, wenn die der Gemeinde entstandenen Kosten überkompensiert werden. Dazu kann es kommen, wenn der Gesamtertrag der Folgekostenbeiträge die gemeindlichen Kosten übersteigt oder wenn die Folgekostenbeiträge zusammen mit anderen Finanzquellen zu einer Überkompensation führen. Bei diesen anderen Finanzquellen sind insbesondere Zuschüsse anderer Stellen an die Gemeinde zu berücksichtigen."*[312]

Dieser Maßstab knüpft an die Höhe der von Dritten bewirkten gemeindlichen Einnahmen an, weshalb er bei den Mietpreis- und Belegungsbindungen nicht greift. Er ist allerdings bei den in den meisten Fällen daneben getroffenen Folgekostenvereinbarungen zu beachten.[313]

Zudem soll zulässig und angemessen sein, was auch hoheitlich festgesetzt werden kann.[314] Dieser Ansatz ist jedoch für eine Konkretisierung der Angemessenheit ungeeignet: Jede hoheitliche Maßnahme, die in Grundrechte eingreift, muss verhältnismäßig, also angemessen sein.[315] Dieser Versuch einer Konkretisierung führt wieder lediglich zu dem Zirkelschluss, dass angemessen ist, was angemessen ist.

---

312 OVG Lüneburg, Urteil vom 19. Mai 2011 – 1 LC 86/09, zitiert nach juris Rn. 90; mit Verweis auf BVerwG, Urteil vom 29. Januar 2009 – 4 C 15/07, NVwZ 2009, 1109 (1113); Bunzel/Coulmas/Schmidt-Eichstaedt, Städtebauliche Verträge – Ein Handbuch, S. 211.

313 Bunzel, ZfBR 2015, 11 (15).

314 Schmidt-Eichstaedt, BauR 1996, 1 (5).

315 Jarass, in: Jarass/Pieroth, GG, Art. 20 Rn. 113, 116.

Dieser Vorschlag kann auch so verstanden werden, dass im städtebaulichen Vertrag *höchstens* das vereinbart werden darf, was auch hoheitlich festgesetzt werden könnte. Dann aber wären städtebauliche Verträge insgesamt überflüssig.[316]

### b) *„Abschöpfen" der gesamten Bodenwertsteigerung*

Nach einer namentlich von Bunzel[317] vertretenen Ansicht kann die gesamte Bodenwertsteigerung „abgeschöpft" werden. Hierbei geht es auch nach Bunzel nicht um eine pauschale Abschöpfung unabhängig von den zu finanzierenden Positionen, weshalb der Begriff hier in Anführungszeichen steht. Vielmehr wird auch nach Bunzel die Bodenwertsteigerung zur Begrenzung der wirtschaftlichen Lasten und zur Sicherstellung der Angemessenheit eingesetzt.

Nach dieser Ansicht sei regelmäßig davon auszugehen, dass die Angemessenheit gewahrt bleibe, solange die den Investor treffenden vertraglichen Lasten in der Summe die planbedingte Bodenwertsteigerung nicht überschreiten. Denn durch den Gesamtvorgang der Planung und die Folgekostenzahlungen werde dem Investor kein Grundstückswert genommen. Ein bestimmter Anteil der Bodenwertsteigerung müsse dem Grundstückseigentümer nicht belassen werden.[318]

Dies ergebe sich aus den gesetzlichen Wertungen im Städtebaurecht. Hier mute der Gesetzgeber den Grundstückseigentümern eine finanzielle Beteiligung bis zur Grenze der Bodenwertsteigerung zu. So entrichte der Eigentümer eines im förmlich festgelegten Sanierungsgebiet gelegenen Grundstücks nach § 154 Abs. 1 S. 1 BauGB zur Finanzierung der Sanierung an die Gemeinde einen Ausgleichsbetrag in Geld, welcher der sanierungsbedingten Erhöhung des Bodenwertes seines Grundstücks entspricht. Bei städtebaulichen Entwicklungsmaßnahmen nach §§ 165 ff BauGB zeige sich der gleiche Effekt durch den im Regelfall stattfindenden Durchgangserwerb der Grundstücke durch die Gemeinde und anderenfalls infolge der Erhebung von Ausgleichsbeiträgen. Diese Wertung finde auch im Rahmen der Umlegung ihren Niederschlag: Jedem Grundstückseigentümer solle bei der Neuordnung der Grundstücke ein mindestens wertgleiches

316 Vgl. Huber, DÖV 1999, 173 (180).

317 Bunzel/Coulmas/Schmidt-Eichstaedt, Städtebauliche Verträge – Ein Handbuch, S. 212.

318 Bunzel, ZfBR 2015, 11 (17); Bunzel/Coulmas/Schmidt-Eichstaedt, Städtebauliche Verträge – Ein Handbuch, S. 213; Scharmer, NVwZ 1995, 219 (222); vgl. VGH Mannheim, Urteil vom 2. Februar 2005 – 5 S 639/02, NVwZ-RR 2006, 90 (93, 94)

Grundstück zugeteilt werden (§ 57 BauGB). Soweit die Zuteilung den wertmäßigen Sollanspruch überschreite, sei der Vermögensvorteil in Geld auszugleichen (§ 59 Abs. 2 BauGB). Den betroffenen Grundstückseigentümern werde im Falle einer Bodenordnung mithin zugemutet, ganz auf die durch die Bodenordnung bewirkten Bodenwertsteigerungen zu verzichten.

Im Einzelfall könnten besondere Umstände einer vollständigen „Abschöpfung" entgegenstehen. Dies darzulegen obliege allerdings den privaten Vertragspartnern.[319] Danach trägt der Investor die Beweislast für die Unangemessenheit.

Auch nach dem VGH Mannheim[320] darf die gesamte Bodenwertsteigerung abgeschöpft werden. Nach seiner Rechtsprechung ist ein Folgekostenvertrag noch angemessen, wenn die Planwertsteigerung gerade die Planungs-, Erschließungs- und Folgekosten erreicht.

### *c) Übertragung des Halbteilungsgrundsatzes*

Nach der anderen Ansicht ist der Halbteilungsgrundsatz aus dem Steuerrecht[321] auf den städtebaulichen Vertrag zu übertragen. Obwohl das BVerfG diesen Grundsatz mit seiner Entscheidung vom 18. Januar 2006[322] stark eingeschränkt hat, wird diese Meinung nach wie vor vertreten.[323]

Der steuerrechtliche Halbteilungsgrundsatz besagt, dass dem Steuerpflichtigen mindestens etwa 50 % des Soll-Ertrages verbleiben müssen. Nach Art. 14 Abs. 2 GG diene der Eigentumsgebrauch *zugleich* dem privaten Nutzen und dem Wohl der Allgemeinheit, weshalb

> *„die steuerliche Gesamtbelastung des Sollertrages bei typisierender Betrachtung von Einnahmen, abziehbaren Aufwendungen und sonstigen Entlastungen in der Nähe einer hälftigen Teilung zwischen privater und öffentlicher Hand verbleibt".*[324]

Diesen Grundsatz überträgt die zweite Ansicht auf das Städtebaurecht, so dass dem Investor mindestens 50 % der Bodenwertsteigerung verbleiben müssten.[325]

---

319 Bunzel, ZfBR 2015, 11 (17); zur Beweislast auch Burmeister, Praxishandbuch Städtebauliche Verträge, Rn. 100.

320 Urteil vom 2. Februar 2005 – 5 S 639/02, NVwZ-RR 2006, 90 (93, 94).

321 BVerfG, Beschluss vom 22. Juni 1995 – 2 BvL 37/91, NJW 1995, 2615.

322 Az.: 2 BvR 2149/99, NJW 2006, 1191 (1192).

323 Quaas/Kukk, in: Schrödter, BauGB, § 11 Rn. 70.

324 BVerfG, Beschluss vom 22. Juni 1995 – 2 BvL 37/91, NJW 1995, 2615 (2617).

325 Diehr, BauR 2000, 1 (7); Huber, DÖV 1999, 173 (183); Oehmen/Busch, BauR 1999, 1402 (1410); Quaas/Kukk, in: Schrödter, BauGB, § 11 Rn. 70.

Innerhalb dieser Meinung wird vertreten, auch eine über den Halbteilungsgrundsatz hinausgehende Kostenbelastung könne noch angemessen sein, insbesondere wenn sie auf der Seite des Vorhabenträgers durch Sondervorteile wie schnelle Projektabwicklung oder besonders gute Infrastruktur kompensiert wird.[326]

## 3. Stellungnahme zu den vertretenen Meinungen

Weder die erste Ansicht, wonach der Investor bis zur Höhe der Bodenwertsteigerung belastet werden darf (vgl. a), noch die Übertragung des Halbteilungsgrundsatzes (vgl. b) überzeugen.

### *a) „Abschöpfen“ der gesamten Bodenwertsteigerung unangemessen*

Die Ansicht, nach der die gesamte Bodenwertsteigerung abgeschöpft werden darf, ist abzulehnen.

Als wichtiger Vertreter dieser Auffassung stützt Bunzel seine Ansicht wesentlich auf die Wertungen des BauGB zu Umlegungs-, Sanierungs- und Entwicklungsgebieten. Es ist jedoch zweifelhaft, ob die speziellen Regelungen des Besonderen Städtebaurechts zu Sanierungs- und Entwicklungsgebieten sowie der Umlegung überhaupt übertragen werden können. Diese Frage stellt sich nicht nur wegen der Spezialität der Regelungen, sondern auch, weil sie sich vom Rechtscharakter her erheblich von den städtebaulichen Verträgen unterscheiden: Auf der einen Seite eine gesetzliche Regelung, auf der anderen Seite ein Vertrag. Zudem sehen diese speziellen städtebaulichen Instrumente letztlich pauschale, an der Werterhöhung orientierte Beteiligungen vor.[327] Eine solche pauschale Wertabschöpfung ist aber auch nach Bunzel bei städtebaulichen Verträgen unzulässig. Schließlich ist auch nach dem Besonderen Städtebaurecht eine vollständige Abschöpfung der durch die Planung eingetretenen Wertsteigerung nur in Sondersituationen zulässig. Denn auch bei der Entwicklungsmaßnahme etwa ist eine volle Wertabschöpfung an das Vorliegen besonderer Gemeinwohlgründe gebunden.[328] Eine Sonderregelung als allgemeinen Grundsatz auf ein anderes Rechtsgebiet zu übertragen, ist eher fernliegend.

Auch das Argument Bunzels, dem Investor werde kein Grundstückswert genommen, wenn sich der Wert der (Folgekosten-)Leistung des

---

326 Quaas/Kukk, in: Schrödter, BauGB, § 11 Rn 70.

327 Krautzberger, in: Ernst/Zinkahn/Bielenberg/Krautzberger, BauGB, Stand August 2016, § 11 Rn. 167a.

328 Stüer, Bau- und Fachplanungsrecht, Rn. 2272.

Grundstückseigentümers im Rahmen der Wertsteigerung seines Grundstücks hält, trägt nicht. Denn die Schaffung von Baurecht auf Privateigentum gehört zu den Aufgaben der Gemeinde nach § 1 Abs. 6 BauGB, deren Finanzierung ebenfalls der Gemeinde obliegt.[329] Der Grundgedanke des Gesetzgebers war mithin, dass die Gemeinde die Kosten der Baurechtsschaffung aufbringt und dem Grundstückseigentümer die Wertsteigerung zuwächst. Dieser Grundgedanke kann nicht mit dem Hinweis auf den Kopf gestellt werden, dass dem Investor kein Grundstückswert genommen werde.

Den Investor dann darauf zu verweisen, ihm verblieben die weiteren Erträge, überzeugt nicht. Erstens ist ungewiss, ob sonstige Erträge überhaupt entstehen. Zweitens ist ihre Höhe im Vorfeld unsicher und die Höhe der Erträge durch einen günstigen Kauf des Grundstücks und einen teuren Verkauf des fertiggestellten Vorhabens variiert je nach den Grundstücks- und Immobilienpreisen, auf die der Investor nur sehr begrenzten Einfluss hat. Gerade in aufgeheizten Immobilienmärkten mit hoher Nachfrage und hohen Grundstückspreisen müsste der Investor das Objekt besonders teuer verkaufen, um überhaupt Erträge zu erzielen und seine Ausgaben zu decken. Diese Unwägbarkeiten mögen zwar Teil des unternehmerischen Risikos des Investors sein, gleichzeitig besteht jedoch das Risiko, Investoren abzuschrecken. Zudem ist zweifelhaft, ob es rechtmäßig sein kann, das Kostenrisiko der Baulandentwicklung zu einem so hohen Teil auf die Investoren zu übertragen, obwohl es sich grundsätzlich um eine gemeindliche Aufgabe handelt.

Folglich ist es unangemessen, den Investor in Höhe der Bodenwertsteigerung zu belasten.

### *b) Keine Übertragung des Halbteilungsgrundsatzes*

Soeben wurde dargelegt, dass die Bodenwertsteigerung nicht vollständig abgeschöpft werden darf. Vielmehr muss dem Investor ein Teil davon verbleiben. Es stellt sich daher die Frage, wie groß dieser Teil sein muss, um den Investor nicht unangemessen zu belasten.

Ein Teil der Literatur schlägt vor, sie mit dem steuerrechtlichen Halbteilungsgrundsatz zu beantworten. Danach dürften höchstens um die 50 % der Bodenwertsteigerung abgeschöpft werden (s. o. D II 2 c, S 121). Dieser Grundsatz aus dem Vermögenssteuerrecht ist jedoch nicht auf städtebauliche Verträge übertragbar.

---

329 Quaas/Kukk, in Schrödter, BauGB, § 11 Rn. 70.

Die Übertragbarkeit eines Grundsatzes aus einem Rechtsgebiet in ein anderes setzt wertungsmäßig gleiche Tatbestände voraus.[330] Das Vermögenssteuerrecht und die städtebaulichen Verträge sind aber wesentlich unterschiedlich und nicht vergleichbar:

- Während im Steuerrecht eine pauschale Abschöpfung ohne jede Gegenleistung stattfindet, darf der Investor über den städtebaulichen Vertrag nur mit konkreten, durch das Vorhaben verursachten Aufwendungen belastet werden.[331]
- Anders als im Bereich der Vermögenssteuer geht es im städtebaulichen Vertrag um vertraglich vereinbarte Leistungen und nicht um hoheitlich auferlegte Abgabenpflichten.[332]
- Die Vermögenssteuer stellt eine laufende Belastung dar, wohingegen der Investor durch den städtebaulichen Vertrag einmalig belastet wird.[333] Der städtebauliche Vertrag ähnelt daher mehr der Einkommens- und Gewerbesteuer, die nur einmalig erhoben werden und auf die der Halbteilungsgrundsatz keine Anwendung findet.[334]
- Die Vermögenssteuer knüpft an bereits Erworbenes an, der städtebauliche Vertrag verpflichtet den Investor dazu, einen Anteil der erst noch eintretenden Bodenwertsteigerung abzugeben.

Erstreckte man den Halbteilungsgrundsatz trotz dieser Unterschiede auf städtebauliche Verträge, so müsste er konsequenterweise auch andere staatlich veranlasste Lasten erfassen, die dem Steuerrecht näher stehen, wie etwa das Polizei- und Ordnungsrecht. Zu denken ist dabei beispielweise an eine Inanspruchnahme des Grundstückseigentümers für die Sanierung eines mit Altlasten verunreinigten Grundstücks. Hier geht das BVerfG indes davon aus, dass grundsätzlich eine Kostenbelastung bis zur Höhe des Verkehrswertes des Grundstücks nach der Sanierung verhältnismäßig ist.[335] Eine Beschränkung auf eine Kostentragung in Höhe der hälftigen Wertsteigerung durch die Sanierung ist nicht vorgesehen. Eine schematische Übertragung des Halbteilungsgrundsatzes auf alle Rechtsgebiete zwischen Steuerrecht und städtebaulichen Verträgen – insbesondere das

---

330 Vgl. zur Analogie Engisch, Einführung in das juristische Denken, S. 249 f.
331 Vgl. OVG Lüneburg, Urteil vom 19. Mai 2011 – 1 LC 86/09, zitiert nach juris Rn. 104.
332 Burmeister, Praxishandbuch Städtebauliche Verträge, Rn. 84.
333 Vgl. Frenz, Verwaltungsarchiv 1999, 208 (223).
334 BVerfG, Beschluss vom 18. Januar 2006 – 2 BvR 2149/99, NJW 2006, 1191 (1192).
335 BVerfG, Beschluss vom 16. Februar 2000 – 1 BvR 242/91, NJW 2000, 2573 (2575).

Polizei- und Ordnungsrecht – kommt daher nicht in Betracht, da er in vielen Bereichen ein zu starrer Grundsatz wäre.[336]

Schließlich wird der Halbteilungsgrundsatz – wie erwähnt – nicht einmal im gesamten Steuerrecht angewendet, sondern allein bei der Vermögensteuer. Dem Urteil des BVerfG vom 22. Juni 1995

> *„lässt sich keine Belastungsobergrenze entnehmen, die unabhängig von der dort allein streitgegenständlichen Steuerart – der Vermögensteuer – Geltung beanspruchen könnte und auf andere Steuerarten – wie die Einkommen- und Gewerbesteuer – übertragbar wäre. In der Entscheidung wird der „Halbteilungsgrundsatz" allein aus der vermögensteuerspezifischen Belastungssituation entwickelt und bezieht sich daher nur auf solche Belastungen, die mitursächlich auf eine Vermögensteuerbelastung zurückzuführen sind, bei denen also die Vermögensteuer zu den übrigen Steuern „hinzutritt".*[337]

Wenn also das BVerfG schon eine Übertragung des vermögenssteuerrechtlichen Halbteilungsgrundsatzes auf andere Steuerarten ablehnt, dann scheidet erst recht eine Übertragung auf gänzlich andere Rechtsgebiete aus.

Das BVerwG lässt offen, ob der Halbteilungsgrundsatz auf städtebauliche Verträge anwendbar ist, weist aber auf die soeben zitierte Entscheidung des BVerfG hin, wonach des BVerfG für die Belastung mit Steuern den Halbteilungsgrundsatz nur bei der Vermögenssteuer als Belastungsobergrenze ansieht.[338]

Dies alles spricht gegen eine Übertragbarkeit des Halbteilungsgrundsatzes auf städtebauliche Verträge.

### *c) Zwischenergebnis*

Festzuhalten bleibt danach, dass die in der Literatur vertretenen Lösungsvorschläge nicht geeignet sind, die Schwelle der Angemessenheit festzulegen.

Eine vollständige Abschöpfung der Bodenwertsteigerung lässt sich mit dem Verweis auf das Besondere Städtebaurecht nicht begründen. Die Regelungen des Besonderen Städtebaurechts sind auf städtebauliche Verträge nicht übertragbar. Zum einen unterscheiden sich die Regelungen des Besonderen Städtebaurechts von den städtebaulichen Verträgen hinsichtlich der Rechtsnatur und der Art der Kostenbeteiligung. Zum anderen ist nach dem Besonderen Städtebaurecht eine vollständige Abschöpfung der durch die Planung eingetretenen Wertsteigerung nur in Sondersituationen zulässig. Diese Sonderregelung als allgemeinen Grundsatz auf städtebauliche Verträge anzuwenden, erscheint fernliegend.

---

336 Vgl. Frenz, Verwaltungsarchiv 1999, 208 (224).

337 BVerfG, Beschluss vom 18. Januar 2006 – 2 BvR 2194/99, NJW 2006, 1191 (1192).

338 BVerwG, Beschluss vom 7. Juni 2012 – 4 B 36/11, ZfBR 2012, 672 (673).

Schließlich ist auch der Halbteilungsgrundsatz aus dem Vermögenssteuerrecht nicht heranzuziehen: Die beiden Bereiche – Steuerrecht auf der einen und städtebauliche Verträge auf der anderen Seite – sind zu unterschiedlich. Hinzukommt, dass der Halbteilungsgrundsatz nur auf die Vermögenssteuer angewendet wird. Er ist also ebenfalls ein spezieller Grundsatz, was gegen seine Übertragbarkeit spricht. Zugleich müsste der Halbteilungsgrundsatz anderenfalls konsequenterweise auf zahlreiche weitere Rechtsgebiete übertragen werden, die dem Steuerrecht ähnlicher sind. Dies würde zu starren Grenzen führen, die den Besonderheiten des jeweiligen Rechtsgebietes nicht hinreichend Raum lassen und damit unangemessen wären.

## 4. Eigener Lösungsvorschlag

Eigentlich müsste jeder Einzelfall individuell betrachtet werden, um sicherzustellen, dass der Investor nur in angemessenem Maße belastet wird. Deswegen reicht es genau genommen nicht aus, pauschale Quoten wie 33 % oder 50 % festzulegen. Denn wenn diese Quoten sich an der Bodenwertsteigerung orientieren, ist die Höhe des Bodenwertes der jeweiligen Stadt entscheidend. So behält ein Investor in München mit dem „Bauherren-Drittel" wegen der dortigen hohen Bodenwerte absolut betrachtet einen höheren Betrag als ein Investor in Berlin, der – dürfte er 33 % behalten – nur einen geringeren Betrag sicher hätte.[339]

Neben dem Bodenwert ist auch die Bemessungsgrundlage ein entscheidender Faktor. Der dem Investor verbleibende Anteil bestimmt sich nämlich nicht nur durch den Prozentsatz, sondern auch durch die seiner Ermittlung dienenden Bemessungsgrundlage. Hierfür ist zum Beispiel entscheidend, welche Lasten im Rahmen der Angemessenheit anerkannt werden[340] und damit von der Bodenwertsteigerung abgezogen werden. Ob etwa die Sanierung eines mit Altlasten kontaminierten Grundstücks als Last angerechnet wird, kann für die Höhe des Bauherrenanteils einen erheblichen Unterschied machen.

Auf der anderen Seite muss die Prüfung der Angemessenheit für die Gemeinden noch handhabbar sein. Eine Prüfung jedes Einzelfalles würde viele Gemeinden überlasten, insbesondere bei dünnen Personaldecken wie in Berlin. Dies darf freilich nicht zum Nachteil für Investoren werden. Auch für die Investoren birgt aber eine pauschalierte Prüfung den Vorteil, dass sie kalkulierbarer ist und pauschale Kriterien eine Gleichbehandlung der Investoren sicherstellen. Es stellen sich daher zwei Fragen: Wie können die Städte die Nachteile einer

339 Vgl. Burmeister, Praxishandbuch Städtebauliche Verträge, Rn. 58.

340 Vgl. BVerfG, Beschluss vom 18. Januar 2006 – 2 BvR 2194/99, NJW 2006, 1191 (1194).

pauschalen Quote reduzieren (vgl. a)? Und wie kann sichergestellt werden, dass der Investor nicht unangemessen belastet wird, sondern ihm ein ausreichender Teil seines Gewinnes verbleibt (vgl. b)?

### *a) Reduzierung der Nachteile einer pauschalen Quote*

Um das Risiko zu reduzieren, dass wegen einer pauschalen Prozentquote der Investor im Einzelfall unangemessen belastet wird, sollte der Investor die Möglichkeit haben, auf Besonderheiten seines Vorhabens hinzuweisen. So sollte vorgesehen sein, dass der Investor vor dem Abschluss des städtebaulichen Vertrages die Angemessenheit im konkreten Fall widerlegen kann. Dies schützt nicht nur den Investor vor unangemessenen Belastungen, sondern zugleich die an Gesetz und Recht gebundene Gemeinde vor dem Abschluss eines rechtswidrigen Vertrages. Lassen sich Zweifel an der Angemessenheit nicht ausräumen, spricht wegen der Bindung an Recht und Gesetz einiges dafür, dass die Gemeinde ihren Vertragsentwurf modifizieren muss (vgl. aa). Ist für die Gemeinde erkennbar, dass besondere Umstände das Vorhaben des Investors erschweren und zur Unangemessenheit der Regelquote führen würden, so muss sie von sich aus von der pauschalen Quote abrücken (vgl. bb). Zusätzlich zu der Berücksichtigung von Besonderheiten im Einzelfall können die Nachteile einer pauschalen Quote reduziert werden, indem die Bemessungsgrundlagen, auf denen die Quote fußt, konkret und plausibel ermittelt sind (vgl. cc). Schließlich ist das Risiko einer unangemessenen Belastung niedriger, je höher der dem Investor verbleibende Anteil ist (vgl. dd).

#### aa) Möglichkeit, die Angemessenheit zu widerlegen, und Beweislast

Damit die Angemessenheit im konkreten Fall vorab überprüft wird, sollte der Investor die Möglichkeit haben, vor Abschluss des städtebaulichen Vertrags die Angemessenheit des pauschalen Richtwertes zu widerlegen. So soll bei Anlass noch im Verhandlungsstadium über Ausnahmen von der pauschalen Prozentquote gesprochen werden. Dadurch werden Grundstücke mit besonderen Schwierigkeiten bei der Entwicklung, in Anbetracht derer die starre Anwendung der pauschalen Quote zur Unangemessenheit führte, nicht generell von einer Überplanung im Rahmen der Modelle ausgeschlossen. Zugleich vermeiden Investor und Gemeinde Aufwendungen für eine Planung und einen städtebaulichen Vertrag, der unangemessen wäre. Ebenso reduziert sich für die Gemeinde durch eine vorgezogene Möglichkeit des Investors, die Unangemessenheit geltend zu machen, die Gefahr, dass der Investor nach Inkrafttreten des Bebauungsplans die Unangemessenheit des Vertrags gerichtlich geltend macht.

Um die Angemessenheit zu widerlegen, reicht nicht aus, dass der Investor die Angemessenheit der pauschalen Quote nur bezweifelt. Dann würde die Pauschale zu häufig ihren Zweck der Vereinfachung einbüßen. Vielmehr sollte verlangt werden, dass der Investor konkret und nachvollziehbar darlegt, die pauschale Quote führe in seinem Fall zu keinem angemessenen Ergebnis.

Wenn die Gemeinde die Einschätzung des Investors nicht teilt, stellt sich die Frage, wer die „Beweislast" für die Angemessenheit bzw. Unangemessenheit trägt, also insbesondere ein Gutachten beibringen und finanzieren muss. Praktikabler wird es sein, dass der Investor das Gutachten einholt. Er kennt seine Pläne für das Vorhaben am besten, ebenso seine Berechnungen zur Rentabilität (s. o. D II 1 a, b, S. 112), die er der Gemeinde unter Umständen nicht mehr als nötig offenbaren will – auch wenn es weniger um seine eigene finanzielle Situation als um eine allgemeine Rentabilität des Vorhabens geht. Dabei trifft die Gemeinde die Mitwirkungspflicht, Dokumente und Unterlagen herauszugeben, die für das Gutachten erforderlich sind und über die der Investor nicht verfügt. Hinsichtlich der Kosten des Gutachtens könnte man argumentieren, dass die Gemeinde sie tragen muss, da schließlich sie die allgemeine Prozentquote festgelegt hat und dadurch von einer Arbeitserleichterung profitiert. Allerdings birgt dies die Gefahr, dass Investoren „ins Blaue hinein" die Angemessenheit bestreiten, da für sie kein Kostenrisiko besteht. Interessengerecht erscheint daher eine Verteilung der Gutachterkosten je nach Ergebnis des Gutachtens. Dies vermindert sowohl die Gefahr vorschnellen Bestreitens der Angemessenheit durch den Investor als auch ein zu unnachgiebiges Festhalten der Gemeinde an der Quote.

Kommt das Gutachten zu keinem eindeutigen Ergebnis, fragt sich, wer dieses Risiko trägt. Stellt sich das Problem erst in einem Gerichtsverfahren nach Abschluss des städtebaulichen Vertrags, so kann die prozessuale Situation die Frage der Beweislast klären: Derjenige, der sich auf die Angemessenheit bzw. Unangemessenheit des Vertrags beruft, muss sie beweisen. Verlangt also die Gemeinde die Zahlung der Folgekosten vom Investor, müsste sie die Angemessenheit beweisen. Fordert der Investor gezahlte Beträge zurück, obliegt ihm ggf. der Beweis der Unangemessenheit. Außerhalb eines Prozesses und noch vor Abschluss des städtebaulichen Vertrags hilft diese Überlegung nicht. Dann spricht für eine „Beweislast" des Investors, dass er frei ist, den Vertrag abzuschließen oder nicht. Ist er der Ansicht, der Vertrag sei unangemessen, obwohl sich dies durch das Gutachten nicht belegen lässt, muss er den Vertrag nicht abschließen. Lässt er sich dennoch auf den Vertrag ein, so kann er anschließend die Unangemessenheit des Vertrags vor Gericht geltend machen, da das Rechtsprinzip „volenti non fit iniuria" nicht greift (s. o. D II 1 d, S. 115). Für eine „Beweislast" der Gemeinde spricht hingegen, dass sie in die Bodenwertsteigerung eingreift, die ohne den Vertrag dem Investor zuwachsen würde. Sie begehrt also eine Änderung des vom Gesetzgeber vorgesehenen Zustandes, dass Wertsteigerungen durch eine Überplanung dem Eigentümer zu Gute kommen. Zudem streitet einiges dafür, dass die Gemeinde einen städtebaulichen Vertrag nur abschließen darf, wenn sie positiv weiß, dass er angemessen ist. Nach Art. 20 Abs. 3 GG ist die Gemeinde als Teil der vollziehenden Gewalt an Gesetz und Recht gebunden – auch wenn sie städtebauliche Verträge abschließt. Denn die Rechtsbindung des Art. 20 Abs. 3 GG bezieht sich auf alle Handlungsformen der Verwaltung[341], mithin auch auf den Abschluss von Verträgen. Die Gemeinde hat daher sicherzustellen, dass der von ihr gewünschte Vertrag das Gebot der Angemessenheit aus § 11 Abs. 2 S. 1 BauGB einhält. Dies gilt umso mehr, als in der Regel die Gemeinde den Vertragstext und seinen wesentlichen Inhalt vorgibt, in Berlin zum Beispiel gestützt auf die Kostenansätze und Berechnungstools der Leitlinie. Mit Blick auf die Möglichkeit des Investors, auch nach seiner Einwilligung in den Vertrag später dagegen zu klagen, liegt es auch im Interesse der Gemeinde, ihr Prozessrisiko zu minimieren und eine Rückabwicklung des Vertrags zu vermeiden. Ihr selbst ist daher auch damit gedient, dass nur angemessene Verträge zum Abschluss kommen. Bei einem uneindeutigen Gutachten sprechen die besseren Gründe daher dafür, dass die Gemeinde die Angemessenheit nachweisen muss. Bleiben auch nach dem Gutachten hieran Zweifel, ist es an der Gemeinde, ihren Vertragsentwurf zu überarbeiten.

Um ihren Vertragsentwurf nachzujustieren, kann die Gemeinde von den Verfahrensgrundsätzen und Leitlinien abweichen. Abweichungen sind durchaus möglich, da die Verfahrensgrundsätze oder Leitlinien der Städte nicht zwingend angewendet werden müssen. Sie sind weder Rechtsnorm noch verbindliche Weisung.[342] Dies legen bereits ihre Bezeichnungen als Konzept, Leitlinie oder Grundsätze nahe. Im Interesse der Gleichbehandlung der Investoren und der Arbeitserleichterung für die Behörde ist zwar eine grundsätzliche Anwendung anzustreben, nicht aber zu Lasten der Angemessenheit der einzelnen Verträge.

#### bb) Anpassung bei besonderen Umständen

Eine zulässige Pauschalierung der Quote setzt zudem voraus, dass die Quote nicht angewendet wird, wenn vorhersehbar ist, dass die pauschale Quote wegen besonderer Umstände nicht zu einem angemessenen Ergebnis führt. Dies gilt

---

341 Huster/Rux, in Beck'scher Online-Kommentar GG, Stand 15. November 2018, Art. 20 Rn. 170.

342 Groth, Das Grundeigentum 2014, 1226 (1226).

z. B. für besondere Schwierigkeiten bei der Entwicklung oder Bebauung des Grundstücks, etwa wegen Altlasten oder bei einem Hanggrundstück, die bei dem Kaufpreis, den der Investor für das Grundstück bezahlt hat, nicht berücksichtigt wurden und im Rahmen der Angemessenheit nicht als Last angerechnet werden.

#### cc) Konkrete und plausible Bemessungsgrundlagen

Legt die Gemeinde eine pauschale Prozentzahl fest, so muss sich diese Prozentzahl auf konkrete und plausible Bemessungsgrundlagen stützen. Die Bemessungsgrundlagen dürfen nicht so ungenau sein, dass sie sich zu sehr von den Besonderheiten des Einzelfalles entfernen. Knüpft die Prozentzahl also an die Bodenwertsteigerung an, so ist die Bodenwertsteigerung möglichst präzise zu ermitteln.

#### dd) Höhe der pauschalen Prozentquote

Schließlich gilt die folgende Abwägung: Je größer der dem Investor verbleibende prozentuale Anteil der Bodenwertsteigerung ist, umso stärker darf von einer Einzelfallbetrachtung abgewichen und pauschaliert werden. Denn je investorenfreundlicher die Pauschale ist, desto wahrscheinlicher ist es, dass der Investor nicht in unangemessener Weise belastet wird. Andersherum gilt: Je stärker der Investor belastet werden soll, desto sorgfältiger ist sicherzustellen, dass die Grenze der Angemessenheit in keinem Einzelfall überschritten wird. An die Pauschale sind daher strengere Anforderungen zu stellen. Doch auch bei investorenfreundlichen Pauschalen darf nicht vergessen werden, dass sie den Investor belasten. Sie müssen daher immer die genannten Mindestvoraussetzungen einhalten.

### *b) Angemessener Anteil der Bodenwertsteigerung für den Investor*

Der Ausgangspunkt für die Prüfung der Angemessenheit ist nach den Leitlinien aller vier untersuchten Städte die Bodenwertsteigerung. Wie die Leitlinien stellt auch die Literatur auf die Bodenwertsteigerung des Vorhabens ab, die Rechtsprechung hingegen auf den Wert des Vorhabens (s. o. D II 1 a, b, S. 112). Die Bodenwertsteigerung als Kriterium bietet den Vorteil, dass sie genauer und objektiver zu ermitteln ist als der allgemeine Wert des Vorhabens, der sich auch aus Sicht des Investors bestimmt.[343]

---

343 Bunzel, ZfBR 2015, 11 (17); Krautzberger, in: Ernst/Zinkahn/ Bielenberg/Krautzberger, BauGB, Stand August 2016, § 11 Rn. 167a.

Zieht man daher einen Prozentsatz der Bodenwertsteigerung heran, um eine angemessene Belastung des Investors festzusetzen, so ist zu bestimmen, wo die Grenze zur Unangemessenheit liegt. Hierfür bedarf es der Klärung grundsätzlicher verfassungsrechtlicher Fragen. Bedeutend ist etwa, ob die Baufreiheit dem Grundstück innewohnt oder erst durch eine staatliche Konzession zugeteilt wird (vgl. aa). Ebenso stellt sich die Frage, ob die Bodenwertsteigerung durch das Eigentumsgrundrecht aus Art. 14 Abs. 1 GG (vgl. bb) oder die Berufsfreiheit aus Art. 12 Abs. 1 GG (vgl. cc) geschützt wird. Schließlich ist zu erörtern, ob die Belastung des Investors in sein Grundrecht aus Art. 2 Abs. 1 GG eingreift (vgl. dd).

#### aa) Schutz der Baufreiheit durch Art. 14 Abs. 1 GG?

In der Literatur ist umstritten, ob Art. 14 Abs. 1 GG mit dem Grundeigentum auch die Baufreiheit schützt. Nach einer Meinung ist die bauliche Nutzbarkeit elementarer Bestandteil des Grundeigentums. Baurechtliche Normen gestalten die im Eigentum wurzelnde Nutzbarkeit nur aus oder schränken sie ein, konstituieren jedoch nicht den Schutzbereich des Eigentums.[344] Nach der anderen Meinung beruht die Baufreiheit auf der verwaltungsrechtlich vermittelten Bebauungsbefugnis, die dem Bauherrn vom Staat als eine Art Konzession zugeteilt wird.[345]

Praktisch gesehen kommen beide Ansichten zu demselben Ergebnis, nämlich dass der Investor nicht bauen darf, wenn seinem Vorhaben das geltende Planungsrecht entgegensteht. Wäre das Vorhaben bereits ohne Änderung des Planungsrechts genehmigungsfähig, wäre in keiner der vier Städte das Modell anwendbar. Dogmatisch betrachtet liegen dem Ergebnis aber unterschiedliche Annahmen zugrunde: Nach der ersten Ansicht steht das Baurecht dem Eigentümer bereits aus Art. 14 Abs. 1 GG zu und wird durch das geltende Planungsrecht nur beschränkt. Das neue Planungsrecht hebt lediglich diese Beschränkung auf. Nach der zweiten Ansicht, der „Konzessionstheorie“, verfügt der Investor noch gar nicht über das Recht zu bauen, dieses Recht entsteht erst mit dem neuen Planungsrecht.

---

344 Depenheuer/Froese, in: von Mangoldt/Klein/Starck, GG, Art. 14 Rn. 118 ff; Jarass, in: Jarass/Pieroth, GG, Art. 14 Rn. 20; Leisner, DVBl. 1992, 1065 (1068 ff); Leisner, in: Handbuch des Staatsrechts, Band VIII, § 173 Rn. 194; Wendt, in: Sachs, GG, Art. 14 Rn. 46; Papier/Shirvani, in: Maunz/Dürig, GG, Stand April 2018, Art. 14 Rn. 164.

345 Wieland, in: Dreier, GG, Art. 14 Rn. 50; kritisch auch Bryde, in: von Münch/Kunig, GG, Art. 14 Rn. 15.

Folgt man der zweiten Ansicht, so ergibt sich ein geringerer Schutz des Investors: Da ihm das Recht zu Bauen vom Staat verliehen wird, dürfte ein größerer Anteil der durch die Baurechtschaffung entstandenen Bodenwertsteigerung abgeschöpft werden. Andersherum legt die erste Ansicht nahe, dem Investor einen größeren Anteil der Bodenwertsteigerung zu belassen, da sie bereits mit der Baufreiheit und damit unabhängig von staatlichem Handeln und dem neuen Planungsrecht dem Grundstück innewohnte.

Für die erste Ansicht spricht Folgendes:

- Das Recht zur baulichen Nutzung ist essentieller Bestandteil der wirtschaftlich sinnvollen Nutzung eines Grundstücks. Diese Nutzung von dem Eigentumsrecht an Grund und Boden zu trennen und von einer zusätzlichen öffentlich-rechtlichen Verleihung abhängig zu machen, widerspräche dem Grundsatz der Verhältnismäßigkeit und dem Gebot sachgerechter Abwägung, an die der Gesetzgeber bei der Inhaltsbestimmung des Eigentums gebunden ist.[346]
- Die Konzessionstheorie führt zu dem zusätzlichen Problem, dass die Entziehung von Baurecht keine Eigentumsbeschränkung im Sinne des Verfassungsrechts wäre. Bebauungsplanungen würden sich im grundrechtsfreien Raum bewegen und könnten nicht mehr an den Grundrechten gemessen werden. Damit wäre der verfassungsrechtliche Schutz für die praktisch wichtigste Nutzung des Grundeigentums stark eingeschränkt. Zudem ließe sich die Konzessionstheorie auf alle einschränkbaren Eigentumspositionen anwenden, so dass immer eine staatliche Konzession vorausgesetzt werden könnte und das Eigentumsgrundrecht in seiner Schutzwirkung deutlich geschwächt wäre.[347]

  Die Ausführungen Wielands[348] gegen diese Argumentation können nicht überzeugen: Nach Wieland bewegt sich die staatliche Bauplanung nicht im grundrechtsfreien Raum. Vielmehr habe der Gesetzgeber bei seiner Inhalts- und Schrankenbestimmung des Grundeigentums, die im Bauplanungs- und Bauordnungsrecht zu sehen sei, das Rechtsinstitut Eigentum zu beachten.

  Die Institutsgarantie bietet jedoch kein vergleichbares verfassungsrechtliches Schutzniveau: Die Institutsgarantie markiert nach ihrem Umfang und gerichtlicher Kontrollmöglichkeit nur eine letzte Grenze für den Gesetzgeber.[349]

---

346 Papier/Shirvani, in: Maunz/Dürig, GG, Stand April 2018, Art. 14 Rn. 168, 169.

347 Vgl. Leisner, in: Handbuch des Staatsrechts, Band VIII, § 173 Rn. 194; Papier/Shirvani, in: Maunz/Dürig, GG, Stand April 2018, Art. 14 Rn. 171.

348 In: Dreier, GG, Art. 14 Rn. 50.

349 Depenheuer/Froese, in: von Mangoldt/Klein/Starck, GG, Art. 14 Rn. 120 und so auch Wieland, in: Dreier, GG, Art. 14 Rn. 143.

- Die Systematik des BauGB setzt nicht unbedingt einen Bebauungsplan voraus, damit Baurecht besteht. Vielmehr ist im unbeplanten Innenbereich nach § 34 BauGB unabhängig von einer „Zuteilung“ durch den Bebauungsplan eine vom einfachen Planungsrecht eröffnete Bebaubarkeit im Prinzip gegeben.[350] Das Baurecht und damit der Anspruch auf die Baugenehmigung besteht unabhängig von der öffentlich-rechtlichen Verleihung durch die Bebauungsplanung.
- Auch die historische Entwicklung des Eigentums spricht für diese Auffassung: Der Eigentumsbegriff des 18. und 19. Jahrhunderts gründete auf der umfassenden und unbeschränkten baulichen Nutzung des Bodens. Im Zuge der industriellen Revolution und infrastrukturellen Verdichtung wurde die Dispositionsbefugnis des Eigentümers zwar immer mehr eingeschränkt. Die grundrechtliche Verankerung der privaten Baufreiheit wird dadurch aber nicht in Frage gestellt.[351]

Auch das BVerfG vertritt diese Ansicht, indem es ausführt:

> *„Zum Inhalt des Grundeigentumes gehört auch die Befugnis des Eigentümers, sein Grundstück im Rahmen der Gesetze baulich zu nutzen.“*[352]

Das BVerfG stellt damit fest, dass die Baufreiheit Inhalt des Grundeigentums ist und durch die Gesetze lediglich beschränkt wird. Sie muss nicht erst durch den Staat zugeteilt werden.

Festzuhalten bleibt, dass die Baufreiheit dem Grundstück innewohnt und nicht erst durch das Planungsrecht entsteht oder zugeteilt wird. Dementsprechend steht dem Eigentümer dieses Recht mit Erwerb des Grundstücks „ipso iure“ zu, so dass die Abschöpfung von Bodenwertsteigerungen nicht damit begründet werden kann, der Bauherr habe im Gegenzug überhaupt erst das Recht zur baulichen Nutzung erlangt. Vielmehr entfällt nur die Beschränkung seiner Baufreiheit; was dafür spricht, ihn weniger stark zu belasten.

### bb) Schutz der Bodenwertsteigerung durch Art. 14 Abs. 1 GG?

Unterfällt nicht nur die Baufreiheit, sondern auch die Bodenwertsteigerung dem Schutz des Art. 14 Abs. 1 GG, so wären die Interessen des Investors auch aus

---

350 Papier/Shirvani, in: Maunz/Dürig, GG, Stand April 2018, Art. 14 Rn. 170.

351 Depenheuer/Froese, in: von Mangoldt/Klein/Starck, GG, Art. 14 Rn. 119; Papier/Shirvani, in: Maunz/Dürig, GG, Stand April 2018, Art. 14 Rn. 164.

352 BVerfG, Beschluss vom 22. Mai 2001 – 1 BvR 1512/97, NVwZ 2001, 1023 (1024); Beschluss vom 19. Juni 1973 – 1 BvL 39/69 und 14/72, NJW 1973, 1491 (1493).

diesem Grund höher zu gewichten und nur eine geringere Kostenbelastung wäre angemessen.

Es stellt sich daher die Frage, ob die Bodenwertsteigerung Eigentum im Sinne des Art. 14 Abs. 1 GG ist. Verfassungsrechtlich geschütztes Eigentum ist gegeben, wenn ein vermögenswertes Recht dem Berechtigten ebenso ausschließlich wie das Eigentum an einer Sache zur privaten Nutzung und zur eigenen Verfügung zugeordnet ist.[353] Insbesondere das Grundeigentum im Sinne des bürgerlichen Rechts hat eine Leitbildfunktion für die Interpretation des Art. 14 GG.[354] Jedoch schützt Art. 14 GG weder den Wert des Eigentums (vgl. (1)) noch vor der Auferlegung von Geldleistungspflichten (vgl. (2)), es sei denn, sie entfalten eine erdrosselnde Wirkung (vgl. (3)). Dennoch wird in der Literatur vertreten, dass die Bodenwertsteigerung den Schutz des Eigentumsgrundrechts genießt (vgl. (4)).

### *(1) Keine Wertgarantie*

Das Eigentum am Grundstück unterfällt unproblematisch dem Schutzbereich des Art. 14 Abs. 1 GG. Man könnte daraus ableiten, auch die Bodenwertsteigerung, die eng mit dem Grundeigentum verbunden ist, sei als Eigentum im Sinne des Art. 14 Abs. 1 GG zu verstehen. Sie ist aber kein eigenständiges Recht neben dem Grundeigentum, da sie kein von dem Grundeigentum unabhängiges marktfähiges Gut ist.[355] Vielmehr ist sie Ausdruck des Wertes des Grundeigentums; der Wert des Eigentumes wird von Art. 14 Abs. 1 GG jedoch nicht geschützt. Folglich besteht in der Regel auch kein Eigentumsschutz gegenüber hoheitlich bewirkten Minderungen des Marktwertes eines Vermögensgegenstandes. Die Minderung des Marktwertes wäre nur dann vom Schutzbereich der Eigentumsfreiheit tatbestandlich erfasst, wenn der Eigentümer zur Aufopferung, d. h. zur Aufgabe seines Eigentumes gezwungen würde, weil dann die individuelle Zuordnung des Eigentums zum privatnützig handelnden Eigentümer aufgehoben wäre.[356] Dies ist zumindest in München, Berlin und Stuttgart ausgeschlossen, da die Belastung des Investors nicht die Höhe der Bodenwertsteigerung übersteigt, so dass dem Investor der Wert des Grundstücks erhalten bleibt und er nicht zur Aufgabe

---

353 BVerfG, Beschluss vom 8. März 1988 – 1 BvR 1092/84, NJW 1988, 2594 (2595) m. w. N..

354 Wieland, in: Dreier, GG, Art. 14 Rn. 49.

355 Vgl. Umbach/Clemens, GG, Art. 14 Rn. 115.

356 BVerfG, Beschluss vom 5. Februar 2002 – 2 BvR 348/93, zitiert nach juris Rn. 43, 44; vgl. Papier/Shirvani, in Maunz/Dürig, GG, Stand April 2018, Art. 14 Rn. 281.

seines Eigentumes gezwungen ist. Gemindert wird nicht der Marktwert des Grundstücks, sondern lediglich die Steigerung des Marktwertes.

Einen Schutz des Wertes von vermögenswerten Rechten lehnte das BVerfG auch im Zusammenhang mit der Hypothekengewinnabgabe ab.[357] Hintergrund der Entscheidung war, dass im Zuge der Währungsreform Hypothekendarlehen auf ein Zehntel abgewertet wurden. Dieser Vorteil wurde den Immobilienbesitzern und Darlehensschuldnern durch das Lastenausgleichsgesetz vom 14. August 1952 entzogen. Der Schuldner zahlte nach der Währungsreform für sein Hypothekendarlehen den ursprünglich in Reichsmark festgesetzten Betrag für Zinsen und Tilgung in unveränderter Höhe in D-Mark weiter, wobei der Gläubiger aber nur das ihm zustehende Zehntel erhielt, während die übrigen neun Zehntel in den Lastenausgleich und damit die Staatskasse flossen.[358] Obwohl die Hypothek selbst – wie das Grundstück – durch das Eigentumsrecht geschützt wird[359], unterfällt ihr Wert nicht dem Schutz des Art. 14 Abs. 1 GG.

#### *(2) Kein Schutz vor Geldleistungspflichten*

Auch wenn man die Bodenwertabschöpfung nicht als Minderung des Grundstückswertes betrachtet, weil nicht der (Tausch-)Wert des Grundstücks geschmälert wird, sondern die Bodenwertabschöpfung als eine auferlegte Geldleistungspflicht versteht, gelangt man zu demselben Ergebnis. Das Vermögen als solches, das heißt, die in der Hand einer Person vereinigte Gesamtheit von Geld oder geldwerten Gütern, ist von Art. 14 GG nicht geschützt, so dass Geldleistungspflichten keinen Eingriff in das Eigentumsgrundrecht darstellen.[360]

Zwei Entscheidungen des BVerfG weichen nur auf den ersten Blick von diesem Grundsatz ab: In seinem Beschluss vom 16. Februar 2000[361] beschäftigte sich das Gericht mit dem Eigentumsrecht als Grenze, bis zu welcher der Eigentümer eines kontaminierten Grundstücks als Zustandsstörer in Anspruch genommen werden darf. Es führt aus:

---

357 BVerfG, Beschluss vom 7. April 1965 – 2 BvR 227/64, zitiert nach juris Rn. 41.

358 Sprenger, in: Währungsreform und soziale Marktwirtschaft, S. 17.

359 Wendt, in Sachs, GG, Art. 14 Rn. 24.

360 BVerfG, Urteil vom 8. April 1997 – 1 BvR 48/94, NJW 1997, 1975 (1975); Beschluss vom 12. November 1997 – 1 BvR 479/92, NJW 1998, 519 (520); vgl. auch BVerfG, Beschluss vom 10. März 1998 – 1 BvR 178-97, NJW 1998, 2128 (2131) (kein Schutz durch Art. 14 GG vor Auferlegung von Geldleistungen für die Inanspruchnahme öffentlicher Einrichtungen); Wendt, in: Sachs, GG, Art. 14 Rn. 38, 39; Wieland, in: Dreier, GG, Art. 14 Rn. 68.

361 1 BvR 242/91, NJW 2000, 2573.

*„auch wenn häufig die finanzielle Belastung die wichtigste Konsequenz der Pflicht zur Altlastensanierung sein mag, rechtfertigt dies nicht, die Zustandsverantwortlichkeit und darauf gestützte Anordnungen der Behörden auf eine Geldleistungspflicht zu reduzieren. Wird der Eigentümer als Zustandsverantwortlicher in Anspruch genommen, ist originärer Inhalt der Verpflichtung seine auf eine Gefahren- oder Störungsbeseitigung gerichtliche [gemeint wohl: gerichtete] öffentlich-rechtliche Handlungspflicht. Kommt er dieser Pflicht nach, ergibt sich seine Belastung aus der notwendigen, kostenverursachenden Sanierung seines Eigentumsgegenstandes sowie letztlich aus dem Fehlen von Entschädigungs- oder Erstattungsansprüchen gegen den Träger öffentlicher Gewalt.“*[362]

Der Beschluss weicht also nicht von dem Grundsatz ab, dass Geldleistungspflichten den Schutzbereich des Art. 14 GG nicht berühren. Er weist vielmehr darauf hin, dass Geldleistungspflichten Folge einer öffentlich-rechtlichen Pflicht sein können, die ihrerseits den Eingriff in das Eigentum darstellt. Im Bereich der Bodenwertsteigerung liegen den finanziellen Belastungen des Investors die Pflichten aus dem städtebaulichen Vertrag zugrunde. Diese umfassen die Pflicht, bestimmte Kosten zu übernehmen, aber auch andere Pflichten wie die Schaffung des günstigen Wohnraums oder die Herstellung einer Kita.

Die Ausgangssituation mag damit ähnlich erscheinen und nahe legen, dass der Schutz vor zu umfangreichen Pflichten aus dem städtebaulichen Vertrag mittelbar zu einem Schutz vor zu hohen Geldleistungen führt. Jedoch lassen die Erwägungen des Gerichts zu der Sanierungspflicht keine Rückschlüsse auf die Geldleistungspflichten zulasten der Bodenwertsteigerung zu. Das Gericht begrenzte die Haftung des Grundstückseigentümers für die Kosten der Sanierung auf den Verkehrswert des Grundstücks nach der Sanierung. Darüber hinausgehende Kosten seien ihm nur zuzumuten, wenn er von der kontaminierenden Nutzung wusste und daraus Vorteile gezogen hat. Der Eigentümer soll davor geschützt werden, dass die Kosten den Wert seines Eigentums übersteigen, sein Interesse an einem künftigen privatnützigen Gebrauch entfällt und er nicht einmal damit rechnen kann, die entstehenden Kosten durch die Veräußerung des Grundstücks gedeckt zu erhalten. Das Eigentum kann damit für ihn gänzlich seinen Wert und Inhalt verlieren.[363] Anders verhält es sich bei dem Investor und seinen Leistungspflichten aus dem städtebaulichen Vertrag: Solange diese die Bodenwertsteigerung nicht überschreiten – wie es in München, Berlin und Stuttgart der Fall ist – besteht nicht ansatzweise die Gefahr einer Belastung über den Grundstückswert hinaus. Vielmehr ist die Kostenbelastung auf den

362 BVerfG, Beschluss vom 16. Februar 2000 – 1 BvR 242/91, NJW 2000, 2573 (2573).
363 BVerfG, Beschluss vom 16. Februar 2000 – 1 BvR 242/91, NJW 2000, 2573 (2575).

Bodenwertzuwachs beschränkt, so dass der Bestand des Grundstücks und das Interesse des Investors an dessen privatnützigem Gebrauch nicht betroffen sind.

Auch aus einem weiteren Grund sind die Aussagen des BVerfG über die Sanierungspflichten nicht auf die Bodenwertsteigerung übertragbar: Der Investor begehrt die Änderung der bestehenden Lage – nämlich die Änderung des Baurechts zu seinen Gunsten – wohingegen den Sanierungspflichtigen eine Pflicht trifft, die quasi dinglich auf dem Grundstück liegt und an das gegenwärtige Eigentum an dem Grundstück anknüpft.

Die zweite Entscheidung stammt vom Zweiten Senat, der abweichend von dem Ersten Senat eher zu einem Vermögensschutz aus Art. 14 Abs. 1 GG tendiert. In seinem Beschluss vom 18. Januar 2006[364] führt er aus:

> *„Zwar mag die Auferlegung von Geldleistungspflichten für sich genommen die Eigentumsgarantie grundsätzlich unberührt lassen [...]; für die Anknüpfung von Geldleistungspflichten an den Erwerb vermögenswerter Rechtspositionen gilt dies nicht."*

Er lässt ausdrücklich offen, ob das Vermögen durch Art. 14 GG geschützt ist, misst aber die Einkommens- und Gewerbesteuer an Art. 14 GG:

> *„Diese Gewährleistung [aus Art. 14 Abs. 1 GG] ist nicht nur dann betroffen, wenn etwa – wie im Gefahrenabwehrrecht – dem Bürger aufgrund seiner Eigentümerstellung die Kosten einer Sanierungsmaßnahme auferlegt werden (vgl. BVerfGE 102, 1 [14 f.] = NJW 2000, 2573) [Anm.: Dies ist die oben erstgenannte Entscheidung], sondern jedenfalls auch dann, wenn Steuerpflichten – wie im Einkommen- und Gewerbesteuerrecht – an den Hinzuerwerb von Eigentum anknüpfen."*[365]

Der Zweite Senat stellt dabei auf einen Zuwachs an bilanzierungsfähigen Wirtschaftsgütern wie Lohnansprüche, dingliche oder obligatorische Rechte ab.[366]

Aus diesem Beschluss lassen sich keine Folgerungen für die Bodenwertsteigerung ziehen: Das BVerfG bezieht seine Aussage zu Art. 14 Abs. 1 GG nur auf Geldleistungspflichten, die an den Erwerb vermögenswerter Rechtspositionen anknüpfen. Das Grundeigentum wäre eine solche vermögenswerte Rechtsposition. Die Geldleistungspflicht knüpft jedoch nicht an den Erwerb des Grundstücks, sondern an die Schaffung des Baurechts und die damit verbundene Bodenwertsteigerung an. Weder die Schaffung des Baurechts noch die Bodenwertsteigerung sind vermögenswerte Rechtspositionen. Sie sind kein eigenes Wirtschaftsgut und auf sie besteht – anders als etwa auf den Lohn – kein Anspruch. Die Entscheidung ist daher nicht übertragbar. Zudem bleibt

---

364 2 BvR 2194/99, NJW 2006, 1191 (1193).

365 BVerfG, Beschluss vom 18. Januar 2006 – 2 BvR 2194/99, NJW 2006, 1191 (1193).

366 BVerfG, Beschluss vom 18. Januar 2006 – 2 BvR 2194/99, NJW 2006, 1191 (1193).

die dogmatische Herleitung des Beschlusses fraglich. Der Zweite Senat bindet den Vermögensschutz aus Art. 14 Abs. 1 GG an den Hinzuerwerb von Eigentum – allerdings ist gerade der Eigentumserwerb nicht von Art. 14 Abs. 1 GG geschützt, sondern von Art. 12 Abs. 1 GG.[367]

### *(3) Erdrosselnde Wirkung*

Unabhängig von den beiden besprochenen Entscheidungen macht das Gericht eine wirkliche Ausnahme von dem Grundsatz, dass Art. 14 Abs. 1 GG keinen Vermögensschutz vermittelt, wenn die Geldleistungspflichten

> *„den Betroffenen übermäßig belasten und seine Vermögensverhältnisse so grundlegend beeinträchtigen, dass ihnen eine erdrosselnde Wirkung zukommt.“*[368]

Eine erdrosselnde Wirkung liegt indes nicht schon dann vor, wenn die Geldleistungspflicht die Fortführung einzelner Unternehmen unmöglich macht. Sie muss diese Wirkung als Regel haben, den Effekt also bei ihrer Anwendung regelmäßig hervorrufen.[369] Dies scheint bei der Abschöpfung von zwei Dritteln der Bodenwertsteigerung zumindest in München nicht der Fall zu sein, da auch seit Geltung des Münchener Modells zahlreiche Vorhaben realisiert wurden. So wurde in den Jahren 1994 bis 2017 das Baurecht für 4.163.000 $m^2$ Geschossfläche zu Wohnzwecken geschaffen.[370] Das Baurecht allein sagt zwar noch nichts über den tatsächlich geschaffenen Wohnraum aus; so kann die Wohnungsbautätigkeit unabhängig vom Baurecht zum Erliegen gekommen sein. Dafür, dass die Wohnbaufläche mit dem geschaffenen Baurecht auch tatsächlich entstanden ist, spricht aber, dass die Bebauungspläne erst beschlossen werden, nachdem Grundzustimmung und Grundvereinbarung unterzeichnet sind (s. o. B I 4 a, b, S. 26). Der Investor hat damit bereits Pflichten übernommen und wird ein großes Interesse an der Realisierung der Wohnungen haben. Zudem sind im genannten Zeitraum

---

367 BVerfG, Beschluss vom 16. März 1971 – 1 BvR 52/66, NJW 1971, 1255 (1260); Beschluss vom 25. Mai 1993 – 1 BvR 345/83, NJW 1993, 2599 (2599); Beschluss vom 8. Juni 2010 – 1 BvR 2011/07, NVwZ 2010, 1212 (1214).

368 BVerfG, Beschluss vom 25. Juli 2007 – 1 BvR 1031/07, NVwZ 2007, 1168 (1169, 1168); Urteil vom 8. April 1997 – 1 BvR 89/94, NJW 1997, 1975 (1975); Beschluss vom 31. Mai 1988 – 1 BvL 22/85, NJW 1988, 3258 (3258).

369 BVerfG, Urteil vom 8. April 1997 – 1 BvR 89/94, NJW 1997, 1975 (1975).

370 Daten entnommen der Bilanz mit Stand zum Dezember 2017, abrufbar unter https://www.muenchen.de/rathaus/Stadtverwaltung/Kommunalreferat/immobilien/sobon.html

13.212 Plätze in Kinderkrippen, Kindergärten, Horten und Grundschulen[371] mit dem Münchener Modell tatsächlich entstanden. Auch danach ist anzunehmen, dass die Investoren nicht nur die soziale Infrastruktur finanziert, sondern ebenfalls den Wohnraum realisiert haben.

Wie sich die Bautätigkeit in Berlin entwickelt, bleibt abzuwarten. Rückschlüsse aus der Münchener Entwicklung auf Berlin sind unzulässig: Bei der Prüfung einer erdrosselnden Wirkung nach Art. 14 GG kommt es nicht auf den Markt im Allgemeinen, sondern auf die Marktsituation in der konkreten Gemeinde an. Fehlt es an Zahlen der betroffenen Gemeinde, kann als Indiz auf die Marktlage in Nachbargemeinden oder in der Region abgestellt werden.[372] Dies ist zulässig, weil hier eine Vergleichbarkeit des Marktes angenommen werden kann. Berlin und München liegen jedoch weder in derselben Region noch sind sie hinsichtlich der Grundstückspreise und der Wirtschaftskraft vergleichbar.

Bei der Prüfung der Erdrosselung ist ferner zu beachten, dass zwar grundsätzlich von dem Investor verlangt werden kann, die Kostenbelastungen in Form von Preissteigerungen weiterzugeben, um weiterhin einen angemessenen Gewinn zu erwirtschaften und einer Erdrosselung entgegenzuwirken.[373] Wegen der Preisbindungen im geförderten Wohnraum wird dies dem Investor jedoch nur eingeschränkt möglich sein, da entweder er selbst oder ein späterer Erwerber den gebundenen Wohnraum nur zu den festgelegten Höchstmieten vermieten darf. Eine Preissteigerung ist daher nur für die frei vermietbaren Wohnungen möglich, so dass zu befürchten ist, dass diese umso teurer veräußert werden und nur noch für Mieter oder Wohnungseigentümer mit entsprechend großen finanziellen Mitteln erschwinglich sind. In München fand eine solche Entwicklung statt, die „Normalverdiener“ aus der Stadt zu drängen drohte.[374] Das Münchener Modell sieht daher nun in Ziffer 2.2 der Verfahrensgrundsätze auch Wohnungen für mittlere Einkommen vor. Dies ist notwendig, um für Normalverdiener Wohnraum in der Stadt zu sichern, lässt dem Investor aber zugleich weniger Spielraum bei der Weitergabe der höheren Kosten durch Preissteigerungen, wenn solcher Wohnraum zusätzlich zur Wohnungsquote für Geringverdiener entstehen soll.

---

371 Daten entnommen der Bilanz mit Stand zum Dezember 2017, abrufbar unter https://www.muenchen.de/rathaus/Stadtverwaltung/Kommunalreferat/immobilien/sobon.html

372 Vgl. BVerwG, Urteil vom 14. Oktober 2015 – 9 C 22/14, NVwZ 2016, 529 (531, 533, Rn. 20, 35) zur Vergnügungssteuer als Gemeindesteuer.

373 Vgl. BVerwG, Urteil vom 14. Oktober 2015 – 9 C 22/14, NVwZ 2016, 529 (532).

374 Jung, Der Spiegel, 49/2012.

Neben der Möglichkeit, höhere Kosten durch Preissteigerungen an Käufer weiterzugeben, um einer Erdrosselung entgegenzuwirken, kann auch ein Ausgleich für die höheren Kosten geschaffen werden. So lehnte das BVerfG in seinem Urteil vom 8. April 1997 eine Erdrosselungswirkung bei einer Aufrechterhaltung von Altschulden ab, da die Aufrechterhaltung der Altschulden mit Entschuldungsmöglichkeiten einherging.[375] Nach den älteren Fassungen der Berliner Leitlinie bestand die Förderung in zinsfreien Baudarlehen,[376] die in der aktuellen Niedrigzinsphase keinen Ausgleich boten. Hier hat Berlin deutlich nachgebessert und bietet mit den Wohnbauförderungsbestimmungen 2018 zusätzlich einen Tilgungszuschuss in Höhe von 25 % des Darlehensursprungsbetrages.[377]

Diese Aspekte sind zu beachten, wenn auch in Berlin ausreichendes Zahlenmaterial vorhanden ist, um eine erdrosselnde Wirkung prüfen zu können. Bis belastbare Zahlen vorliegen, lassen sich hierzu noch keine Aussagen treffen. Zumindest in München spricht aber einiges gegen eine erdrosselnde Wirkung.

Festzuhalten ist daher, dass eine erdrosselnde Wirkung der Leistungspflichten der Investoren nicht festgestellt werden kann und die Bodenwertsteigerung nicht dem Schutz des Art. 14 Abs. 1 GG unterfällt.

### *(4) Gegenmeinung*

Die gegenteilige Auffassung vertreten soweit ersichtlich nur Stüer und in Teilen Huber sowie Junker.[378] Stüer begründet seine Ansicht jedoch nicht, sondern begnügt sich mit einem Verweis auf Huber. Dieser wiederum differenziert zwischen dem bereits eingetretenen Bodenwertzuwachs und dem künftigen Bodenwertzuwachs. Nur der bereits eingetretene Bodenwertzuwachs sei durch Art. 14 Abs. 1 GG geschützt, nicht jedoch der künftige Bodenwertzuwachs als bloße Hoffnung oder Erwartung. Die Gemeinden könnten den Schutz des Art. 14 GG aber nicht dadurch umgehen, dass sie eine Abschöpfung der Bodenwertsteigerung etwa durch Verwaltungsakt festsetzen, bevor der Bodenwertzuwachs

---

375 1 BvR 89/94, NJW 1997, 1975 (1975).

376 Leitlinie für den Abschluss städtebaulicher Verträge im Land Berlin, 14. April 2015, S. 39.

377 Verwaltungsvorschriften für die soziale Wohnraumförderung des Miet- und Genossenschaftswohnungsbaus in Berlin 2018 (Wohnungsbauförderungsbestimmungen 2018 – WFB 2018) vom 11. Oktober 2017, Ziffer 9.1.

378 Huber, Der Planungsbedingte Wertzuwachs als Gegenstand städtebaulicher Verträge, S. 26, 27, 28, 36, 37; Junker, Rechtliche Möglichkeiten und Grenzen einer Abschöpfung planungsbedingter Bodenwertsteigerungen durch Gemeinden, S. 53, 54; Stüer, Bau- und Fachplanungsrecht, Rn. 2284.

sich realisiert und zu einem vermögenswerten Recht im Sinne des Art. 14 GG erstarkt ist. Denn der Eingriff erfolge erst dann, wenn die Bodenwertsteigerung sich realisiert habe.

Huber führt damit zu Recht die Unterscheidung zwischen bereits Erworbenem – das dem Schutz des Art. 14 GG unterfällt – und dem noch zu Erwerbenden – das durch Art. 12 GG geschützt wird[379] – in die Diskussion ein. Da das noch zu Erwerbende durch die Berufsfreiheit aus Art. 12 Abs. 1 GG geschützt wird, wäre auch die künftige Bodenwertsteigerung für den Investor grundrechtlich geschützt – was Huber nicht ausdrücklich benennt. Huber übersieht jedoch, dass der Eingriff bereits mit dem Abschluss des Vertrags erfolgt. In diesem Zeitpunkt entsteht unmittelbar die Pflicht zur Kostenbeteiligung, die keines weiteren Umsetzungsaktes mehr bedarf. Da nach den Modellen der Städte der Investor sich verpflichtet, bevor der Bebauungsplan geschaffen wird und mit dem Baurecht der Bodenwert steigt, ist nach Hubers Differenzierung der künftige Bodenwertzuwachs betroffen. Dieser ist auch nach der Auffassung von Huber nicht geschützt.

Huber setzt sich ferner nicht damit auseinander, dass die Bodenwertsteigerung bloßer Ausdruck des Grundstückswertes ist und ein Schutz durch Art. 14 Abs. 1 GG allein deshalb und damit unabhängig von seiner Differenzierung ausscheidet (s. o. D II 4 b bb (1), S. 134).

Es kann auch nicht etwa von dem Schutz der Baufreiheit durch Art. 14 GG darauf geschlossen werden, die Bodenwertsteigerung müsse konsequenterweise ebenso durch Art. 14 GG geschützt sein.[380] Zwar ist die bauliche Nutzbarkeit mit der Baufreiheit im Grundstück bereits angelegt. Damit ist auch die Bodenwertsteigerung im Grundeigentum angelegt. Die Bodenwertsteigerung schlägt sich in dem Gewinn aus der Veräußerung des Grundstücks nieder, welcher in Form des Kaufpreisanspruchs dem Investor zusteht. Ein bestimmter Wert oder zu erzielender Kaufpreis ist aber nicht geschützt. Diesen könnte der Staat als Grundrechtsverpflichteter auch gar nicht garantieren, da der Wert von vielen Faktoren gebildet wird (s. o. D II 4 b bb (1), S. 134).

---

379 Vgl. nur Depenheuer/Froese, in: von Mangoldt/Klein/Stark, GG, Art. 14 Rn. 101; Axer, in: Epping/Hillgruber, GG, Art. 14 Rn. 27.

380 So aber Junker, Rechtliche Möglichkeiten und Grenzen einer Abschöpfung planungsbedingter Bodenwertsteigerungen durch Gemeinden, S. 53, 54.

### *(5) Zwischenergebnis*

Festzuhalten ist, dass die Bodenwertsteigerung kein eigenes vermögenswertes Recht darstellt, sondern Ausdruck des Wertes des Grundeigentums ist. Der Wert von Rechtsgütern ist durch Art. 14 GG nicht geschützt. Auch wenn man die Abschöpfung nicht als Wertminderung, sondern als Auferlegung einer Geldleistungspflicht betrachtet, gelangt man zu demselben Ergebnis: Das Vermögen als solches ist von Art. 14 GG nicht geschützt, solange keine erdrosselnde Wirkung besteht – die weder in München noch in Berlin festzustellen ist.

### cc) Schutz der Bodenwertsteigerung durch Art. 12 Abs. 1 GG?

Betrachtet man die Bodenwertsteigerung als eine bloße Gewinnerwartung oder Erwerbsmöglichkeit und ordnet sie deshalb nicht dem Schutzbereich des Eigentumsgrundrechtes zu – wofür spricht, dass sie sich erst im Moment der Baurechtsschaffung realisiert und später beziffern lässt – kann nach dem derzeitigen Stand der Dinge kein Schutz durch Art. 12 Abs. 1 GG begründet werden. Denn die Erhebung von Steuern und sonstigen Abgaben – die wie die Abschöpfung der Bodenwertsteigerung eine Geldleistungspflicht bedeutet – greift nur dann in den Schutzbereich von Art. 12 Abs. 1 GG ein, wenn sie in engem Zusammenhang mit der Ausübung eines Berufes steht und objektiv eine berufsregelnde Tendenz deutlich erkennen lässt.[381] Eine Beeinträchtigung der Berufsfreiheit erfordert, dass die Steuer die Tätigkeit unterbindet oder nennenswert behindert und somit die sinnvolle Ausübung solcher Tätigkeiten unmöglich macht.[382] Wie bei der erdrosselnden Wirkung im Rahmen des Art. 14 Abs. 1 GG ist dies in München nicht festzustellen und in Berlin bleibt die Entwicklung abzuwarten (s. o. D II 4 b bb (3), S. 138).

### dd) Schutz der Bodenwertsteigerung durch Art. 2 Abs. 1 GG

Da die Bodenwertsteigerung weder vom Schutzbereich des Art. 14 Abs. 1 GG noch des Art. 12 Abs. 1 GG erfasst ist, kommt ein Schutz durch Art. 2 Abs. 1 GG in Betracht.

---

381 BVerfG, Urteil vom 7. Mai 1998 – 2 BvR 1991/95, NJW 1998, 2341 (2341); Beschluss vom 29. November 1989 – 1 BvR 1402/87, NJW 1990, 2053 (2055); BFH, Urteil vom 31.07.1990 – I R 62/86, zitiert nach juris Rn. 37.

382 Vgl. BVerfG, Beschluss vom 29. November 1989 – 1 Bv 1402/87, NJW 1990, 2053 (2055) zum Wegfall einer steuerlichen Begünstigung, aber unter Verweis auf BVerfG, Beschluss vom 15. Juli 1980 – 1 BvR 24/74, NJW 1981, 215 (216) zur Auferlegung von Belastungen und daher auch auf Belastungen anwendbar.

Die Freiheit der Persönlichkeit aus Art. 2 Abs. 1 GG erschöpft sich nicht in der allgemeinen Handlungsfreiheit, sondern umfasst auch den grundrechtlichen Anspruch, durch die Staatsgewalt nicht mit einem Nachteil belastet zu werden, der nicht in der verfassungsgemäßen Ordnung begründet ist.[383] Danach müssen nicht nur aktives Handeln des Einzelnen be- oder verhindernde Verbote, sondern auch Handlungsgebote als Eingriffe in die allgemeine Unterlassensfreiheit sowie die Auferlegung von Lasten, insbesondere Geldleistungspflichten, als Beschränkungen der allgemeinen Freiheit an Art. 2 Abs. 1 GG gemessen werden.[384]

Die Geldleistungspflichten aus dem städtebaulichen Vertrag begleicht der Investor freilich aus seinem Gesamtvermögen und nicht zwingend speziell aus der Bodenwertsteigerung; diese hat möglicherweise noch keinen monetären Niederschlag gefunden. Gleichwohl bemisst sich die Geldleistungspflicht nach der Bodenwertsteigerung, knüpft also an ihre Höhe an und will einen bestimmten Anteil davon „abschöpfen". Mit dem Schutz des Investors vor Geldleistungspflichten ist damit gleichzeitig auch die ihm zuwachsende Bodenwertsteigerung geschützt.

Ist demnach der Schutzbereich des Art. 2 Abs. 1 GG eröffnet, ist zu prüfen, ob die Geldleistungspflichten aus dem städtebaulichen Vertrag hierin eingreifen. Dem steht nicht entgegen, dass der Investor durch seine Unterschrift unter den städtebaulichen Vertrag an diesem mitgewirkt hat. Ein Grundrechtsverzicht ist darin nicht zu sehen: Dieser muss freiwillig sein, woran es fehlen kann, wenn die Einwilligung durch Gewährung von Vorteilen herbeigeführt wird.[385] So liegt der Fall hier: Anlass für die städtebaulichen Verträge ist stets, dass der Investor im Gegenzug für seine Kostenbeteiligung erst das Baurecht geschaffen bekommt. Die Gemeinde hält das Monopol der Baurechtsschaffung. So bestimmt die Berliner Leitlinie ausdrücklich, dass ohne Kostenübernahme im städtebaulichen Vertrag auch kein Baurecht geschaffen wird.[386] Übte der Investor sein Grundrecht

---

383 St. Rspr. seit BVerfG, Beschluss vom 8. Januar 1959 – 1 BvR 425/52, NJW 1959, 523 (523), so auch BVerfG, Beschluss vom 14. August 1996 – 2 BvR 2088/93, NJW 1996, 3146 (3146).

384 Hillgruber, in: Umbach/Clemens, GG, Art. 2 I, Rn. 22; vgl. BVerfG, Beschluss vom 7. März 1995 – 1 BvR 1564/92, NJW 1995, 3110 (3110); Beschluss vom 10. März 1998 – 1 BvR 178/97, NJW 1998, 2128 (2129).

385 Jarass, in Jarass/Pieroth, GG, Vorb. vor Art. 1 Rn. 28, 36 m. w. N.; Sachs, in: Sachs, GG, Vor Art. 1 Rn. 56.

386 Leitlinie für den Abschluss städtebaulicher Verträge im Land Berlin, 1. August 2018, S. 8.

der allgemeinen Handlungsfreiheit aus und verweigerte die Übernahme der Geldzahlungspflicht, so träfe ihn der spürbare Nachteil, kein Baurecht für sein Grundstück zu bekommen.[387] Es fehlt an der Freiwilligkeit.

Die Beeinträchtigung ist dem Staat auch zuzurechnen. Der Investor setzt durch seine Mitwirkung am Vertragsschluss zwar eine Zwischenursache, die jedoch den Zurechnungszusammenhang nicht unterbricht: Die Zwischenursache ist abhängig vom Verhalten des Staates, denn die Unterschrift des Investors erfolgt allein wegen des vom Staat in Aussicht gestellten Vorteils der Baurechtsschaffung.

Ein Eingriff ist daher durch die Mitwirkung des Investors am städtebaulichen Vertrag nicht von vornherein ausgeschlossen.

Da der Schutzbereich des Art. 2 Abs. 1 GG weit ausgelegt wird,[388] gelten für den Eingriff besondere Anforderungen, um das Ausufern von Verfassungsbeschwerden zu vermeiden. Ein Eingriff in Art. 2 Abs. 1 GG liegt daher nur vor, wenn der Eingriff unmittelbar-final erfolgt.[389] Der Eingriff durch den städtebaulichen Vertrag ist unmittelbar und legt dem Investor zielgerichtet Geldleistungspflichten auf, so dass die speziellen Eingriffsvoraussetzungen erfüllt sind.

Die Auferlegung von Geldleistungspflichten durch den städtebaulichen Vertrag greift demnach in den Schutzbereich der allgemeinen Handlungsfreiheit aus Art. 2 Abs. 1 GG ein.

### ee) Zwischenergebnis

Die Angemessenheit der Belastungen, zu denen der städtebauliche Vertrag den Investor verpflichtet, hängt davon ab, dass ihm ein bestimmter Anteil der Bodenwertsteigerung verbleibt. Der Ausgangspunkt für die Bestimmung dieses Anteils ist der Schutz der Baufreiheit durch Art. 14 GG. Denn die Bodenwertsteigerung ist unmittelbar mit der Baufreiheit verknüpft. Die Bodenwertsteigerung als solche genießt indes keinen spezifischen Schutz durch Art. 14 oder Art. 12 GG. Wäre die Bodenwertsteigerung durch Art. 14 Abs. 1 GG geschützt, und wollte man daher den Rechtsgedanken des Halbteilungsgrundsatzes heranziehen – obwohl die Übertragung des Halbteilungsgrundsatzes oben unter D II 3 b (S. 123) abgelehnt wurde – gelangte man zu einer 50 %-Quote. Dies entspricht auch der Meinung, die den höchsten dem Investor zu belassenden Anteil

387 Jarass, in: Jarass/Pieroth, GG, Vorb. vor Art. 1 Rn. 28, 36.

388 BVerfG, Urteil vom 16. Januar 1957 – 1 BvR 253/56, NJW 1957, 297 (Elfes) Beschluss vom 6. Juni 1989 – 1 BvR 921/85, NJW 1989, 2525 (Reiten im Walde).

389 Kingreen/Poscher, Grundrechte Staatsrecht II, Rn. 454, 455, 292.

fordert. Da hier jedoch kein Eingriff in das Eigentumsgrundrecht feststellbar ist, scheidet eine Übertragung der 50 %-Grenze bereits aus diesem Grund aus. Die Bodenwertsteigerung ist daher nur durch den Reflex des Art. 2 Abs. 1 GG geschützt, der den Investor vor Geldleistungspflichten schützt. Das Schutzniveau des Art. 2 Abs. 1 GG ist geringer als das des spezielleren Eigentumsgrundrechts, so dass der dem Investor verbleibende Anteil weniger als 50 % der Bodenwertsteigerung betragen darf.

Der verbleibende Anteil muss jedoch so groß sein, dass er dem Investor einen angemessenen Spielraum lässt, sich wirtschaftlich frei zu entfalten.[390] Die Kostenbelastung darf keine erdrosselnde Wirkung haben, darf also nicht grundsätzlich die von Art. 14 GG geschützte Fortführung der Unternehmen der Investoren unmöglich machen oder die durch Art. 12 Abs. 1 GG erfasste sinnvolle Ausübung der Tätigkeiten ausschließen (s. o. D II 4 b bb (3) und cc, S. 138 und 142). Zudem wäre es rechtspolitisch natürlich nicht erwünscht, die Bautätigkeit zum Erliegen zu bringen. Deshalb muss dem Investor ein solcher Anteil verbleiben, der nicht nur seine Ausgaben und sein wirtschaftliches Risiko abdeckt, sondern ihm auch einen Gewinn belässt. Bei welchem exakten Prozentsatz dies gewährleistet ist, ist – wie bereits oben unter D II 4 (S. 126) dargestellt – nicht allgemein gültig zu beantworten, da es immer auch auf die Bemessungsgrundlage ankommt. Jedenfalls aber ist eine Belastung zulässig, die dem Investor mindestens ein Drittel der Bodenwertsteigerung belässt. Die Münchener Erfahrung mit dem Bauherrendrittel rechtfertigt die Annahme, dass hiermit auch in anderen Städten die Belastung der Investoren angemessen begrenzt und ein unternehmerischer Anreiz zur Schaffung günstigen Wohnraums erhalten werden.

Soll der Investor darüber hinaus belastet werden, ist ein Ausgleich dahingehend möglich, dass im Rahmen der Bemessungsgrundlage zusätzliche Lasten anerkannt und von der Bodenwertsteigerung abgezogen werden.[391]

Die Grenze der Angemessenheit liegt damit – in Abhängigkeit von der Bemessungsgrundlage – zwischen 1/3 und 1/2. Bei einem entsprechenden Ausgleich kann sie auch unter einem Drittel liegen.

## 5. Prüfung der einzelnen Modelle

An den soeben ermittelten Kriterien sind die Modelle der Städte München (vgl. a), Berlin (vgl. b), Stuttgart (vgl. c) und Düsseldorf (vgl. d) zu messen.

---

390 BVerfG, Beschluss vom 31. Mai 1988 – 1 BvL 22/85, NJW 1988, 3258 (3259).

391 Vgl. Quaas/Kukk, in: Schrödter, BauGB, § 11 Rn. 70.

### *a) München*

Nach dem Münchener Modell ist die Belastung des Investors grundsätzlich angemessen, wenn ihm ein Drittel der Bodenwertsteigerung verbleibt. Von dieser pauschalen Quote kann auf zwei Wegen abgewichen werden: Erstens eröffnet das Münchener Modell dem Investor die Möglichkeit, im Einzelfall darzulegen, dass seine wirtschaftliche Gesamtbelastung unangemessen ist. Es obliegt dann dem Investor, seine wirtschaftliche Gesamtbelastung nachzuweisen.[392] Hat er seine unangemessene Gesamtbelastung nachgewiesen, entscheidet der Stadtrat über das Schicksal der Planung.[393] Die Beweislast trifft damit den Investor, anders als es oben (D II 4 a, S. 128) vorgeschlagen wird, wonach ihn nur die Darlegungspflicht trifft.

Zweitens wird die pauschale Quote nicht angewendet, wenn sie wegen besonderer Umstände unangemessen wäre. So gibt es zum einen die Möglichkeit, im Einzelfall besondere Kosten wie solche der Altlastensanierung als Lasten von der Bodenwertsteigerung abzuziehen, Ziffer 2.2 der Verfahrensgrundsätze. Zum anderen kommt das Münchener Modell von vornherein nur zum Zuge, wenn die Bodenwertsteigerung einen nicht unerheblichen Umfang hat, Ziffer 4 der Verfahrensgrundsätze. Zwar ist nicht näher bestimmt, was ein „nicht unerheblicher Umfang" ist, jedoch schützt diese Bestimmung den Investor davor, bei nur geringen Wertzuwächsen noch einen Anteil abgeben zu müssen – und zugleich die Stadt München vor einem unverhältnismäßigem Verwaltungsaufwand für eine geringe Kostenbelastbarkeit des Investors.

Auch hinsichtlich der Berechnung der Bodenwerte erfüllt die Landeshauptstadt München die oben herausgearbeiteten Voraussetzungen: Der Anfangs- und der Endwert, aus deren Differenz sich die Bodenwertsteigerung ergibt, werden in der Regel von dem städtischen Bewertungsamt ermittelt.[394] Nach dessen Auskunft basiert der Endwert auf den Bodenrichtwerten, die wiederum ausgehend von den Verkaufspreisen des Grundstücks gebildet werden. Der Anfangswert wird auf dieselbe Weise bestimmt, wenn es sich bereits um Bauland handelt. Ansonsten greifen die Bodenrichtwerte nicht und der Wert wird residual herunter gerechnet, d. h., ausgehend davon, was später gebaut werden kann, wird der spätere Wert des Grundstücks ermittelt. Von diesem Wert wird anschließend all das abgezogen, was sich momentan noch nicht auf dem Grundstück befindet, etwa Straßen und Wohnraum. Dabei wird bei den typischerweise

---

392 Die Sozialgerechte Bodennutzung München, S. 7; Ziffer 3 der Verfahrensgrundsätze.

393 Die Sozialgerechte Bodennutzung München, S. 7.

394 Die Sozialgerechte Bodennutzung München, S. 7.

größeren Flächen, die mit der Sozialgerechten Bodennutzung entwickelt werden, der Bodenwert für jedes einzelne Quartier berechnet. Auf die Bodenwerte von vergleichbaren Quartieren oder Grundstücken wird nur dann zurückgegriffen, wenn für das betroffene Grundstück keine Verkaufspreise vorliegen, die zur Bestimmung des Bodenwertes geeignet sind. Die Bodenwertsteigerung wird damit ausreichend präzise ermittelt und bildet eine plausible Bemessungsgrundlage für die Kostenbelastung des Investors.

Von der so ermittelten Bodenwertsteigerung bleiben dem Investor mindestens 33 %. Dieser Anteil genügt nach dem oben herausgearbeiteten Ergebnis, um dem Investor einen angemessenen Spielraum zu gewähren und sich wirtschaftlich frei zu entfalten. Dies gilt umso mehr, als durch die hohen Bodenpreise in München der absolute Betrag, der dem Investor bleibt, höher ist.

Zudem erkennt die Stadt München Mietpreisbindungen im geförderten Wohnungsbau als Lasten an.[395] Sie zählen damit zu den „abschöpfbaren" zwei Dritteln der Bodenwertsteigerung und sperren den Anteil in ihrer Höhe für andere Lasten, die dann nicht mehr von der Stadt München geltend gemacht werden können. Eine entsprechende Regelung für den 2017 neu eingeführten, zusätzlichen preisgedämpften Mietwohnungsbau sehen die Verfahrensgrundsätze hingegen nicht vor.

Das Münchener Modell genügt daher den Kriterien der Angemessenheit. Lediglich die Beweislast für die Unangemessenheit sollte nicht der Investor tragen. Vielmehr sollte der Landeshauptstadt München der Nachweis der Angemessenheit obliegen, nachdem der Investor die Angemessenheit begründet angezweifelt hat. Zudem sollten auch die Belastungen des zusätzlichen preisgedämpften Mietwohnungsbaus angerechnet werden.

### *b) Berlin*

Das Berliner Modell geht davon aus, dass die Belastung des Investors angemessen ist, solange sie die Bodenwertsteigerung nicht übersteigt.[396] In besonders gelagerten Einzelfällen kann eine von den planungsbedingten Bodenwertsteigerungen unabhängige Bewertung der Angemessenheit sachgerecht sein.[397]

---

395 Die Sozialgerechte Bodennutzung München, S. 31 (Diagramm); Ziffer 2.2 der Verfahrensgrundsätze.

396 Leitlinie für den Abschluss städtebaulicher Verträge im Land Berlin, 1. August 2018, S. 15.

397 Leitlinie für den Abschluss städtebaulicher Verträge im Land Berlin, 1. August 2018, S. 15.

Die Leitlinie lässt dabei offen, wann diese Einzelfälle gegeben sind. Die ältere Fassung der Leitlinie präzisierte, dass ein besonders gelagerter Einzelfall vorliegt, wenn der Projektträger nachvollziehbar darlegt, dass das geplante Projekt nach seinen Berechnungen unwirtschaftlich ist.[398] Unklar bleibt nach dem Wortlaut beider Fassungen, ob den Investor nur die Darlegungs- und nicht auch die Beweislast trifft und ob die Leitlinie überhaupt zwischen den zivilprozessrechtlichen Begriffen der Darlegungslast einerseits und der Beweislast andererseits unterscheidet. Wie oben (D II 4 a, S. 128) vorgeschlagen, sollte die Gemeinde die Beweislast tragen.

Bleibt es jedoch bei einer Bewertung anhand der Bodenwertsteigerung, wird wegen besonderer Belastungen im Einzelfall grundsätzlich nicht von der Quote abgewichen. So gelten die Kosten etwa der Kampfmittelberäumung oder der Altlastensanierung als bereits in die Kaufpreiskalkulation mit eingegangen. Nur sofern solche Kosten bei Abschluss des Kaufvertrags nicht bekannt waren, sind sie im Einzelfall in die wirtschaftliche Gesamtbetrachtung einzubeziehen.[399] Problematisch daran ist, dass diese Kosten bei Abschluss des Kaufvertrags nur geschätzt werden können und später tatsächlich erheblich höher ausfallen können. Die Verwaltung kann die Kosten trotzdem anrechnen, da sie die Leitlinie nicht zwingend anwenden muss. Dem Investor obliegt es jedoch, die Verwaltung von dem Abweichen von der Leitlinie zu überzeugen.

Die Kernprobleme der Berliner Leitlinie sind jedoch die Ermittlung des Bodenwertes als Bemessungsgrundlage (vgl. aa), die mögliche vollständige Abschöpfung der Bodenwertsteigerung (vgl. bb) sowie die unzureichende Berücksichtigung der Lasten durch den gebundenen Wohnungsbau in älteren städtebaulichen Verträgen (vgl. cc).

#### aa) Vereinfachte Schätzung der Bodenwertsteigerung

Die Berliner Leitlinie selbst spricht von einem „vereinfachten Ansatz der Angemessenheitsprüfung“ und einem „Schätzverfahren“.[400] Sie umschreibt damit, dass der Ausgangspunkt der Angemessenheitsprüfung die Bodenrichtwerte sind. Auf den Bodenrichtwerten basierend werden Eingangswert und Zielwert

398 Leitlinie für den Abschluss städtebaulicher Verträge im Land Berlin, 14. April 2015, S. 18.

399 Leitlinie für den Abschluss städtebaulicher Verträge im Land Berlin, 1. August 2018, S. 14.

400 Leitlinie für den Abschluss städtebaulicher Verträge im Land Berlin, 1. August 2018, S. 13, 21.

festgelegt, aus deren Differenz sich die „abschöpfbare“ Bodenwertsteigerung ergibt. Die Berliner Richtlinie vereinfacht die Angemessenheitsprüfung an zwei entscheidenden Punkten:

Zum einen wird nicht der Wert des konkret betroffenen Grundstücks zugrunde gelegt. Vielmehr geht die Berliner Leitlinie bei ihrer Prognose des Zielwertes von einem der tatsächlichen Planung entsprechenden vergleichbaren Bodenrichtwert aus. Dazu kann auch eine andere Bodenrichtwertzone als vergleichbar herangezogen werden.[401] Nach welchen Kriterien die Bodenrichtwerte oder Bodenrichtwertzonen vergleichbar sind, definiert die Leitlinie im Unterschied zur vorherigen Fassung nicht.[402] Wann eine Bodenrichtwertzone vergleichbar ist, bleibt damit eine offene Wertungsfrage. Zudem sind nicht nur das Maß und die Art der baulichen Nutzung für den Bodenwert entscheidend, sondern auch die Nachfrage nach Wohnraum in diesem Quartier, der sich etwa aus der Anbindung an den ÖPNV und benachbarten Nutzungen ergibt.

Zum anderen legt die Leitlinie den Eingangswert der Grundstücke auf 50 % des Zielwertes fest.[403] Diese schematische Bestimmung begründet die Leitlinie damit, dass dem Vorwort des Bodenrichtwertatlasses zufolge eine hohe Bauerwartung 30 % bis 60 % des baureifen Landes betragen kann. Der Wert der künftigen Baulandflächen müsse sich unterhalb der Spanne der 60 % bewegen, weil Stichtag für die Bewertung der späteren Baulandflächen der Tag sei, an dem der städtebauliche Vertrag unterschriftsreif vorliege.[404] Zu diesem Zeitpunkt ist der Aufstellungsbeschluss veröffentlicht, aber die Öffentlichkeitsbeteiligung noch nicht erfolgt.[405] Bei modellhaften Berechnungen der Gesellschaft für immobilienwirtschaftliche Forschung e. V. (gif) habe sich jeweils ein Wert der künftigen Baulandflächen von weniger als 50 % ergeben. Aus diesem Grund setze das Berliner Modell für den Eingangswert eine maximale Kappungsgrenze von 50 % des ohne konkrete Planung erwarteten Zielwertes fest.[406] Unbeachtet bleibt dabei,

---

401 Leitlinie für den Abschluss städtebaulicher Verträge im Land Berlin, 1. August 2018, S. 21.

402 Leitlinie für den Abschluss städtebaulicher Verträge im Land Berlin, 14. April 2015, S. 27.

403 Leitlinie für den Abschluss städtebaulicher Verträge im Land Berlin, 1. August 2018, S. 21.

404 Leitlinie für den Abschluss städtebaulicher Verträge im Land Berlin, 1. August 2018, S. 25, 26.

405 Leitlinie für den Abschluss städtebaulicher Verträge im Land Berlin, 1. August 2018, S. 17.

406 Leitlinie für den Abschluss städtebaulicher Verträge im Land Berlin, 1. August 2018, S. 26.

dass die Leitlinie selbst feststellt, dass die Bauerwartung sehr hoch ist, da zu dem Stichtag der Bebauungsplan auslegungsreif vorliegt und zur Geschäftsgrundlage des städtebaulichen Vertrags wird.[407] Vor diesem Hintergrund scheinen auch Werte im oberen Bereich bis zu 60 % nicht ausgeschlossen. An anderer Stelle der Leitlinie heißt es, der Eingangswert entspreche dem Zielwert nach Abzug der voraussichtlichen Kosten.[408] So wird im Ergebnis ein Eingangswert festgelegt, der eine Bodenwertsteigerung in Höhe der zu erwartenden Kosten ergibt und damit die Kosten voraussichtlich im Rahmen der Angemessenheit bleiben. Dieses Ergebnis könnte eher vom Ziel als von den tatsächlichen Bodenwerten her gedacht sein.

Dies zeigt, dass die so ermittelten Werte unmittelbare Folgen für den „abschöpfbaren" Betrag und der dem Investor verbleibenden Rendite haben: Je höher der Eingangswert festgesetzt wird, desto geringer ist die Differenz zu dem Zielwert und umso geringer ist die „abschöpfbare" Bodenwertsteigerung, in deren Höhe der Investor maximal belastet werden darf.

### bb) Vollständige Abschöpfung der Bodenwertsteigerung

Die Bodenwertsteigerung darf nach der Berliner Leitlinie vollständig „abgeschöpft" werden.[409] Dass eine vollständige „Abschöpfung" der Bodenwertsteigerung nicht angemessen ist, wurde bereits oben (D II 3 a, S. 122) diskutiert. Daran ändert auch der Umstand nichts, dass in Berlin dem Investor die Rendite aus dem Grundstückserwerb und der Steigerung der Bauerwartung sowie die Hochbaurendite verbleiben.[410]

Die Leitlinie will eine Rendite für den Investor sicherstellen, indem sie den Eingangswert so ansetzen will, dass er immer dem höchstmöglichen Bodenwert für werdendes Bauland vor dem Aufstellungsbeschluss entspricht, während der Zielwert immer dem untersten möglichen Bodenwert für Bauland entsprechen

---

407 Leitlinie für den Abschluss städtebaulicher Verträge im Land Berlin, 1. August 2018, S. 25.

408 Leitlinie für den Abschluss städtebaulicher Verträge im Land Berlin, 1. August 2018, S. 13, 21.

409 Leitlinie für den Abschluss städtebaulicher Verträge im Land Berlin, 1. August 2018, S. 15, 22.

410 Leitlinie für den Abschluss städtebaulicher Verträge im Land Berlin, 1. August 2018, S. 22.

soll.[411] Die abschöpfbare Bodenwertsteigerung wird dadurch zugunsten der Rendite geringer.

Damit ist aber nicht sichergestellt, dass dem Investor stets eine Rendite verbleibt: Die Höhe dieser Rendite ist ungewiss, sie wird dem Investor von der Stadt Berlin auch nicht zugesagt – verständlicherweise, da sie weder allein von der Stadt Berlin noch dem Investor beeinflusst wird. Die Rendite kann daher gering ausfallen oder gar komplett entfallen. Zudem entspricht der Eingangswert nicht stets dem obersten möglichen Bodenwert für werdendes Bauland vor Aufstellungsbeschluss: Wie soeben unter a (S. 146) festgestellt, sind Eingangswerte von 60 % des Zielwertes nicht ausgeschlossen.

Das Berliner Modell gewährleistet daher nicht, dass dem Investor ein angemessener Spielraum für seine wirtschaftliche Entfaltung verbleibt.

### cc) Anerkennung von Mietpreis- und Belegungsbindungen als Lasten

Die frühere Fassung der Leitlinie ging bei gebundenem Wohnraum, für den Fördermittel gewährt wurden, von keiner Belastung des Investors aus. Wurde der Wohnraum hingegen nicht gefördert, sollte dennoch gebundener Wohnraum geschaffen werden. In diesem Fall erkannte die ältere Fassung der Leitlinie die fehlende Förderung als Last an, weil das zinsfreie Darlehen durch ein marktübliches Darlehen ersetzt werden musste.[412]

In beiden Konstellationen war problematisch, dass in der aktuellen Niedrigzinsphase weder die Gewährung eines zinsfreien Baudarlehens noch die Anrechnung der Kosten eines marktüblichen Darlehens als Last geeignet ist, die Nachteile einer Mietpreisbindung auszugleichen: Der Investor kann mit seinem Eigentum nicht verfahren, wie er wünscht, und hat geringere Mieteinnahmen hinzunehmen. Dabei übersah das Berliner Modell, dass – wenn Mietpreis- und Belegungsbindungen auch ohne Förderung verlangt werden – der Investor nur geringer belastet werden darf als mit Förderung. Denn bei rein privat erworbenem Eigentum gehen die Bindungsmöglichkeiten nicht so weit wie bei staatlich gefördertem Eigentum.[413] Geförderter und freifinanzierter Wohnraum sind ungleich und daher anders zu behandeln.[414]

---

411 Leitlinie für den Abschluss städtebaulicher Verträge im Land Berlin, 1. August 2018, S. 23.

412 Leitlinie für den Abschluss städtebaulicher Verträge im Land Berlin, 14. April 2015, S. 16, 22, 39, 40.

413 BVerfG, Beschluss vom 22. November 1994 – 1 BvR 351/91, NJW 1995, 511 (512); Papier/Shirvani, in: Maunz/Dürig, GG, Stand April 2018, Art. 14 Rn. 433.

414 Schmidt-Eichstaedt, ZfBR 2018, 537 (540, 542).

Schon die Förderung allein in Form des Darlehens kompensierte in der aktuellen Niedrigzinsphase die Nachteile der Bindungen nicht ausreichend. Ohne diese Förderung ist dann erst recht nur eine geringere Belastung des Investors zulässig.

Hier hat die aktuelle Fassung der Leitlinie in Verbindung mit den Wohnraumförderungsbestimmungen 2018 deutlich nachgebessert:

Die Förderung für den günstigen Wohnraum besteht nicht mehr allein in zinsfreien Baudarlehen, sondern wird durch einen Teilverzicht in Höhe von 25 % des ausgezahlten Baudarlehens ergänzt. Dieser Tilgungszuschuss wird nach Ablauf des 30-jährigen Bindungszeitraums und Erfüllung sämtlicher Auflagen der geschlossenen Fördervereinbarung gewährt.[415] Soweit die Fördermittel den Verlust aus der Mietpreisbindung wegen gestiegener Grundstückspreise und Baukosten insgesamt nicht ausgleichen, erfolgt nun zudem eine Anrechnung in der Angemessenheitsprüfung.[416] Eine Anrechnung der Lasten, die ohne Wohnraumförderung entstehen, ist hingegen nicht vorgesehen. Dies ist vor dem Hintergrund verständlich, dass die aktuelle Berliner Leitlinie für die Anforderungen an den mietpreis- und belegungsgebundenen Wohnraum auf die Wohnungsbauförderungsbestimmungen verweist.[417] Die nach der Leitlinie zu schaffenden Wohnungen müssen daher ohnehin den Voraussetzungen der Wohnungsbauförderungsbestimmungen genügen, etwa der maximalen Wohnungsgröße. Neu in die aktuelle Leitlinie aufgenommen wurde auch die Regelung, dass ohne Wohnraumförderung der gebundene Wohnraum nur herzustellen ist, wenn der Vorhabenträger auf die Beantragung der vom Land Berlin als Ausgleich angebotenen Wohnraumfördermittel verzichtet oder eine Wohnraumförderung allein aus von ihm zu vertretenden Umständen versagt wird.[418] Zuvor sollte der gebundene Wohnraum auch dann geschaffen werden, wenn dem Investor keine oder weniger Mittel als beantragt bewilligt wurden.[419] Die Wohnraumförderungsbedingungen und die Leitlinie sind damit seit der Novelle der Leitlinie enger

415 Wohnungsbauförderungsbestimmungen 2018 (WFB 2018) vom 11. Oktober 2017, Ziffer 9.1.

416 Leitlinie für den Abschluss städtebaulicher Verträge im Land Berlin, 1. August 2018, S. 12, 13, 30.

417 Leitlinie für den Abschluss städtebaulicher Verträge im Land Berlin, 1. August 2018, S. 12.

418 Leitlinie für den Abschluss städtebaulicher Verträge im Land Berlin, 1. August 2018, S. 13.

419 Leitlinie für den Abschluss städtebaulicher Verträge im Land Berlin, 14. April 2015, S. 16.

miteinander verzahnt. Es ist kein Grund ersichtlich, warum der Investor sich nicht um die Fördermittel für gebundenen Wohnraum bemühen sollte; über die Bindungen im städtebaulichen Vertrag hinausgehende Nachteile erfährt er dadurch nicht.

Dort, wo die Förderung in Anspruch genommen wird, sollten die deutlich verbesserten Fördermittel nach den Wohnraumförderungsbestimmungen 2018 auch auf städtebauliche Verträge Anwendung finden, die vor Inkrafttreten der novellierten Leitlinie und den Wohnraumförderungsbestimmungen 2018 geschlossen wurden, um die finanziellen Nachteile des gebundenen Wohnraums auszugleichen. Umgekehrt sollten zugunsten der Investoren, mit denen vor Inkrafttreten der novellierten Leitlinie und der Wohnraumförderungsbestimmungen 2018 städtebauliche Verträge abgeschlossen wurden, die fehlende Förderung weiterhin als Last angerechnet werden.

#### dd) Zwischenergebnis

In Berlin treffen damit drei Probleme aufeinander: Die Bodenwertsteigerung wird durch ein vereinfachtes, stark pauschalisierendes und wertungsabhängiges Verfahren nur ungenau bestimmt.

Hierüber könnte man hinwegsehen, wenn dafür dem Investor ein höherer Anteil der Bodenwertsteigerung verbliebe und daher die Pauschalisierung nicht zu seinen Lasten ginge. Dies ist jedoch nicht der Fall: Vielmehr kann in Berlin die gesamte Bodenwertsteigerung „abgeschöpft" werden.

Hinzukommt, dass die Berechnungsgrundlage des Berliner Modells eher investorenunfreundlich ist, da grundsätzlich besondere Kosten wie für Lärmschutz oder Altlastensanierung nicht als Last angerechnet werden. Für städtebauliche Verträge, die vor Geltung der aktuellen Leitlinie und der verbesserten Anerkennung der Lasten des mietpreis- und belegungsgebundenen Wohnraums abgeschlossen wurden, sollten ähnliche Förderungsmöglichkeiten wie nach den Wohnraumförderungsbestimmungen 2018 geschaffen werden. Ebenso sollten die Lasten des günstigen Wohnraums im Rahmen der Angemessenheit nachträglich berücksichtigt werden.

Die Berliner Leitlinie stellt daher nicht sicher, dass Investoren nur angemessen belastet werden und § 11 Abs. 2 S. 1 BauGB gewahrt bleibt.

### *c) Stuttgart*

Wie das Münchener Modell (s. o. D II 5 a, S. 146) ist auch das Stuttgarter Innenentwicklungsmodell (SIM) nicht anwendbar bei fehlenden oder nur unwesentlichen Bodenwertsteigerungen.[420] Der Investor ist so davor geschützt, von der unwesentlichen Bodenwertsteigerung noch einen Teil zur Finanzierung der Kosten der Gemeinde abzugeben.

Nach dem SIM können einzelne Konditionen bzw. Lasten aus dem Verfahren reduziert oder gar erlassen werden.[421] Eine Möglichkeit für den Investor, die Angemessenheit der Quote im Einzelfall zu widerlegen, sieht es jedoch nicht ausdrücklich vor. Freilich darf die Verwaltung wegen ihrer Bindung an Gesetz und Recht aus Art. 20 Abs. 3 GG nur angemessene Verträge abschließen, wie § 11 Abs. 2 S. 1 BauGB es vorschreibt. Beharrt die Verwaltung jedoch auf ihrer Ansicht, der Vertrag sei angemessen, bleibt Investoren nur die Möglichkeit, den Vertrag nicht abzuschließen oder nach Vertragsschluss die Gerichte anzurufen – was ein Prozess- und Kostenrisiko mit sich bringt sowie die Gefahr, sich bei der Verwaltung unbeliebt zu machen und nicht als möglicher Vertragspartner für weitere städtebauliche Verträge in Betracht gezogen zu werden.

Dies ist insbesondere insofern problematisch, als die Förderung des günstigen Wohnraums allein in Form von zinsverbilligten Darlehen erfolgt[422], die in der aktuellen Niedrigzinsphase keinen Ausgleich für die Belastungen durch den geförderten Wohnraum darstellen. Hinzukommt, dass die Investoren die Fördermittel für Wohnraum in Anspruch nehmen sollen und die Fördermittel auch dann in die Kalkulation der verbleibenden Bodenwertsteigerung eingerechnet werden, wenn der Investor sie tatsächlich gar nicht beantragt.[423]

Ähnlich wie in Berlin werden Kosten des Abbruchs und der Entsorgung von Altlasten nicht angerechnet, da sich die Altbebauung und evtl. vorliegende Altlasten bei Kaufverträgen wertmindernd auf den Kaufpreis auswirkten und somit schon berücksichtigt seien.[424] Auch hier stellt sich wie in Berlin das Problem, dass diese Kosten bei Abschluss des Kaufvertrags nur geschätzt werden und später tatsächlich erheblich höher ausfallen können (s. o. D II 5 b, S. 147).

---

420 Ausführliche Begründung zu Drs. 13/2014, Anlage 1 zur Vorlage 13/2014 vom 18. März 2014, S. 6.

421 Ausführliche Begründung zu Drs. 13/2014, Anlage 1 zur Vorlage 13/2014 vom 18. März 2014, S. 5.

422 Gefördert werden zwei der drei Förderprogramme, nämlich sozialer Mietwohnungsbau und preiswertes Wohneigentum; Ausführliche Begründung zu Drs. 13/2014, Anlage 1 zur Vorlage 13/2014 vom 18. März 2014, S. 8.

423 Ausführliche Begründung zu Drs. 13/2014, Anlage 1 zur Vorlage 13/2014 vom 18. März 2014, S. 6.

424 Ausführliche Begründung zu Drs. 13/2014, Anlage 1 zur Vorlage 13/2014 vom 18. März 2014, S. 13.

Im Gegensatz zu Berlin wird die Bodenwertsteigerung in Stuttgart nachvollziehbar und präzise bestimmt: Der Anfangs- und der Endwert werden gutachterlich vom Stadtmessungsamt ermittelt. In besonders kritischen Fällen kann mit der Aufgabe auch der unabhängige Gutachterausschuss betraut werden.[425]

Von der sich so ergebenden Bodenwertsteigerung verbleibt dem Investor ein Drittel. Der Landeshauptstadt Stuttgart ist dabei bewusst, dass der Investitionsanreiz, das unternehmerische Risiko, das Risiko der Entwicklungszeitspanne sowie Unschärfen der Auf- und Abzinsung abgedeckt sein sollen.[426] Dem Investor verbleibt damit an sich ein ausreichender Anteil der Bodenwertsteigerung; es ist aber sicherzustellen, dass die Lasten, die ihn tatsächlich treffen, auch angerechnet werden. Wird hier nachgebessert, erfüllt das SIM die herausgearbeiteten Grenzen der Angemessenheit.

### *d) Düsseldorf*

In dem Düsseldorfer Konzept ist weder der Anteil festgeschrieben, bis zu dem der Investor maximal belastet werden darf, noch ist die Bemessungsgrundlage fixiert. Die oben herausgearbeiteten Kriterien sind dabei an den jeweiligen Einzelfall anzulegen, anhand des Konzepts lassen sich keine Aussagen zu dessen allgemeiner Angemessenheit treffen.

---

425 Ausführliche Begründung zu Drs. 13/2014, Anlage 1 zur Vorlage 13/2014 vom 18. März 2014, S. 6.

426 Ausführliche Begründung zu Drs. 13/2014, Anlage 1 zur Vorlage 13/2014 vom 18. März 2014, S. 6.

# E. Vertragsgestaltung bei Scheitern oder Abweichen des Bebauungsplans

Der städtebauliche Vertrag nimmt in allen vorgestellten Modellen eine zentrale Rolle ein, da der Investor mit ihm die wesentlichen Verpflichtungen eingeht. Dies geschieht in der Erwartung des Investors, dass anschließend das Baurecht für sein Vorhaben geschaffen wird. Allerdings besteht auf die Aufstellung eines Bebauungsplans kein Anspruch; ein solcher Anspruch kann auch nicht durch Vertrag begründet werden, § 1 Abs. 3 S. 2 BauGB. In Verbindung mit Abs. 8 gilt dies auch für die Änderung von Bebauungsplänen. Damit soll die planerische Gestaltungsfreiheit der Gemeinde gewährleistet werden. Die Gemeinde soll ungebunden und umfassend abwägen können und eine unzulässige Umgehung des Anhörungs- und Auslegungsverfahrens vermieden werden.[427]

Während die Gemeinde sich im städtebaulichen Vertrag also nicht zu ihrer „Hauptleistung" in der Gestalt des Bebauungsplans verpflichten darf, übernimmt der Investor mit dem städtebaulichen Vertrag mitunter erhebliche Leistungspflichten. Diese Pflichten erfüllt er zum Teil schon, bevor der Bebauungsplan überhaupt beschlossen wurde, wie etwa die Tragung der Planungskosten. Er geht damit in Vorleistung – ohne einen Anspruch auf seine Gegenleistung in Form des Bebauungsplans zu haben.

Aus Investorensicht besteht deshalb ein Interesse daran, sich für den Fall abzusichern, dass der Bebauungsplan gar nicht oder nicht wie erwartet in Kraft tritt. Hierfür stehen mehrere Möglichkeiten zur Verfügung: Möchte der Investor bereits erbrachte Leistungen zurückerhalten oder ausgeglichen bekommen, kann er vor allem Ansprüche auf Schadensersatz (vgl. I) oder ein Rücktrittsrecht (vgl. II) geltend machen. Um die Leistungspflichten des Investors an das Inkrafttreten des Bebauungsplanes zu knüpfen, kann der städtebauliche Vertrag eine Bedingung enthalten (vgl. III). Ebenso kann durch die Aufnahme einer Regelung zur Vertragsanpassung Vorsorge für die Situation getroffen werden, dass der Bebauungsplan nicht wie erwartet in Kraft tritt, zum Beispiel nur ein geringeres Maß der baulichen Nutzung zulässt (vgl. IV).

---

427 BVerwG, Urteil vom 1. Februar 1980 – 4 C 40/77, NJW 1980, 2538 (2539); Urteil vom 11. März 1977 – IV C 45/75, NJW 1977, 1979 (1980); Battis, in: Battis/Krautzberger/Löhr, BauGB, § 1 Rn. 31; Burmeister, Praxishandbuch Städtebauliche Verträge, Rn. 55.

Den Instrumenten des Schadensersatzes, des Rücktrittes und der auflösenden Bedingung ist gemein, dass sie regelmäßig Ansprüche des Investors gegen die Gemeinde auslösen. Dies wird im Zusammenspiel mit der Abwägungsfreiheit der Gemeinde relevant: Es besteht die Gefahr, dass die Gemeinde einen Bebauungsplan beschließt oder nicht ändert, um den drohenden Ansprüchen des Investors auf Schadensersatz oder aus der Rückabwicklung des Vertrages zu entgehen; die Gemeinde sich folglich an den Bebauungsplan gebunden sieht. Zwar sind Vorwegbindungen der Gemeinde unter den vom BVerwG in seinem Urteil vom 5. Juli 1974[428] aufgestellten Voraussetzungen erlaubt, dürfen jedoch die Grenzen zu einer unzulässigen Verkürzung der Abwägung nicht überschreiten. Diese Frage wird im Folgenden jeweils bei den verschiedenen Möglichkeiten der Vertragsgestaltung erörtert.

## I. Schadensersatz

Wenn feststeht, dass der Bebauungsplan scheitert oder von den vereinbarten Inhalten abweicht, hat der Investor oft schon beträchtliche Vorleistungen erbracht. Er hat dann ein Interesse daran, die bereits erbrachten Leistungen und entgangenen Gewinn erstattet zu bekommen.

Ohne vertragliche Regelung hat der Investor grundsätzlich keinen Anspruch auf Schadensersatz (vgl. 1). Es ist daher unbedingt zu einer vertraglichen Regelung zu raten. Diese ist sorgfältig zu gestalten, damit die Verpflichtung der Gemeinde zum Schadensersatz das gemeindliche Planungsermessen nicht zu sehr verkürzt und keine unzulässige Vorbindung der Gemeinde darstellt (vgl. 2).

### 1. Ohne vertragliche Regelung grundsätzlich keine Ansprüche

Die Gemeinde darf sich nach § 1 Abs. 3 S. 2 2. Hs. BauGB nicht zur Aufstellung eines Bebauungsplans verpflichten. Dem Investor steht daher kein Primäranspruch auf den Bebauungsplan zu, so dass er das Risiko des Scheiterns des Bebauungsplans trägt.[429]

Ohne ausdrückliche vertragliche Regelung kommen Ansprüche auf Schadensersatz nur in wenigen Fällen in Betracht. Dazu zählen die vorvertraglichen Pflichtverletzungen (vgl. a) und Ansprüche aus Amtshaftung (vgl. b). Nicht mehr eindeutig lässt sich anhand der Rechtsprechung beantworten, ob

---

428 Az.: IV C 50/72, NJW 1975, 70 (72–74).

429 Birk, Städtebauliche Verträge, Rn. 761; Burmeister, Praxishandbuch Städtebauliche Verträge, Rn. 222.

Risikoübernahmen durch die Gemeinde stillschweigend erklärt werden können (vgl. c). Fraglich ist auch, ob das Scheitern des Bebauungsplans einem Vereiteln des Bedingungseintritts durch die Gemeinde gleichzusetzen ist und daraus Ansprüche entstehen können (vgl. d).

### *a) Vorvertragliche Pflichtverletzung*

Ansprüche des Investors auf Schadensersatz können sich aus vorvertraglichen Pflichtverletzungen der Gemeinde ergeben. Die Grundsätze der culpa in contrahendo aus §§ 311 Abs. 2 Nr. 1, 241 Abs. 2 BGB sind über § 62 S. 2 VwVfG auch auf öffentlich-rechtliche Verträge anwendbar.[430] Die vorvertragliche Pflichtverletzung der Gemeinde kann insbesondere in der Vermittlung unrichtiger oder unvollständiger Auskünfte - etwa zum Stand der Bauleitplanung - sowie in Vertretungsmängeln und einem dadurch unwirksamen Vertragsschluss liegen.[431]

Hingegen stellt der Abbruch von Vertragsverhandlungen keine Pflichtverletzung der Gemeinde dar. Wenn sie - zum Beispiel wegen geänderter politischer Mehrheiten im Stadtrat - von der bisherigen Planungskonzeption abweicht und den Abschluss des städtebaulichen Vertrags verweigert, so kann sich die Frage gar nicht stellen, ob sie die Verhandlungen grundlos abbricht. Denn die Gemeinde ist aufgrund ihrer Planungsfreiheit berechtigt, das Projekt nicht weiterzuverfolgen. Die Pflichtverletzung der Gemeinde kann daher nur in einem Verhalten liegen, das nicht spezifischer Ausdruck der Bauleitplanungshoheit ist, etwa in den oben genannten Beispielen.[432] Der Investor hat dann einen Anspruch auf Ausgleich seines Vertrauensschadens.[433]

### *b) Amtshaftung*

Entsprechendes gilt für Ansprüche auf Schadensersatz aus Amtshaftung gemäß § 839 BGB in Verbindung mit Art. 34 GG. Auch die Verletzung einer Amtspflicht kommt nur außerhalb der Bauleitplanung in Betracht: Zunächst besteht keine Amtspflicht der Gemeinde, einen Bebauungsplan zu beschließen, es sei denn, der Bebauungsplan ist für die städtebauliche Entwicklung und Ordnung

---

430 BGH, 7. Februar 1980 - III ZR 23/78, NJW 1980, 183 (1684); BGH, Urteil vom 8.Juni 1978 - III ZR 48/76, NJW 1978, 1802 (1803, 1804); Birk, Städtebauliche Verträge, Rn. 729; Burmeister, Praxishandbuch Städtebauliche Verträge, Rn. 221.

431 Birk, Städtebauliche Verträge, Rn. 729; Burmeister, Praxishandbuch Städtebauliche Verträge, Rn. 221.

432 Vgl. BGH, Urteil vom 18. Mai 2006 - III ZR 396/04, NVwZ 2006, 1207 (1208).

433 Burmeister, Praxishandbuch Städtebauliche Verträge, Rn. 221.

erforderlich (§ 1 Abs. 3 S. 1 BauGB). Auch kann der Gemeinde weder vorgeworfen werden, gegen die Amtspflicht zu konsequentem Verhalten zu verstoßen – wonach sie geplante und begonnene Maßnahmen auch zu Ende führen müsste – noch sich in Widerspruch zu ihrem früheren Verhalten zu setzen, solange sie sich im Rahmen des ihr gesetzlich zustehenden Planungsermessens hält.[434]

### c) *Stillschweigende Risikoübernahmen?*

Wie gesehen, liegt das Risiko der Bauleitplanung grundsätzlich beim Investor. Der BGH nahm in älteren Entscheidungen an, Risikoübernahmen der Gemeinden könnten durch schlüssiges Verhalten erfolgen: In seinem Urteil vom 22. November 1979 deutete er eine Vertragsklausel in eine stillschweigende Risikoübernahme um und begründete dies damit, dass ein anzuerkennendes Bedürfnis dafür bestehe, der Freiheit der Gemeinde im Bereich der Bauleitplanung einen finanziellen Ausgleich für das enttäuschte Vertrauen ihres Partners gegenüberzustellen.[435] In seinem Urteil vom 1. Dezember 1983 bestätigte der BGH explizit, dass Risikoübernahmen nicht notwendigerweise ausdrücklich erklärt werden müssen. Vielmehr lege der Grundsatz von Treu und Glauben nahe, dass nach dem Willen der Beteiligten das Risiko der nachträglichen Änderung der Planungskonzeption nicht einseitig dem privaten Partner aufgebürdet werden solle.[436] In einem jüngeren Urteil lässt er nun aber offen, ob er an dieser Rechtsprechung festhält, wenn ein Anspruch aus culpa in contrahendo aus Rechtsgründen ausscheidet.[437]

Im Gegensatz zum BGH lehnen das VG Neustadt (Weinstraße) sowie das OVG Koblenz in zweiter Instanz im selben Verfahren Risikoübernahmen durch schlüssiges Verhalten ab; sie müssten stets ausdrücklich vereinbart sein.[438] Weder das VG Neustadt noch das OVG Koblenz setzen sich jedoch mit den Urteilen des BGH auseinander.

---

434 BGH, Urteil vom 18. Mai 2006 – III ZR 396/04, NVwZ 2006, 1207 (1208).

435 BGH, Urteil vom 22. November 1979 – III ZR 186/77, NJW 1980, 826 (828).

436 BGH, Urteil vom 1. Dezember 1983 – III ZR 38/82, BeckRS 1983, 05637 Rn. 38.

437 BGH, Urteil vom 18. Mai 2006 – III ZR 396/04, NVwZ 2006, 1207 (1208).

438 OVG Koblenz, Urteil vom 18. Dezember 2014 – 8 A 10642/14.OVG, BeckRS 2014, 59636; VG Neustadt (Weinstraße), Urteil vom 20. Februar 2014 – 4 K 697/13.NW, BeckRS 2014, 48706, wobei die Position des VG unklar ist: Zunächst schreibt es im 2. Leitsatz, eine vertragliche Risikoübernahme der Gemeinde müsse ausdrücklich vereinbart werden, lässt später aber neben einer expliziten Vereinbarung auch ein konkludentes Verhalten der Gemeinde ausreichen, um eine Haftung zu begründen.

Für einen Ausschluss von stillschweigenden Risikoübernahmen spricht, dass so die Planungsfreiheit der Gemeinde umfassender geschützt ist. Die Gemeinde kann nicht durch eine nachträgliche Auslegung in Haftung genommen werden für Risiken, die sie zuvor nicht ausdrücklich übernommen hatte. Allerdings geht es nicht darum, die Planungsfreiheit absolut zu schützen, sondern lediglich darum, zu starke Verkürzungen der Abwägung zu verhindern und der Gemeinde einen gewissen Spielraum an Gestaltungsfreiheit zu sichern.[439] Zudem wird in dem Moment einer nachträglichen Auslegung durch ein Gericht die Entscheidung über den Bebauungsplan schon gefallen sein. Auf die Abwägung zum Bebauungsplan hat die Risikoübernahme dann keinen Einfluss mehr. Selbst wenn man annehmen wollte, dass das Wissen von der Möglichkeit einer solchen Auslegung die Gemeinde beeinflussen könnte, steht es der Gemeinde mit diesem Bewusstsein frei, eine Risikoübernahme ausdrücklich auszuschließen. Eine Auslegung mit dem Ergebnis einer stillschweigenden Risikoübernahme ist daher nicht von vornherein auszuschließen, sondern in einem zweiten Schritt sind Inhalt und Folgen für die Abwägungsfreiheit zu prüfen. Sofern die stillschweigende Risikoübernahme den Gestaltungsspielraum der Gemeinde nicht zu sehr verkürzt, steht ihr nichts entgegen.

Dieses Ergebnis steht auch nicht im Widerspruch zu der Entscheidung des BGH: Der umfassende Schutz der Planungsfreiheit der Gemeinde hat wohl auch den BGH zu der Überlegung bewogen, die Möglichkeit stillschweigender Risikoübernahmen nunmehr offenzulassen, wenn eine vorvertragliche Haftung aus Rechtsgründen ausgeschlossen ist – also insbesondere bei vermeintlichen Pflichtverletzungen im Bereich der Bauleitplanung (s. o. E I 1 a, S. 159). Allerdings knüpfen culpa in contrahendo und stillschweigende Risikoübernahme an unterschiedliche Voraussetzungen an. Während die culpa in contrahendo eine schuldhafte Pflichtverletzung erfordert, knüpft die stillschweigende Risikoübernahme an die Auslegung des Willens der Gemeinde an. Insofern bleibt vorstellbar, dass die Gemeinde unabhängig von einer Pflichtverletzung das Risiko des Investors übernehmen will. Solange nicht der Punkt erreicht wird, dass die Risikoübernahme etwa wegen des in Frage stehenden Geldbetrags einer unzulässigen Vorbindung gleichkommt, bleibt sie zulässig. Auf diese Grenze der unzulässigen Vorbindung wird sogleich unter 2 (S. 163) eingegangen.

---

439 BVerwG, Urteil vom 12. Dezember 1969 – IV C 105/66, VerwRspr 1970, 571 (572).

### d) *Abbruch des Planungsverfahrens als Vereitelung des Bedingungseintritts?*

Steht der städtebauliche Vertrag unter der Bedingung, dass der Bebauungsplan mit dem vereinbarten Inhalt in Kraft tritt (dazu unter E III, S. 171), so wird vertreten, die Gemeinde hafte dem Investor auf Schadensersatz, wenn sie den Eintritt der Bedingung vereitele. Anknüpfungspunkt ist § 162 BGB in Verbindung mit § 62 S. 2 VwVfG. Nach § 162 Abs. 1 BGB gilt eine Bedingung als eingetreten, wenn der Eintritt der Bedingung von der Partei, zu deren Nachteil er gereichen würde, wider Treu und Glauben verhindert wird.

Der Anspruch auf Schadensersatz wird damit begründet, die Gemeinde vereitele den Eintritt der Bedingung, d. h. die Schaffung des Planungsrechts. Vereitele eine Partei den Eintritt einer Bedingung, so fingiere § 162 BGB den Eintritt der Bedingung. Da die Schaffung des Planungsrechts als Bedingung wegen § 1 Abs. 3 S. 2 2. Hs. BauGB aber nicht fingiert werden könne, entstehe ein Anspruch auf Schadensersatz.[440]

Gegen einen solchen Anspruch auf Schadensersatz spricht jedoch, dass § 162 BGB als Rechtsfolge keinen Schadensersatz vorsieht.[441] Kann der Eintritt der Bedingung nicht fingiert werden, so entfaltet § 162 BGB schlichtweg keine Rechtsfolgen. Wenn auf die Schaffung des Planungsrechts kein Anspruch besteht, kann selbst bei einem grundlosen Abbruch des Bebauungsplanverfahrens kein Anspruch vereitelt werden.[442] § 162 BGB ist Ausdruck von Treu und Glauben und will ein treuwidriges Verhindern – also ein Vereiteln – abwenden. Für ein Vereiteln ist von Anfang an kein Raum, wo es Ausfluss der Planungshoheit ist, die Bedingung ausfallen zu lassen. Dem korrespondiert, dass das Interesse am Bedingungseintritt nicht geschützt ist, auch nicht durch Sekundäransprüche wie Schadensersatzansprüche. So wie sich die Frage eines grundlosen Abbruchs von Vertragsverhandlungen durch die Gemeinde nach dem BGH nicht stellt (s. o. E I 1 a, S. 159), kann sich auch die Frage nach dem grundlosen Abbruch des Planungsverfahrens nicht stellen.

---

440 Birk, Städtebauliche Verträge, Rn. 764.

441 Vgl. Westermann, in: Münchener Kommentar zum BGB, Band 1, § 162 Rn. 16.

442 Vgl. Burmeister, Praxishandbuch Städtebauliche Verträge, 1. Auflage 2000, Rn. 402. In der aktuellen 3. Auflage wird die Kritik an diesem Anspruch auf Schadensersatz nicht mehr geäußert.

## 2. Zulässigkeit vertraglicher Regelungen

Sowohl für den Investor als auch für die Gemeinde ist eine vertragliche Regelung der Schadensersatzansprüche sinnvoll, für beide bedeutet sie Planungssicherheit. Bei der Gestaltung der Regelung ist jedoch darauf zu achten, dass der Gemeinde nicht so hohe Kosten drohen, dass sie sich gezwungen sieht, den Plan zu beschließen, allein um Schadensersatzansprüche zu vermeiden. Denn die Abwägungsfreiheit der Gemeinde aus § 1 Abs. 7 BauGB muss stets gewährleistet sein. Es darf nicht zu einer unzulässigen Vorbindung kommen und dadurch zu einer Umgehung des Verbots aus § 1 Abs. 3 S. 2 2. Hs. BauGB, der die vertragliche Verpflichtung zur Aufstellung des Bebauungsplans gerade verhindern will. Unter bestimmten Voraussetzungen sind Vorbindungen jedoch zulässig (vgl. a). So ist die Übernahme von Planungskosten durch die Gemeinde möglich (vgl. b). Auch der Ersatz von Kosten sonstiger vorbereitender Maßnahmen kann erlaubt sein (vgl. c). Hingegen überschreiten weitergehende Schadensersatzansprüche bis hin zum Ersatz des entgangenen Gewinns schnell die Schwelle zur unzulässigen Vorbindung (vgl. d). Zusagen in privaten Kaufverträgen zwischen Gemeinde und Investor stellen nach der Rechtsprechung des BGH grundsätzlich keine unzulässige Vorbindung dar (vgl. e).

### *a) Zulässige Vorbindungen*

Nicht jede Vorbindung der Gemeinde im städtebaulichen Vertrag verkürzt die Abwägung in unzulässiger Weise. Das BVerwG hat zutreffend erkannt, dass insbesondere bei größeren Vorhaben nicht alle Entscheidungen erst am Ende getroffen werden können. Im Interesse einer effektiven Planung einerseits und Investitionssicherheit andererseits können Vorentscheidungen zulässig und sogar geboten sein. Eine Vorbindung der Gemeinde ist danach unter drei kumulativen Voraussetzungen zulässig:

- Die Vorwegnahme der Entscheidung ist sachlich gerechtfertigt,
- der städtebauliche Vertrag wird von dem für die Planung zuständigen Gremium beschlossen,
- die Regelung ist unter Beachtung der planerischen Auswirkungen nicht zu beanstanden.[443]

443 BVerwG, Urteil vom 5. Juli 1974 – IV C 50/72, NJW 1975, 70 (72–74); OVG Lüneburg, Beschluss vom 24. März 2009 – 1 MN 267/08, NVwZ-RR 2009, 549 (553).

Der Übernahme von Schadensersatzansprüchen durch die Gemeinde im städtebaulichen Vertrag steht auch nicht entgegen, dass die Gemeinde damit möglicherweise ein erhebliches finanzielles Risiko eingeht. Die Gemeinde darf finanzielle Risiken eingehen, sonst wäre Bauleitplanung kaum möglich. Auch darf sie ihre finanziellen Interessen in die Abwägung einstellen und ihnen den Vorrang vor anderen Interessen und Belangen geben, wenn sie Herrin des Bebauungsplanverfahrens bleibt und Ziele und Zwecke der Planung eigenständig vorgibt.[444]

Ist dies nicht der Fall, ergibt sich ein Problem sowohl auf der Ebene der Abwägung als auch hinsichtlich der Wirksamkeit des städtebaulichen Vertrags: § 1 Abs. 3 S. 2 2. Hs. BauGB verbietet die Verpflichtung der Gemeinde, einen Bebauungsplan aufzustellen. Zweck dieses Verbots ist es, die Abwägungsfreiheit der Gemeinde zu schützen.[445] Deshalb ist ein städtebaulicher Vertrag nicht nur bei einer rechtlichen Verpflichtung zur Aufstellung eines Bebauungsplans nichtig, sondern auch, wenn die Gemeinde den Bebauungsplan allein deshalb beschließt, um der anderenfalls drohenden Kostentragung zu entgehen. Denn dies legt nahe, dass die Gemeinde sich hierzu gezwungen sah und in ihrer Abwägung nicht frei war. In einem solchen Fall kommt die Vereinbarung einer Schadensersatzpflicht einer faktischen Verpflichtung zur Aufstellung des Bebauungsplans gleich.[446]

### *b) Ersatz der Planungskosten*

Übernimmt im städtebaulichen Vertrag der Investor die Kosten des Bebauungsplanverfahrens, so kann die Gemeinde sich im Vertrag grundsätzlich verpflichten, die Planungskosten zu erstatten, sollte der Bebauungsplan später scheitern oder anders als erwartet in Kraft treten. Diese Verpflichtung der Gemeinde erfüllt in der Regel die unter a) aufgeführten Kriterien und ist eine zulässige Vorbindung der Gemeinde:

- Die zeitliche Vorwegnahme der Kostenentscheidung ist sachlich gerechtfertigt. Denn der städtebauliche Vertrag wird in zeitlichem Abstand vor dem Inkrafttreten des Bebauungsplans geschlossen und soll vorab Rechtssicherheit schaffen für den Fall, dass der Bebauungsplan scheitert.

---

444 Birk, Städtebauliche Verträge, Rn. 780; Burmeister, Praxishandbuch Städtebauliche Verträge, Rn. 55.

445 Burmeister, Praxishandbuch Städtebauliche Verträge, Rn. 55.

446 **Anderer Ansicht**: Birk, Städtebauliche Verträge, Rn. 779.

- Der städtebauliche Vertrag wird in aller Regel schon wegen der kommunalverfassungsrechtlichen Zuständigkeit von dem zuständigen Gremium beschlossen werden.[447]
- Die Kostenübernahme ist auch unter Beachtung der planerischen Auswirkungen nicht zu beanstanden. Nach dem BauGB trägt in der Regel die Gemeinde die Planungskosten. § 11 erlaubt eine davon abweichende Regelung. Im Falle des Scheiterns des Bebauungsplans bleibt es bei der Kostenverteilung, die das BauGB vorsieht.[448]

Ist es danach zulässig, dass die Gemeinde für den Fall des Scheiterns des Bebauungsplans die gesamten Planungskosten übernimmt, ist erst recht auch eine Aufteilung der Kosten zwischen Gemeinde und Investor möglich.[449] Denkbar ist auch eine Regelung, welche die Gründe des Scheiterns berücksichtigt, etwa dass die Gemeinde nur dann die Planungskosten trägt, wenn der Bebauungsplan aus Gründen der kommunalen Entscheidungsbefugnis nicht in Kraft tritt.[450] Um Rechtssicherheit zu schaffen und spätere Streitigkeiten zu vermeiden, sollte in diesem Fall genau definiert werden, welche Gründe nicht unter die kommunale Entscheidungshoheit fallen, zum Beispiel Gründe des Landschafts- oder Wasserschutzes sowie der Raumplanung. Dasselbe gilt für die Berechnung der Planungskosten. Einigen sich Gemeinde und Investor im Vorfeld hierüber, können Streitigkeiten nach dem Scheitern des Bebauungsplans vermieden werden. In Betracht kommt eine Berechnung nach der Honorarordnung für Architekten und Ingenieure (HOAI).[451] Diese Regelung kann wie folgt formuliert werden:

> *„Tritt der Bebauungsplan nicht bis zum … in Kraft, trägt die Gemeinde die Kosten der Planung. Dies umfasst Kosten für die Ausarbeitung des Bebauungsplans sowie die Erstellung von Gutachten im Zusammenhang mit dem Bebauungsplanverfahren. Hat der Investor im eigenen Namen Dritte mit der Planung beauftragt, so stellt die Gemeinde ihn von den daraus entstandenen Zahlungsverbindlichkeiten frei. Hat der Investor die Forderungen gegenüber Dritten schon erfüllt oder sind ihm selbst die Planungskosten entstanden, erstattet die Gemeinde auf Nachweis die Kosten innerhalb von … Wochen. Die Höhe der Kosten bestimmt sich jeweils nach der HOAI."*

---

447 Birk, Städtebauliche Verträge, Rn. 780.
448 Birk, Städtebauliche Verträge, Rn. 780.
449 Birk, Städtebauliche Verträge, Rn. 781.
450 Birk, Städtebauliche Verträge, Rn. 795.
451 Vgl. Birk, Städtebauliche Verträge, Rn. 794, 795.

### *c) Ersatz sonstiger Kosten*

Die oben unter a) dargestellten Kriterien zur Zulässigkeit einer Vorbindung sind auch bei sonstigen Kosten maßgeblich, die in Vorbereitung der Planung anfallen. Dazu gehören Altlastenerkundungen und -sanierungen, die besonders kostenintensiv sein können, ebenso wie der Abbruch vorhandener Bebauung.

Die ersten beiden eher formellen Kriterien sind hier ebenso wie bei den Planungskosten in der Regel erfüllt (s. o. E I 2 b, S. 164). Das dritte Kriterium der planerischen Auswirkungen lässt sich hingegen nicht pauschal für alle Kosten bejahen. Die Kostenverteilung muss im Einzelfall angemessen im Sinne des § 11 Abs. 2 BauGB sein. Hierfür ist entscheidend, wer Nutznießer der Maßnahme ist.[452] So kommt beispielsweise bei einer Altlastensanierung der Wertzuwachs dem Eigentümer des Grundstücks zu. Ist der Investor zugleich der Eigentümer, so verbleibt ihm der Wertzuwachs und es wäre unangemessen, die Gemeinde mit den Kosten der Sanierung zu belasten. Anders ist dies bei gemeindeeigenen Grundstücken. Hier profitiert die Gemeinde vom Wertzuwachs, so dass es angemessen ist, wenn sie die Sanierungskosten trägt.

### *d) Schadensersatzansprüche und entgangener Gewinn*

Noch kritischer ist das dritte Kriterium zu prüfen, wenn umfassende Ansprüche auf Schadensersatz bis hin zum entgangenen Gewinn des Investors vertraglich vereinbart werden sollen. Dies stößt aus zwei Richtungen auf Bedenken: Erstens zählt der entgangene Gewinn zum Erfüllungsinteresse;[453] der Investor hat gemäß § 1 Abs. 3 S. 2 BauGB jedoch keinen Anspruch auf den Bebauungsplan, was gegen den Ersatz seines Erfüllungsinteresses spricht.[454] Zweitens ist die Grenze zur unzulässigen Vorbindung überschritten, wenn die Schadensersatzansprüche so hoch sind, dass die Gemeinde sich zur Aufstellung des Bebauungsplans gezwungen sieht, um diesen Ansprüchen zu entgehen. Die planerische Auswirkung wäre dann, dass ein Bebauungsplan in Kraft tritt, den die Gemeinde so nicht wollte. Auch sieht das Gesetz – anders als bei den Planungskosten – keine Kostentragung der Gemeinde vor. So regeln die §§ 42 ff BauGB nur für den Fall Schadensersatzansprüche, dass eine bereits zulässige Nutzung eines Grundstücks aufgehoben oder geändert wird.

---

452 Birk, Städtebauliche Verträge, Rn. 782.

453 Emmerich, in: Münchener Kommentar zum BGB, Band 2, Vorbemerkung zu § 281 Rn. 4.

454 Bunzel/Coulmas/Schmidt-Eichstaedt, Städtebauliche Verträge – Ein Handbuch, S. 361; Burmeister, Praxishandbuch Städtebauliche Verträge, Rn. 55.

Die Vereinbarung von umfassenden Verpflichtungen der Gemeinde zu Schadensersatz einschließlich entgangenen Gewinns kann daher den Bereich des Zulässigen verlassen und hält möglicherweise einer Prüfung durch die Gerichte nicht stand. Ob dies zu einer Nichtigkeit der gesamten Schadensersatzklausel führt oder nur zu einer Reduzierung des Schadensersatzes auf das gerade noch zulässige Maß, richtet sich nach § 59 Abs. 3 VwVfG. Danach ist der Vertrag im Ganzen nichtig, wenn nicht anzunehmen ist, dass er auch ohne den nichtigen Teil geschlossen worden wäre. Die Gemeinde hätte den städtebaulichen Vertrag auch gänzlich ohne Schadensersatzklausel geschlossen, an der sie kein Interesse hat. Auch auf Seiten des Investors sprechen gute Gründe dafür, dass er den Vertrag auch unterschrieben hätte, wenn dieser keinen Schadensersatz für entgangenen Gewinn vorgesehen hätte. Denn ohne den Vertrag hätte der Investor von vornherein kein Baurecht für sein Vorhaben bekommen, das er auf seinem Grundstück plant. Er hat keine andere Möglichkeit, sein Grundstück ohne den Bebauungsplan entsprechend seiner Planung zu nutzen. Anders liegt der Fall nur dann, wenn der Investor hätte umplanen und ein anderes Vorhaben avisieren wollen, wenn eine Schadensersatzklausel nicht in den Vertrag aufgenommen wird.

Um eine andere Bewertung durch das Gericht auszuschließen, die zu einer Nichtigkeit der Schadensersatzklausel und des Vertrags insgesamt führt, sollte der über die Planungskosten hinausgehende Schadensersatz in einer gesonderten Klausel geregelt und deutlich gemacht werden, dass die Parteien den Vertrag auch ohne diese Klausel abgeschlossen hätten. Dann wäre der Vertrag nur teilnichtig gemäß § 59 Abs. 3 VwVfG und zumindest der Anspruch auf Ersatz der Planungskosten bliebe erhalten.

Eine Schadensersatzklausel kann analog §§ 42 ff BauGB ausgestaltet werden. Nach § 42 Abs. 1 BauGB kann der Eigentümer eine angemessene Entschädigung in Geld verlangen, wenn die zulässige Nutzung eines Grundstücks aufgehoben oder geändert wird und eine nicht nur unwesentliche Wertminderung des Grundstücks eintritt. Nach Absatz 2 bemisst sich die Entschädigung nach dem Unterschied zwischen dem Wert des Grundstücks aufgrund der zulässigen Nutzung und seinem Wert, der sich infolge der Aufhebung oder Änderung ergibt. Hierdurch wird der Investor für die Abweichung von der ursprünglich vereinbarten zulässigen Nutzung entschädigt. Die Höhe der Entschädigung entspricht dem entgangenen Zuwachs des Grundstückswertes. Hiervon abzuziehen sind ersparte Kosten, zum Beispiel für Infrastruktureinrichtungen, die durch das geringere Maß der Nutzung nicht mehr erforderlich sind. Eine Vereinbarung nach §§ 42 ff BauGB analog setzt daher die Festlegung voraus, von welcher geplanten zulässigen Nutzung ausgegangen wird, etwa durch Inbezugnahme des

Vorentwurfs des Bebauungsplans. Der Verweis auf die analoge Anwendung der §§ 42 ff BauGB hat den Vorteil, dass das Verfahren (§ 43 BauGB) und die Fälligkeit sowie das Erlöschen des Anspruchs (§ 44 Abs. 3, 4 BauGB) bereits gesetzlich geregelt sind.

### e) Vereinbarungen in privat-rechtlichen Kaufverträgen

Verkauft die Gemeinde ein in ihrem Eigentum stehendes Grundstück mit einem privat-rechtlichen Kaufvertrag an den Investor, so stellt die Vereinbarung von Ansprüchen auf Schadensersatz oder Aufwendungsersatz im Kaufvertrag nach der Rechtsprechung des BGH „grundsätzlich" keine zu missbilligende Verkürzung der gebotenen Abwägung dar:

> *„Der von einer Vereinbarung dieser Art möglicherweise ausgehende „indirekte Zwang" zu einer den Wünschen des Vertragspartners entsprechenden Bauleitplanung kann den Wirkungen einer öffentlichrechtlichen Zusage bestimmter Planungsakte nicht gleichgesetzt werden, weil er der Einhaltung der zu beachtenden Bindungen rechtlich nicht im Wege steht. Die Unzulässigkeit solcher Risikoübernahmen läßt sich […] namentlich nicht durch die Überlegung rechtfertigen, daß der gegebenenfalls sich einstellende indirekte Zwang „unerwünscht" sei. […] Im Gegenteil besteht im Interesse des redlichen Grundstücksverkehrs und der Förderung der für die bauliche Entwicklung der Gemeinden notwendigen Privatinitiative der Grundeigentümer ein anzuerkennendes Bedürfnis dafür, der Freiheit der Gemeinde im Bereich der Bauleitplanung einen finanziellen Ausgleich für das enttäuschte Vertrauen ihres Partners zur Seite zu stellen […]. Das gilt auch und besonders dann, wenn die Gemeinde zugleich als Verkäuferin des durch die Planung berührten Grundbesitzes auftritt und – wie hier – einen Kaufpreis fordert, der nur durch die Aussicht auf eine in Kürze zu verwirklichende bauliche Nutzung gerechtfertigt erscheint."*[455]

Demnach weist die privat-rechtliche Verpflichtung zu Sekundäransprüchen nicht die gleiche Qualität auf wie eine Verpflichtung zur Schaffung eines bestimmten Baurechts. Der BGH selbst schränkt diese Aussage durch das Wort „grundsätzlich" ein. Denn es gilt zu bedenken, dass es für einen faktischen Zwang der Gemeinde, wegen der Höhe der drohenden Schadensersatzansprüche den Bebauungsplan zu beschließen, keinen Unterschied macht, ob der Zwang aus einem privat-rechtlichen oder einem öffentlich-rechtlichen Vertrag resultiert.

---

455 BGH, Urteil vom 22. November 1979 – III ZR 186/77, NJW 1980, 826 (827 f); bestätigt durch BGH, Urteil vom 2. Oktober 2015 – V ZR 307/13, NVwZ 2016, 404 (405).

### *f) Zwischenergebnis*

Dem Investor steht kein Anspruch auf den Bebauungsplan zu und dieser Anspruch kann nach § 1 Abs. 3 S. 2 2. Hs. BauGB auch nicht durch Vertrag begründet werden. Scheitert das Bebauungsplanverfahren, trägt daher grundsätzlich der Investor das Risiko. Ohne ausdrückliche vertragliche Regelung ergeben sich gesetzliche Ansprüche auf Schadensersatz nur in Ausnahmefällen. Sollen daher vertragliche Regelungen getroffen werden, muss die Abwägungsfreiheit der Gemeinde gewahrt sein. Gleichzeitig sind Vorbindungen der Gemeinde etwa durch städtebauliche Verträge besonders bei größeren Projekten erforderlich und unter bestimmten Voraussetzungen auch zulässig. Dies gilt für den Ersatz von Planungskosten. Bei sonstigen den Bebauungsplan vorbereitenden Kosten ist zu differenzieren, wem die Aufwendungen zu Gute kommen. Weitergehende Schadensersatzansprüche bis hin zum entgangenen Gewinn können die Grenze zur unzulässigen Vorbindung hingegen überschreiten. In durch privat-rechtliche Kaufverträge vereinbarten Schadensersatzpflichten der Gemeinde sieht der BGH grundsätzlich keine unzulässige Verkürzung der gebotenen Abwägung. Dennoch ist im Einzelfall zu prüfen, ob durch die Höhe des drohenden Schadensersatzes die Abwägungsfreiheit der Gemeinde beeinträchtigt ist.

## II. Rücktritt

Ein gesetzliches Rücktrittsrecht des Investors für den Fall, dass der Bebauungsplan nicht oder nicht wie im städtebaulichen Vertrag erhofft in Kraft tritt, besteht nicht: Ein Rücktrittsrecht aus § 323 BGB in Verbindung mit § 62 S. 2 VwVfG setzt voraus, dass eine fällige Leistung nicht oder nicht vertragsgemäß erbracht wird. Da auf die Schaffung des Baurechts nach § 1 Abs. 3 S. 2 BauGB aber kein vertraglicher Anspruch begründet werden kann, fehlt es an einer Leistungspflicht der Gemeinde.

Eine umso größere Bedeutung kommt daher einem vertraglichen Rücktrittsrecht zu. Dabei stellt sich zunächst die Frage, ob der Vereinbarung eines Rücktrittsrechts die Planungsfreiheit der Gemeinde entgegenstehen kann, ähnlich wie es oben unter E I 2 (S. 163) zum Schadensersatz diskutiert wurde. Denn auch die Rückabwicklung des städtebaulichen Vertrags löst für die Gemeinde Zahlungspflichten aus. So sind nach § 346 BGB in Verbindung mit § 62 S. 2 VwVfG die empfangenen Leistungen zurückzugewähren oder ist Wertersatz zu leisten. Diese Zahlungspflichten könnten ebenso wie Schadensersatzansprüche des Investors eine unzulässige Vorbindung der Gemeinde bedeuten und sie dazu bewegen, den Bebauungsplan wie geplant zu beschließen, um der Rückabwicklung zu entgehen.

Die Wertungen zur zulässigen Vorbindung stimmen nicht immer mit den gesetzlich angeordneten Folgen eines Rücktritts nach §§ 346 ff BGB überein. So ist beispielsweise bei einer Bodensanierung zu fragen, wem als Grundstückseigentümer der Vorteil zu Gute kommt (vgl. oben zum Schadensersatz unter E I 2 c, S. 166). Ist der Investor zugleich der Grundstückseigentümer, kann er keine Erstattung verlangen. Die gesetzlichen Folgen des Rücktritts hingegen führen möglicherweise zu einem Anspruch auf Wertersatz gegen die Gemeinde. Eine Rückabwicklung nach §§ 346 ff BGB i. V. m. § 62 S. 2 VwVfG begegnet daher im Hinblick auf die Planungsfreiheit der Gemeinde nur dann keinen Bedenken, wenn sie die Kriterien der unzulässigen Vorbindung beachtet.

Um die unzulässige Vorbindung zu prüfen, kann auf den oben zum Schadensersatz entwickelten Maßstab zurückgegriffen werden: Da die Erstattung von Planungskosten als Schadensersatz zulässig ist (s. o. E I 2 b, S. 164), stellt auch die Verpflichtung zu ihrer Erstattung im Rückabwicklungsverhältnis keine unzulässige Vorbindung dar. Bei sonstigen Kosten zum Beispiel für eine Altlastensanierung und -erkundung oder den Abriss von vorhandener Bebauung kann ebenso auf das oben Gesagte verwiesen werden (s. o. E I 2 c, S. 166): Ist die Gemeinde Eigentümerin des Grundstücks, dem die Altlastensanierung oder der Abriss zu Gute kam, so verbleibt ihr die Wertsteigerung des Grundstücks und es bestehen keine Bedenken, dass sie dem Investor die angefallenen Kosten erstattet. Gehört das Grundstück dem Investor, so hat die Gemeinde keine Leistungen empfangen, die sie herausgeben müsste. Hat sich der Investor zur Übernahme von Folgekosten verpflichtet, so sind diese in der Regel noch nicht angefallen, da das Inkrafttreten des Bebauungsplans (stillschweigende) Bedingung für die Übernahmeverpflichtung des Investors ist (zur Bedingung im Einzelnen unter E III, S. 171). Selbst wenn in Ausnahmefällen der Investor die Folgekosten bereits bezahlt oder die Einrichtungen auf eigene Kosten errichtet hat, so verbleibt der zum Wertersatz verpflichteten Gemeinde der Gegenwert in Form der Einrichtungen oder der Infrastruktur. Kann die Gemeinde die Einrichtungen oder die Infrastruktur nicht sinnvoll nutzen, wenn das Vorhaben des Investors scheitert, ist einer Reduzierung des Wertersatzes in Betracht zu ziehen. So wird vermieden, dass die Gemeinde sich Kosten gegenüber sieht, für die sie keinen verwertbaren Gegenwert erhält und sich so doch zum Beschluss des Bebauungsplans genötigt sehen könnte.

Ist die vertragliche Regelung eines Rücktrittsrechtes demnach zulässig, schließt sich die Frage an, wie es am besten zu gestalten ist. Es sollten der

Rücktrittsgrund, die Rücktrittsfrist sowie das Verfahren bestimmt werden.[456] Ebenso können die Parteien festlegen, ob bei einem abweichenden Inhalt des Bebauungsplans der Investor von dem ganzen Vertrag zurücktreten kann oder nur, soweit der Bebauungsplan hinter dem erhofften zurückbleibt. Ein Rücktrittsrecht von dem Vertrag im Ganzen kann zum Beispiel mit der folgenden Klausel vereinbart werden:

> *„Tritt der Bebauungsplan nicht bis zum … mit dem im Vorentwurf des Bebauungsplans vorgesehenen Inhalt in Kraft, ist jede Partei zum Rücktritt berechtigt. Das Rücktrittsrecht kann nur bis … durch schriftliche Erklärung gegenüber der anderen Vertragspartei ausgeübt werden."*

## III. Bedingung

Die Leistungspflichten des Investors können durch eine Bedingung von dem Inkrafttreten des Bebauungsplans abhängig gemacht werden. Zusätzlich können die Vertragsparteien vereinbaren, dass der Bebauungsplan mit einem bestimmten Inhalt in Kraft treten muss, zum Beispiel mit einer bestimmten Art der baulichen Nutzung oder einem Mindestmaß der baulichen Nutzung. Dabei sind sowohl eine aufschiebende Bedingung (vgl. 1) als auch eine auflösende Bedingung (vgl. 2) denkbar. Das Inkrafttreten des Planungsrechts als Bedingung kann im Vertrag auch stillschweigend vereinbart sein, aus Gründen der Rechtssicherheit empfiehlt sich jedoch eine ausdrückliche Regelung (vgl. 3). Der BGH hat sich jüngst zu der Zulässigkeit einer aufschiebenden Bedingung in einem privat-rechtlichen Vertrag zwischen einer Gemeinde und einem Investor geäußert (vgl. 4).

### 1. Aufschiebende Bedingung

Wird ein Rechtsgeschäft unter einer aufschiebenden Bedingung vorgenommen, so tritt die von der Bedingung abhängig gemachte Wirkung mit dem Eintritt der Bedingung ein, § 158 Abs. 1 BGB. Ist der Beschluss des Bebauungsplans als aufschiebende Bedingung im städtebaulichen Vertrag vereinbart, entstehen die Leistungspflichten erst, wenn der Bebauungsplan in Kraft getreten ist. Sie bietet sich daher vor allem für solche Leistungspflichten an, die der Investor erst nach Inkrafttreten des Bebauungsplans zu erbringen hat, zum Beispiel die Übernahme von Folgekosten oder Erschließungs- und Ausgleichsmaßnahmen.

---

456 Birk, Städtebauliche Verträge, Rn. 666.

Hat der Investor nur bis zu einem bestimmten Datum Interesse an dem Bebauungsplan oder will er zu einem bestimmten Zeitpunkt Planungssicherheit haben, kann ein Datum aufgenommen werden, bis zu dem der Bebauungsplan spätestens in Kraft getreten sein muss. Um den mit dem Verstreichen des Datums eintretenden Automatismus zu vermeiden, dass die Verpflichtungen des Investors entfallen und der gesamte städtebauliche Vertrag hinfällig wird, obwohl der Investor an dem Vorhaben festhalten will, sollte eine „Handsteuerung" aufgenommen werden: Die Bedingung gilt auch dann als eingetreten, wenn der Investor dies der Gemeinde gegenüber erklärt. Dann allerdings trägt der Investor das Risiko, dass die Bedingung tatsächlich nicht eintritt, also der Bebauungsplan nicht in Kraft tritt, und seine Leistungspflichten dennoch entstehen.

Ebenso kann vereinbart werden, dass auch solche Kosten, die bereits vor Inkrafttreten des Bebauungsplans entstehen – wie Planungskosten oder Kosten für Gutachten – nur von dem Investor übernommen werden, wenn der Bebauungsplan in Kraft tritt. Die Gemeinde müsste dann jedoch zunächst in Vorleistung gehen und trüge das Risiko, bei einem Scheitern des Bebauungsplans auf den Kosten sitzen zu bleiben. Es erscheint daher fraglich, ob Gemeinden sich auf eine solche Vereinbarung einlassen. Für den Investor hingegen bietet diese Lösung den Vorteil, dass ihm nicht droht, beim Scheitern des Bebauungsplans bereits bewirkte Leistungen zurückfordern zu müssen.

Eine aufschiebende Bedingung lässt sich wie folgt formulieren:

*„Die Leistungspflichten des Investors stehen unter der aufschiebenden Bedingung, dass der Bebauungsplan mit einer GFZ von mindestens … $m^2$ zu Wohnzwecken bis zum … in Kraft getreten ist. Diese Bedingung gilt auch dann als eingetreten, wenn der Investor – auch unabhängig von den vorstehenden Voraussetzungen – der Gemeinde den Eintritt der Bedingung schriftlich mitteilt."*

## 2. Auflösende Bedingung

In Abgrenzung zur aufschiebenden Bedingung endet mit dem Eintritt der auflösenden Bedingung die Wirkung des Rechtsgeschäftes und der frühere Rechtszustand tritt wieder ein, § 158 Abs. 2 BGB. Mittels einer auflösenden Bedingung entfallen die Leistungspflichten im Nachhinein, wenn der Bebauungsplan nicht bis zu einem bestimmten Termin in Kraft getreten ist.

Diese Ausgestaltung gewährleistet einen Kompromiss zwischen den Interessen des Investors und der Gemeinde bezüglich der Leistungen, die vor Inkrafttreten des Bebauungsplans zu erbringen sind. Der Vorteil für die Gemeinde ist, dass sie nicht in Vorleistung gehen muss, sondern der Investor die Kosten zunächst übernimmt. Der Vorteil für den Investor ist, dass mit Eintritt der auflösenden

Bedingung seine Leistungspflichten entfallen, er ohne Rechtsgrund geleistet hat und einen öffentlich-rechtlichen Erstattungsanspruch geltend machen kann.

Eine auflösende Bedingung kann wie folgt formuliert werden:

> *„Tritt der Bebauungsplan nicht bis zum ... in Kraft, so entfallen solche Leistungspflichten des Investors, die vor Inkrafttreten des Bebauungsplans zu erbringen sind – unabhängig davon, ob sie bereits erfüllt sind oder nicht."*

Hiervon unabhängig sollte eine (zusätzliche) auflösende Bedingung aufgenommen werden, um das Risiko abzudecken, dass der Bebauungsplan vor der Realisierung des Vorhabens aufgehoben oder geändert wird. Auch dies ebnet den Weg für einen möglichen öffentlich-rechtlichen Erstattungsanspruch. Denn so wie die Gemeinde sich nicht zur Aufstellung, Änderung oder Aufhebung eines Bebauungsplans verpflichten darf (§ 1 Abs. 3 S. 2 i. V. m. Abs. 8 BauGB), darf sie sich spiegelbildlich auch nicht zur Nicht-Aufhebung oder Nicht-Änderung verpflichten.[457]

Eine solche Ergänzung zu den beiden oben genannten Klauseln kann wie folgt formuliert werden:

> *„Wird der Bebauungsplan vor der Realisierung des Vorhabens rechtskräftig aufgehoben, so entfallen die Leistungspflichten des Investors."*

Da die auflösende Bedingung Ansprüche des Investors auf Rückgewähr der erbrachten Leistungen auslösen kann, ist wie beim Rücktrittsrecht zu prüfen, ob dies einen Verstoß gegen das Abwägungsgebot bewirken kann. Die Erstattung der Planungskosten ist, wie oben unter E I 2 b (S. 164) dargestellt, unproblematisch. Ob auch die Erstattung sonstiger Kosten mit dem Abwägungsgebot vereinbar ist, richtet sich danach, wer Nutznießer der damit finanzierten Maßnahme ist (s. o. unter E I 2 c, S. 166). Dieses Kriterium entspricht der Voraussetzung des öffentlich-rechtlichen Erstattungsanspruches, der erfordert, dass die Gemeinde nach einer Vermögensverschiebung bereichert ist.[458] Damit ist sichergestellt, dass die Gemeinde im Gegenzug für die Erstattung der Kosten einen Gegenwert erlangt hat. Problematisch sind zwei Konstellationen: Erstens, wenn die Gemeinde nicht mehr über den Vermögensvorteil verfügt. Auf den Wegfall der Bereicherung kann die Gemeinde sich als Verwaltungsträger nicht berufen.[459] Dann könnte sich die Gemeinde wegen des drohenden Erstattungsanspruches,

---

457 BVerwG, Beschluss vom 28. Dezember 2000 – 4 BN 37.00, BeckRS 2000, 31350166.

458 Maurer, Allgemeines Verwaltungsrecht, § 29 Rn. 30.

459 Maurer, Allgemeines Verwaltungsrecht, § 29 Rn. 34; Wolff/Bachof/Stober/Kluth, Verwaltungsrecht I, § 55 Rn. 76.

dem kein Vorteil mehr gegenübersteht, an den Bebauungsplan gebunden sehen. Die tatsächlichen Voraussetzungen für einen Wegfall der Bereicherung dürften allerdings nur selten vorliegen.[460] Um in diesem Fall sicherzustellen, dass die Grenzen der Vorwegbindung eingehalten sind, sollte der Erstattungsanspruch nach Eintritt der auflösenden Bedingung auf solche Werte beschränkt werden, die bei der Gemeinde noch vorhanden sind. Zweitens ist die Konstellation problematisch, wenn die Gemeinde die Einrichtungen oder die Infrastruktur nicht sinnvoll nutzen kann, nachdem das Vorhaben des Investors gescheitert ist. Dann ist ähnlich wie nach einem Rücktritt eine Reduzierung der Kostenerstattung in Betracht zu ziehen (s. o. E II, S. 169).

### 3. Stillschweigende Bedingung

Eine Bedingung kann dem Investor auch dann helfen, wenn sie nicht ausdrücklich im Vertrag vorgesehen ist:

Soweit es um Leistungen geht, die erst nach dem Beschluss des Bebauungsplans erbracht werden müssen, ist auch ohne ausdrückliche Regelung davon auszugehen, dass die Leistungen des Investors wie der Gemeinde unter der aufschiebenden Bedingung des Inkrafttretens des Planungsrechts stehen. Im Einzelfall ist der Vertrag auszulegen, wenn ausdrücklich nichts geregelt ist.[461]

Als stillschweigend vereinbarte auflösende Bedingung kann grundsätzlich die Änderung des in Kraft getretenen Bebauungsplans angesehen werden.[462] Dies gilt erst recht für die Aufhebung des Bebauungsplans.

Da in beiden Fällen aber die Auslegung des Vertrags entscheidend ist, die im Einzelfall zu dem Ergebnis führen kann, dass eine stillschweigend vereinbarte Bedingung nicht vorliegt, empfiehlt sich eine ausdrückliche Klarstellung im Vertrag.

### 4. Vereinbarungen in privat-rechtlichen Kaufverträgen

In einem aktuellen Urteil äußert sich der BGH zu aufschiebenden Bedingungen in privat-rechtlichen Verträgen zwischen der Gemeinde und einem Investor. Der Entscheidung zugrunde liegt ein Kaufvertrag über ein gemeindeeigenes Grundstück. Die darin vereinbarte Verpflichtung der Gemeinde, den für den

---

460 Maurer, Allgemeines Verwaltungsrecht, § 29 Rn. 34.

461 Birk, Städtebauliche Verträge, Rn. 73; Burmeister, Praxishandbuch Städtebauliche Verträge, Rn. 89; vgl. BVerwG, Urteil vom 16. Mai 2000 – 4 C 4/99, NVwZ 2000, 1285 (1286); Urteil vom 6. Juli 1973 – IV C 22/72, NJW 1973, 1895 (1896).

462 Birk, Städtebauliche Verträge, Rn. 80; kritisch Grziwotz, DNotZ 2015, 376 (383).

Kaufgegenstand bestehenden Bebauungsplan zu ändern, legt der BGH als eine aufschiebende Bedingung aus und führt hierzu aus:

> „*Die Vereinbarung einer aufschiebenden Bedingung stellt kein unzulässiges, mit der Nichtigkeitsfolge des § 134 BGB verbundenes Umgehungsgeschäft dar […]. Ist nach der Rechtsprechung des BGH eine Risikoübernahme der Gemeinde zulässig, die Zahlungsansprüche zu Gunsten des Käufers auslösen kann, muss dies erst recht gelten für eine Vereinbarung, nach der ein Kaufvertrag über ein gemeindeeigenes Grundstück nicht zu Stande kommt, wenn die Bebaubarkeit nicht erreicht wird.*“[463]

Mit dem zweiten Satz verweist der BGH auf seine ältere Rechtsprechung, nach der in privat-rechtlichen Verträgen die Vereinbarung von Schadensersatzansprüchen des Investors grundsätzlich zulässig ist (s. o. E I 2 e, S. 168).

Der BGH äußert sich auch zu einem stockenden Vollzug des Vertrags: Bleibt der Vertrag längere Zeit schwebend unwirksam, da die Bedingung nicht eintritt, so kann sich der Käufer nach Treu und Glauben vom Vertrag lösen. Denn

> „*die Parteien eines schwebend unwirksamen Vertrags sind grundsätzlich verpflichtet, sich um das Wirksamwerden des Vertrags zu bemühen. Dabei kann es zu einer längeren Schwebezeit vor allem dann kommen, wenn der Eintritt der Bedingung allein von dem Verhalten einer Partei abhängt. Eine zeitlich grenzenlose Bindung der anderen Vertragspartei wäre mit dem Gesichtspunkt von Treu und Glauben (§ 242 BGB) nicht vereinbar. Deshalb ist in einem solchen Fall der anderen Partei das Recht zuzugestehen, sich im Falle der Unzumutbarkeit eines weiteren Abwartens von dem Vertrag loszusagen.*“[464]

Der Investor kann sich folglich von dem Kaufvertrag lösen, wenn ihm ein längeres Zuwarten auf die Herstellung der Bebaubarkeit des Grundstücks durch die Gemeinde nach Abwägung der Interessen und Umstände des Einzelfalls nicht zuzumuten wäre. Maßgeblich sind insoweit nicht nur die verstrichene Zeitdauer, sondern insbesondere die Hintergründe für die eingetretene Verzögerung in der Bauplanung.[465]

Diese Möglichkeit des Investors, sich vom Vertrag zu lösen, gilt auch für städtebauliche Verträge. Zwar unterscheidet der BGH zwischen öffentlich-rechtlichen und privat-rechtlichen Verträgen, so dass nicht alle Aussagen unbesehen auf öffentlich-rechtliche Verträge übertragbar sind. Will der Investor sich von einem Vertrag lösen, da er lange schwebend unwirksam war, liegt jedoch dieselbe Interessenlage vor, unabhängig von der Rechtsnatur des Vertrags. Sowohl

---

463 BGH, Urteil vom 2. Oktober 2015 – V ZR 307/13, NVwZ 2016, 404 (406); zu diesem Urteil auch: Hellriegel, BauR 2016, 1853.

464 BGH, Urteil vom 2. Oktober 2015 – V ZR 307/13, NVwZ 2016, 404 (406).

465 BGH, Urteil vom 2. Oktober 2015 – V ZR 307/13, NVwZ 2016, 404 (406).

beim öffentlich-rechtlichen wie auch beim privat-rechtlichen Vertrag kann nur die Gemeinde das Baurecht schaffen und so für den Eintritt der Bedingung sorgen. In beiden Fällen kann daher aus Treu und Glauben gerechtfertigt sein, dass der Investor sich vom Vertrag lösen will.

### 5. Zwischenergebnis

Eine aufschiebende Bedingung schützt den Investor beim Scheitern des Bebauungsplanverfahrens oder bei einem abweichenden Inhalt davor, Leistungspflichten zu erbringen, die nach Inkrafttreten des Bebauungsplans fällig wären. Für Leistungen, die vor Inkrafttreten des Bebauungsplans zu erbringen sind, ist eine auflösende Bedingung sinnvoll. Sie schafft die Grundlage für einen öffentlich-rechtlichen Erstattungsanspruch. Eine auflösende Bedingung ist ebenfalls zu empfehlen, um den Investor bei der späteren Änderung oder Aufhebung des Bebauungsplans zu schützen.

Bleibt der Vertrag lange schwebend unwirksam, da die Gemeinde das Baurecht nicht schafft, so kann der Investor sich nach Treu und Glauben vom Vertrag lösen.

## IV. Vertragsanpassung und Kündigung

Eine Anpassung des städtebaulichen Vertrags kommt vor allem dann in Betracht, wenn der Bebauungsplan mit einem anderen als dem erwarteten Inhalt zustande kommt. Scheitert der Bebauungsplan vollständig, wird der Investor ein größeres Interesse haben, sich insgesamt von dem Vertrag zu lösen, statt nur seine Leistungspflichten zu reduzieren oder entfallen zu lassen (vgl. 1). Ist eine Anpassung des Vertrags nicht möglich oder nicht zumutbar, kann der Investor den Vertrag kündigen (vgl. 2). Sowohl die Anpassung des Vertrags als auch seine Kündigung entfalten grundsätzlich nur Wirkung für die Zukunft (vgl. 3). Beide Instrumente sind im Gesetz vorgesehen, dennoch ist eine vertragliche Regelung sinnvoll; insbesondere wenn die Anpassung nicht bereits in der Leitlinie der jeweiligen Stadt vorgesehen ist (vgl. 4).

### 1. Voraussetzungen der Vertragsanpassung nach § 60 Abs. 1 VwVfG

Das Instrument der Vertragsanpassung ist in § 60 Abs. 1 S. 1 VwVfG gesetzlich geregelt. Danach kann eine Vertragspartei eine Anpassung des Vertrags verlangen, wenn die Verhältnisse, die für die Festsetzung des Vertragsinhaltes maßgebend gewesen sind, sich seit Abschluss des Vertrags so wesentlich geändert haben, dass der Vertragspartei das Festhalten an der ursprünglichen vertraglichen Regelung nicht zuzumuten ist.

Eine wesentliche Änderung der Verhältnisse ist anzunehmen, wenn drei Voraussetzungen erfüllt sind:

- Die Änderung bezieht sich auf die vertraglich relevanten tatsächlichen oder rechtlichen Umstände,
- die Vertragspartner haben mit diesen Änderungen bei Abschluss des Vertrags nicht gerechnet und
- die Änderungen sind so erheblich, dass die Vertragsparteien bei Kenntnis dieser Umstände den Vertrag nicht mit demselben Inhalt geschlossen hätten. Zugleich muss dem betroffenen Vertragspartner ein Festhalten am Vertrag unzumutbar sein. Unzumutbar ist das Festhalten am Vertrag, wenn die Ausgleichsfunktion der beiderseitigen Leistungen so stark gestört ist, dass es dem benachteiligten Vertragspartner unmöglich wird, in der bisherigen vertraglichen Regelung seine Interessen auch nur annähernd noch gewahrt zu sehen.[466]

Ob nach Maßgabe dieser Kriterien eine wesentliche Änderung der Verhältnisse eingetreten ist, wenn der in einem städtebaulichen Vertrag vorausgesetzte Bebauungsplan gar nicht oder anders als erwartet in Kraft tritt, ist umstritten. Problematisch ist dabei das zweite der genannten Kriterien:

Nach einer Ansicht scheitert eine wesentliche Änderung daran, dass weder die Gemeinde noch der Investor damit rechnen durften, der Bebauungsplan werde wie erwartet in Kraft treten. Denn § 1 Abs. 3 BauGB schließe den Anspruch auf einen Bebauungsplan gerade aus und wolle die Entscheidungsfreiheit der Gemeinde sicherstellen. Zudem seien das Nichtbestehen des Planungsrechts und die Unzulässigkeit der vertraglichen Verpflichtung beiden Parteien von Anfang an bekannt gewesen, so dass sich gar keine Umstände geändert hätten.[467]

Dem wird entgegengehalten, dass sowohl die Gemeinde als auch der Investor davon ausgehen, dass der Bebauungsplan in Kraft tritt – anderenfalls schlössen sie keinen städtebaulichen Vertrag ab. Gegen die Einordnung als wesentliche Änderung könne auch nicht eingewendet werden, derartige Verträge hätten einen spekulativen Einschlag und das Risiko des Fehlschlags treffe deswegen

466 BVerwG, Urteil vom 18. Juli 2012 – C 4/11, NVwZ 2013, 209 (214, 215) m. w. N.; Bonk/Neumann/Siegel, in: Stelkens/Bonk/Sachs, VwVfG, § 60 Rn. 23, 24; Tegethoff, in: Kopp/Ramsauer, VwVfG, § 60 Rn. 19.

467 Birk, Städtebauliche Verträge, Rn. 75 m. w. N.; Bunzel/Coulmas/Schmidt-Eichstaedt, Städtebauliche Verträge – Ein Handbuch, S. 364.

grundsätzlich den privaten Vertragspartner. Die einseitige Bindung nur des Investors im städtebaulichen Vertrag sei nicht Ausdruck des spekulativen Charakters des Vertrags, sondern die Form, in der eine als erforderlich anerkannte Kooperation in der Bauleitplanung von der Rechtsprechung gebilligt sei.[468]

Der Kritik an der ersten Ansicht ist hinzuzufügen, dass es nicht darauf ankommt, womit die Parteien rechnen *durften*, sondern womit sie tatsächlich gerechnet haben. War das Inkrafttreten des Bebauungsplans mit dem vereinbarten Inhalt die gemeinsame Vorstellung beider Vertragsparteien, so wurde es Vertragsgrundlage. Ein Anspruch auf Vertragsanpassung kann daher nicht generell ausgeschlossen werden. Vielmehr sind die Vorstellungen der Parteien im konkreten Einzelfall zu prüfen. Haben sie die Aufstellung oder Änderung des Bebauungsplans als Unsicherheitsfaktor vorhergesehen, so haben sie sein Inkrafttreten nicht zur Vertragsgrundlage gemacht.[469]

Nicht ausreichend hierfür dürften Hinweise auf die allgemeine Rechtslage sein, wie sie in den Grundzustimmungen nach dem Münchener und Berliner Modell gegeben werden.[470] In beiden Grundzustimmungen nimmt der Investor zur Kenntnis, dass die Stadt „Planungsinhalte nicht verbindlich zusagen kann“ und dass keine Ansprüche bestehen auf die Aufstellung eines Bebauungsplans und keine Schadensersatzansprüche bei Abbruch des Planungsverfahrens oder bei einem anderen Inhalt des Bebauungsplans als dem erwarteten. Die allgemeine Rechtskenntnis, dass die Stadt sich nicht zur Aufstellung eines Bebauungsplans mit einem bestimmten Inhalt verpflichten darf, bedeutet nicht, dass der Investor – zum Beispiel auf Grundlage von Äußerungen der Stadt – nicht dennoch davon ausgeht, der Bebauungsplan würde zustande kommen. Allein hierdurch antizipieren die Vertragsparteien die Unsicherheit des Planungsverfahrens nicht.

Haben die Parteien diesen Unsicherheitsfaktor nicht vorhergesehen, so könnte nach der zweiten Meinung zwar eine Vertragsanpassung gemäß § 60 VwVfG in Betracht kommen. Ob ein Gericht dies im Streitfall ebenso sieht, ist jedoch ungewiss. Zumal gerade solche Vereinbarungen im städtebaulichen Vertrag wie aufschiebende Bedingungen, die den Investor bei einem Ausfall

468 Dolde/Uechtritz, DVBl. 1987, 446 (451, 452); vgl. auch VGH München, Urteil vom 11. April 1990 – 1 B 85 A.1480, NVwZ 1990, 979 (979); VG München, Urteil vom 18. November 1997 – M 1 K 96.5647, NJW 1998, 2070 (2071); Battis, ZfBR 1999, 241 (241, 242); Burmeister, Praxishandbuch Städtebauliche Verträge, Rn. 223.

469 Schliesky, in: Knack/Henneke, VwVfG, § 60 Rn. 15.

470 Die Sozialgerechte Bodennutzung München, S. 16; Leitlinie für den Abschluss städtebaulicher Verträge im Land Berlin, 1. August 2018, S. 19.

des Bebauungsplans absichern sollen, als Vorhersehen des Unsicherheitsfaktors verstanden werden können. Mit Unwägbarkeiten verbunden ist auch die Auslegung der Vorstellung der Parteien bei Abschluss des städtebaulichen Vertrags bzw. der Grundzustimmung. Zudem sind an die Voraussetzungen des § 60 Abs. 1 S. 1 VwVfG hohe Anforderungen zu stellen, die nur in Ausnahmefällen erfüllt sind, weil die Anpassung des Vertrags den Grundsatz der Vertragstreue durchbricht.[471] Der Investor sollte sich daher nicht auf den gesetzlichen Anpassungsanspruch aus § 60 Abs. 1 S. 1 VwVfG verlassen, sondern sich durch eine vertragliche Regelung absichern.

Einigkeit herrscht insofern, als eine Vertragsanpassung ausgeschlossen ist, wenn sich ein Risiko realisiert, das eine Partei übernommen hat oder von ihr verschuldet ist oder auf eigenes Tun zurückgeht,[472] also wenn der Investor das Risiko des Scheiterns des Bebauungsplans übernimmt oder es ihm zuzurechnen ist.

## 2. Voraussetzungen der Kündigung nach § 60 Abs. 1 VwVfG

Die Voraussetzungen einer Kündigung des städtebaulichen Vertrags durch den Investor nach § 60 Abs. 1 VwVfG entsprechen denen der Vertragsanpassung. Jedoch ist die Anpassung vorrangig und eine Kündigung nur zulässig, wenn die Anpassung unmöglich oder unzumutbar ist, § 60 Abs. 1 S. 1 a. E. VwVfG.

Die Anpassung ist unmöglich, wenn eine Inhaltsänderung, die den Fortbestand der vertraglichen Bindungen zumutbar macht, objektiv nicht erreichbar ist.[473] Nur scheinbar anderer Ansicht ist Schliesky, der die Unmöglichkeit nach § 275 BGB, einschließlich des Abs. 1 2. Fall BGB zur subjektiven Unmöglichkeit, des Abs. 2 zur faktischen Unmöglichkeit und des Abs. 3 zur Unzumutbarkeit bei persönlichen Leistungspflichten, beurteilt.[474] Denn auch die zuerst genannte Definition schränkt die Unmöglichkeit nicht auf eine objektive Unmöglichkeit nach § 275 Abs. 1 1. Fall BGB in dem Sinne ein, dass für jedermann ein zumutbarer Fortbestand des Vertrags ausgeschlossen ist. Vielmehr bezieht sich das Adjektiv „objektiv" auf einen objektiven Maßstab, in Abgrenzung zum subjektiven Empfinden einer Partei. Auch eine subjektive Unmöglichkeit nach § 275

471 Bonk/Neumann/Siegel, in: Stelkens/Bonk/Sachs, VwVfG, § 60 Rn. 23; Bunzel/Coulmas/Schmidt-Eichstaedt, Städtebauliche Verträge – Ein Handbuch, S. 363, Burmeister, Praxishandbuch Städtebauliche Verträge, Rn. 223.

472 Bonk/Neumann/Siegel, in: Stelkens/Bonk/Sachs, VwVfG, § 60 Rn. 26.

473 Bonk/Neumann/Siegel, in: Stelkens/Bonk/Sachs, VwVfG, § 60 Rn. 34.

474 Schliesky, in: Knack/Henneke, VwVfG, § 60 Rn. 42.

Abs. 1. 2. Fall BGB, wenn also nur diesem bestimmten Vertragspartner ein Festhalten am Vertrag unzumutbar bleibt, reicht bei objektiver Betrachtung aus. So wird als Beispiel einer Unmöglichkeit angeführt, dass der Vertragspartner – nicht aber jedermann im Sinne einer objektiven Unmöglichkeit – mit dieser Leistung aufgrund der geänderten Verhältnisse nichts anfangen kann oder die vertragliche Verpflichtung der einen Seite infolge der geänderten Verhältnisse gegenstandslos wird.[475]

Unzumutbar ist eine Vertragsanpassung, wenn durch die Vertragsanpassung nicht erreicht werden kann, dass ein Festhalten am geänderten Vertrag allen Beteiligten zumutbar ist.[476]

Diese Definition, wie auch die Voraussetzungen der Unmöglichkeit, bergen eine Unsicherheit, da sie stark wertende Aspekte enthalten. Ist ein Kündigungsrecht für den Investor interessant, empfiehlt sich daher seine vertragliche Regelung.

### 3. Rechtsfolgen der Anpassung und der Kündigung

Die Anpassung des Vertrags wie auch seine Kündigung entfalten grundsätzlich nur Folgen für die Zukunft:

Die Anpassung des Vertrags kann grundsätzlich nur für die zukünftigen, noch nicht erfüllten Leistungspflichten verlangt werden. Für bereits erbrachte Leistungen bildet das vertraglich begründete Schuldverhältnis einen Rechtsgrund für das Behaltendürfen.[477] Gleichwohl kommt eine Anpassung des Vertrages auch nach Erfüllung noch in Betracht. Ob eine Anpassung auch zurückliegende Zeiträume betreffen und in diesem Sinne Rückwirkung entfalten kann, ist allein eine Frage der Zumutbarkeit. Insofern mögen erhöhte Anforderungen gelten; schlechthin ausgeschlossen ist ein Anspruch auf Vertragsanpassung jedoch auch dann nicht.[478]

Unabhängig davon, ob die Anpassung vertraglich konkretisiert wurde oder nicht, erfolgt sie durch den Abschluss eines Änderungsvertrags. Lehnt die Gemeinde die Anpassung des städtebaulichen Vertrags ab, kann der Anspruch

475 Ziekow, VwVfG, § 60 Rn. 9.

476 Bonk/Neumann/Siegel, in: Stelkens/Bonk/Sachs, VwVfG, § 60 Rn. 34; Schliesky, in: Knack/Henneke, VwVfG, § 60 Rn. 43.

477 Bonk/Neumann/Siegel, in: Stelkens/Bonk/Sachs, VwVfG, § 60 Rn. 33.

478 BVerwG, Urteil vom 18. Juli 2012 – 8 C 4/11, NVwZ 2013, 209 (213).

auf Vertragsanpassung vom Investor im Wege einer Leistungsklage geltend gemacht werden.[479]

Ebenso wirkt die Kündigung nur für die Zukunft. Durch die Kündigung erlöschen die noch ausstehenden Leistungspflichten, wohingegen bereits erbrachte Leistungen grundsätzlich nicht zurückzugewähren sind. Eine Rückabwicklung findet nur statt, soweit ein Vertragspartner seine Leistungen bereits erbracht hat, ohne hierfür eine Gegenleistung zu erhalten.[480] Um das ungefähre Gleichgewicht der Leistungen wiederherzustellen, findet eine Rückgewähr oder ein Wertausgleich in natura oder Geld nach § 346 S. 2 BGB analog i. V. m. § 62 VwVfG statt.[481]

Im städtebaulichen Vertrag als hinkendem Austauschvertrag ist zwar keine Gegenleistung der Gemeinde festgeschrieben, mit der die bereits erbrachten Leistungen des Investors verglichen werden könnten. Dennoch stehen die Leistung des Investors und die (außervertragliche) Leistung der Gemeinde in gegenseitiger Abhängigkeit und in einem Äquivalenzverhältnis.[482] Daher ist der Umfang des in Kraft getretenen Bebauungsplans den bereits erbrachten Leistungen des Investors gegenüberzustellen. Hierfür ist es sinnvoll zu dokumentieren, in welchem Verhältnis die vom Investor zu tragenden Kosten zum Inhalt des Bebauungsplans stehen. Dies bietet sich besonders bei Folgekosten an, die in einem festgelegten oder bestimmbaren Verhältnis zur festgesetzten Wohnfläche entstehen. Bei den Planungskosten hingegen ist eine Abhängigkeit vom Inhalt des Bebauungsplans schwerer darzustellen. Denkbar ist die schematische Lösung, dass die Gemeinde den Anteil der Kosten erstattet, welcher dem Anteil des geplanten, nun aber nicht umsetzbaren Maßes der baulichen Nutzung entspricht.

In Berlin ist das Verhältnis bestimmter Kosten zum Inhalt des Bebauungsplans in der Leitlinie niedergelegt. So leiten sich die Leistungspflichten des Investors nach den Berechnungstools aus der geplanten Geschossflächenzahl oder Geschossfläche ab. Zudem legt die Leitlinie Kennwerte, Formeln und Preise pro Kita- oder Grundschulplatz sowie z. B. pro Quadratmeter Grünanlage oder Straße fest, um ausgehend von dem prognostizierten Bedarf die Leistungspflichten zu

479 Bonk/Neumann/Siegel, in: Stelkens/Bonk/Sachs, VwVfG, § 60 Rn. 46; Tegethoff, in: Kopp/Ramsauer, VwVfG, § 60 Rn. 28.

480 Bonk/Neumann/Siegel, in: Stelkens/Bonk/Sachs, VwVfG, § 60 Rn. 38, 39; Tegethoff, in: Kopp/Ramsauer, VwVfG, § 60 Rn. 30.

481 Bonk/Neumann/Siegel, in: Stelkens/Bonk/Sachs, VwVfG, § 60 Rn. 39; Spieth, in: Beck'scher Online-Kommentar VwVfG, Stand 1. April 2018, § 60 Rn. 20.

482 Vgl. Bonk/Neumann/Siegel, in: Stelkens/Bonk/Sachs, VwVfG, § 56 Rn. 14, 15.

bestimmen.[483] Auch der Anteil der mietpreis- und belegungsgebundenen Wohnungen bestimmt sich nach der Anzahl der Geschossfläche zu Wohnzwecken.[484] Die Leistungspflichten des Investors lassen sich dadurch leicht in Verhältnis zu dem Inhalt des Bebauungsplans setzen.

## 4. Empfehlungen für vertragliche Regelungen

Obwohl der Anspruch auf Vertragsanpassung und das Kündigungsrecht gesetzlich in § 60 Abs. 1 S. 1 VwVfG geregelt sind, ist zu einer Vereinbarung im städtebaulichen Vertrag zu raten. Dabei sind von § 60 Abs. 1 S. 1 VwVfG abweichende Vereinbarungen unwirksam, da der gesetzliche Anspruch aus § 60 Abs. 1 S. 1 VwVfG nicht abdingbar ist.[485] Möglich bleiben jedoch Vereinbarungen, die den gesetzlichen Anspruch konkretisieren. So können die Parteien bereits im Vorfeld festlegen, wann eine Änderung wesentlich ist und wann das Festhalten am Vertrag nicht mehr zumutbar ist. Dies schafft Rechtssicherheit und kann weitere Streitigkeiten darüber vermeiden, ob die Voraussetzungen eines Anspruchs auf Vertragsanpassung oder einer Kündigung vorliegen. Eine wesentliche Änderung lässt sich zum Beispiel wie folgt definieren:

> *„Eine wesentliche Änderung der Verhältnisse liegt vor, wenn weniger als … % der ursprünglich in dem Vorentwurf des Bebauungsplans vorgesehenen Geschossfläche verwirklicht werden können."*

Zudem können die Vertragsparteien sich über die Rechtsfolgen verständigen. Zulässig – und keine Abweichung von § 60 VwVfG – ist, als Folge einer wesentlichen Änderung direkt ein Kündigungsrecht zu vereinbaren, ohne dass eine Anpassung unzumutbar oder unmöglich sein muss. Denn regeln die Parteien vertraglich ein Kündigungsrecht, so bleibt für eine Anpassung des Vertrags durch Richterspruch kein Raum.[486] Eine solche Regelung ist sinnvoll, wenn der Investor kein Interesse an einer angepassten Umsetzung des Vertrags mit reduzierten Leistungspflichten seinerseits und einer nur teilweisen Realisierung des Vorhabens hat, sondern sich bei wesentlichen Änderungen vollständig vom gesamten Vertrag lösen möchte.

---

483 Leitlinie für den Abschluss städtebaulicher Verträge im Land Berlin, 1. August 2018, S. 24–29.

484 Leitlinie für den Abschluss städtebaulicher Verträge im Land Berlin, 1. August 2018, S. 29.

485 Schliesky, in: Knack/Henneke, VwVfG, § 60 Rn. 3.

486 BVerwG, Urteil vom 26. Januar 1995 – 3 C 21/93, NVwZ 1996, 171 (173); Schliesky, in: Knack/Henneke, VwVfG, § 60 Rn. 44; Ziekow, VwVfG, § 60 Rn. 9.

In jedem Fall sollten die Vertragsparteien sorgfältig dokumentieren, welchen konkreten Inhalt des Bebauungsplans sie im Laufe der Verhandlungen vorausgesetzt haben. Dies erleichtert im späteren Streitfall die Feststellung der Vertragsgrundlage.[487]

### 5. Zwischenergebnis

Ändern sich die Grundlagen des Vertrags wesentlich, so sind die Anpassung des Vertrags und ein Kündigungsrecht in § 60 Abs. 1 S. 1 VwVfG gesetzlich vorgesehen. Da hierin jedoch ein Abweichen vom Grundsatz der Vertragstreue liegt, werden hohe Anforderungen an die Voraussetzungen gestellt. Zudem ist die Anwendbarkeit des § 60 Abs. 1 S. 1 VwVfG auf den Fall des Scheiterns oder Abweichens des Bebauungsplans vom erwarteten Inhalt umstritten. Es empfiehlt sich daher die vertragliche Vereinbarung des Anspruchs auf Vertragsanpassung oder der Kündigung. Dies bietet zudem den Vorteil, dass die Parteien Voraussetzungen und Rechtsfolgen konkretisieren können.

Sowohl die Anpassung als auch die Kündigung des Vertrags entfalten grundsätzlich Rechtsfolgen nur für die Zukunft. Bereits erbrachte Leistungen sind nur insoweit auszugleichen bzw. rückabzuwickeln, wie ihre Gegenleistung nicht erbracht wurde. Ein solcher Ausgleich bietet sich bei Folgekosten an, bei den Planungskosten hingegen ist er schwieriger herzustellen.

## V. Zwischenergebnis

Dem Investor stehen mehrere Möglichkeiten zur Wahl, sich für den Fall abzusichern, dass der Bebauungsplan nicht oder anders als erwartet in Kraft tritt.

Typische Grundlage für die Erstattung bereits erbrachter Leistungen sind Schadensersatzansprüche. Ohne vertragliche Regelung bestehen allerdings nur in wenigen Ausnahmefällen Ansprüche des Investors auf Schadensersatz. Sollen daher Schadensersatzansprüche in den städtebaulichen Vertrag aufgenommen werden, dürfen sie die Grenze einer unzulässigen Vorbindung der Gemeinde nicht überschreiten, um deren Planungsfreiheit nicht zu stark zu beeinträchtigten. Unproblematisch ist die Erstattung von Planungskosten; bei sonstigen vorbereitenden Kosten ist danach zu differenzieren, wem die Leistung zu Gute kommt. Schadensersatzansprüche bis zum entgangenen Gewinn überschreiten diese Grenze hingegen schnell und sind besonders sorgfältig abzuwägen. In privat-rechtlichen Kaufverträgen sieht der BGH grundsätzlich keine unzulässige

---

487 Burmeister, Praxishandbuch Städtebauliche Verträge, Rn. 223.

Verkürzung der gebotenen Abwägung, was nicht davon befreit, im Einzelfall zu prüfen, ob durch die Höhe des drohenden Schadensersatzes die Abwägungsfreiheit der Gemeinde zu sehr beeinträchtigt ist.

Auch auf ein Rücktrittsrecht kann der Investor sich nur berufen, wenn es vertraglich vorgesehen ist. Im Unterschied zur Kündigung hat es auch Wirkung für die Vergangenheit und führt damit zur Rückabwicklung bereits erbrachter Leistungen. Die Grenzen der zulässigen Vorbindung sind auch hier zu beachten.

Die aufschiebende Bedingung schützt den Investor vor noch zu erbringenden Leistungspflichten, indem sie diese erst nach Inkrafttreten des Bebauungsplans fällig werden lässt. Sie gilt als stillschweigend vereinbart. Für Leistungen, die bereits vor Inkrafttreten des Bebauungsplans fällig werden, sollte eine auflösende Bedingung vereinbart werden, damit die bereits erbrachten Leistungen über einen öffentlich-rechtlichen Erstattungsanspruch zurückgefordert werden können. Dabei darf es nicht zu einer unzulässigen Vorwegbindung der Gemeinde kommen.

Sowohl Vertragsanpassung als auch Kündigung helfen dem Investor grundsätzlich nur dabei, noch offene Leistungen nicht erbringen zu müssen. Bereits erbrachte Leistungen sind nur insoweit auszugleichen, wie die Parteien unterschiedlich hohe Teilleistungen erbracht haben. Jedoch sind die Voraussetzungen für eine Vertragsanpassung oder Kündigung hoch und lassen sich nicht alle Teilleistungen des Investors in ein Verhältnis zu den Teilleistungen der Gemeinde bringen. Im Vergleich zur Bedingung ist die Anpassung flexibler, da die Rechtsfolgen abgestuft geregelt werden können, wenn der Bebauungsplan nur teilweise scheitert. Hat der Investor hingegen kein Interesse an einer teilweisen Realisierung seines Vorhabens, so empfiehlt sich die Bedingung oder ein entsprechend ausgestaltetes Rücktrittsrecht.

# F. Rechtsfolgen fehlerhafter Klauseln in städtebaulichen Verträgen

Erfüllt eine Klausel im städtebaulichen Vertrag nicht die dargestellten Zulässigkeitskriterien, so stellt sich die Frage nach den Folgen für die Rechtswirksamkeit des städtebaulichen Vertrags (vgl. I). Sind einzelne Bestimmungen im Vertrag unwirksam, können sie möglicherweise durch eine salvatorische Klausel geheilt werden (vgl. II). Ist der Vertrag jedoch im Ganzen unwirksam, ist er rückabzuwickeln (vgl. III). Die Unwirksamkeit des städtebaulichen Vertrags kann Auswirkungen auch auf den Bebauungsplan haben (vgl. IV).

## I. Folgen für die Wirksamkeit städtebaulicher Verträge

Ein städtebaulicher Vertrag kann in mehrfacher Hinsicht gegen die oben unter C und D dargestellten Voraussetzungen und Grenzen verstoßen: Möglich ist, dass er die Voraussetzungen aus § 11 Abs. 1 S. 2 Nr. 1–3 BauGB nicht erfüllt, insbesondere die Kausalität und die städtebauliche Erforderlichkeit (vgl. 1), die Grundsätze des Koppelungsverbotes oder der Angemessenheit missachtet (vgl. 2) sowie die Grenzen einer zulässigen Vorbindung überschreitet und sich über das Abwägungsgebot aus § 1 Abs. 3, 7 BauGB hinwegsetzt (vgl. 3). Es gilt daher zu untersuchen, welche Folgen diese Verstöße für die Wirksamkeit des Vertrags haben. Die Rechtswidrigkeit des Vertrags lässt seine Wirksamkeit unberührt, bis er erfolgreich angegriffen wird. Die Nichtigkeit hingegen führt direkt zur Unwirksamkeit des Vertrags. Führt die fehlerhafte Klausel zur Nichtigkeit, ist zwischen der Teilnichtigkeit und der Nichtigkeit des gesamten Vertrags zu unterscheiden (vgl. 4).

### 1. Verstöße gegen Kausalität und städtebauliche Erforderlichkeit

Zunächst ist zu klären, ob ein städtebaulicher Vertrag nicht nur rechtswidrig, sondern (teil)nichtig ist, wenn er die Voraussetzungen des § 11 Abs. 1 S. 2 Nr. 1–3 BauGB nicht erfüllt, insbesondere weil das Vorhaben des Investors die städtebauliche Maßnahme nicht verursacht oder der vom Investor zu schaffende günstige Wohnraum städtebaulich nicht erforderlich ist.

Die Nichtigkeit könnte aus § 59 Abs. 2 Nr. 1 VwVfG folgen. Danach ist ein subordinationsrechtlicher Vertrag im Sinne des § 54 S. 2 VwVfG nichtig, wenn ein Verwaltungsakt mit entsprechendem Inhalt nichtig wäre. Auch städtebauliche Verträge können – wie oben unter D I 2 b aa, S. 103

geprüft – subordinationsrechtliche Verträge sein. In Betracht käme eine Nichtigkeit nach § 44 Abs. 1 VwVfG wegen eines besonders schwerwiegenden, offensichtlichen Fehlers. Ein Verwaltungsakt leidet nach der Rechtsprechung des BVerwG an einem besonders schwerwiegenden Fehler, wenn dieser Fehler

> *„den Verwaltungsakt schlechterdings unerträglich erscheinen, also mit tragenden Verfassungsprinzipien oder der Rechtsordnung immanenten wesentlichen Wertvorstellungen unvereinbar sein lässt. […] Die an eine ordnungsgemäße Verwaltung zu stellenden Anforderungen müssen in einem so erheblichen Maße verletzt sein, dass von niemandem erwartet werden kann, den Verwaltungsakt als verbindlich anzuerkennen."*[488]

Beispiele für einen besonders schwerwiegenden Fehler sind eine absolute rechtliche Unmöglichkeit, völlige Unbestimmtheit, Widersprüchlichkeit, Unverständlichkeit oder Ungeeignetheit.[489] Diese Beispiele verdeutlichen, dass die Rechtsfolge der Nichtigkeit eine Ausnahme für krasse Fälle ist. Eine solche Qualität erreichen Verstöße gegen die Kausalität und städtebauliche Erforderlichkeit nach § 11 Abs. 1 BauGB nicht. Diese sind auch nicht mit den Nichtigkeitsgründen in § 44 Abs. 2 VwVfG zu vergleichen, die nach der amtlichen Begründung des Entwurfs des VwVfG zur Auslegung des Abs. 1 herangezogen werden können.[490] Aus § 59 Abs. 2 Nr. 1 VwVfG folgt daher keine Nichtigkeit des städtebaulichen Vertrags bei einem Verstoß gegen die Kausalität oder die städtebauliche Erforderlichkeit.

Auch eine Nichtigkeit nach § 59 Abs. 1 VwVfG in Verbindung mit § 134 BGB scheidet aus, da kein Verbotsgesetz im Sinne des § 134 BGB vorliegt. Vielmehr nennt § 11 Abs. 1 BauGB lediglich die Voraussetzungen der städtebaulichen Verträge.

Festzuhalten bleibt, dass ein Verstoß gegen die Voraussetzungen des § 11 Abs. 1 BauGB nicht zur Nichtigkeit des städtebaulichen Vertrags führt. Vielmehr bleibt er wirksam, solange er nicht wegen seiner Rechtswidrigkeit erfolgreich angegriffen wird.

---

488 BVerwG, Beschluss vom 16. September 2015 – 4 VR 2.15, BeckRS 2015, 52873 Rn. 9; Urteil vom 17. Oktober 1997 – 8 C 1/96, NVwZ 1998, 1061 (1062); Urteil vom 22. Februar 1985 – 8 C 107/83, NJW 1985, 2658 (2659).

489 Ramsauer, in: Kopp/Ramsauer, VwVfG, § 44 Rn. 10; Sachs, in: Stelkens/Bonk/Sachs, VwVfG, § 44 Rn. 113, 114.

490 BT Drs. 7/910, S. 64.

## 2. Verstöße gegen Koppelungsverbot und Gebot der Angemessenheit

Ein Verstoß gegen das Koppelungsverbot oder eine Missachtung des Gebotes der Angemessenheit führt hingegen zur Nichtigkeit: Nach § 59 Abs. 2 Nr. 4 VwVfG ist ein subordinationsrechtlicher Vertrag nichtig, wenn sich die Behörde eine nach § 56 VwVfG unzulässige Gegenleistung versprechen lässt. Eine unzulässige Gegenleistung nach § 56 VwVfG liegt auch dann vor, wenn die Gegenleistung das Koppelungsverbot aus § 56 Abs. 1 S. 1 Abs. 2 VwVfG oder das Angemessenheitsgebot aus § 56 Abs. 1 S. 2 VwVfG verletzt. Beide finden in § 11 Abs. 2 BauGB ihre baurechtliche Entsprechung.

Die Vorschrift des § 59 Abs. 2 Nr. 4 VwVfG gilt nach ihrem Wortlaut nur für Austauschverträge nach § 56 VwVfG, ist aber auch auf hinkende Austauschverträge und damit auf städtebauliche Verträge anwendbar.[491]

## 3. Verstöße gegen die Grenzen zulässiger Vorbindung

Verpflichtet sich die Gemeinde im städtebaulichen Vertrag zur Schaffung des Baurechts, so missachtet sie das Verbot aus § 1 Abs. 3 S. 2 BauGB. Der städtebauliche Vertrag ist dann wegen des Verstoßes gegen ein Verbotsgesetz gemäß § 59 Abs. 1 VwVfG i. V. m. § 134 BGB nichtig.[492]

Diese Rechtsfolge tritt auch ein, wenn die Gemeinde den Bebauungsplan nicht direkt zusagt, sondern sich mittelbar verpflichtet, indem sie sich hohen Ansprüchen auf Schadensersatz oder aus dem Rückabwicklungsverhältnis aussetzt, die den Rahmen einer zulässigen Vorbindung verlassen (siehe dazu E I 2 d, S. 166 sowie E II, S. 169). Denn es gilt, eine Umgehung des Verbotes aus § 1 Abs. 3 BauGB zu vermeiden.

Die Rechtsfolge der Nichtigkeit kann abgewendet werden, wenn eine Umdeutung gemäß § 140 BGB i. V. m. §§ 59 Abs. 1, 62 S. 2 VwVfG etwa in eine Bedingung oder Geschäftsgrundlage möglich ist.[493]

---

491 BVerwG, Urteil vom 16. Mai 2000 – 4 C 4/99, NVwZ 2000, 1285 (1287); VGH Mannheim, Urteil vom 18. Oktober 1990 – 2 S 2098/89, NVwZ 1991, 583 (584); Burmeister, Praxishandbuch Städtebauliche Verträge, Rn. 64.

492 Vgl. Labbé/Bühring, BayVBl. 2007, 289 (293).

493 BGH, Urteil vom 22. November 1979 – III ZR 186/77, NJW 1980, 826 (827, 828); Battis, in: Battis/Krautzberger/Löhr, BauGB, § 1 Rn. 31.

## 4. Teilnichtigkeit oder Gesamtnichtigkeit

Ist eine Klausel des Vertrags nichtig, zieht dies die Nichtigkeit des Vertrags im Ganzen nach sich, wenn nicht anzunehmen ist, dass der Vertrag auch ohne den nichtigen Teil geschlossen worden wäre, § 59 Abs. 3 VwVfG. Das Gesetz geht damit grundsätzlich von einer Nichtigkeit im Ganzen aus und stellt auf den mutmaßlichen Parteiwillen ab.[494]

Um festzustellen, ob im Einzelfall nur ein Teil des Vertrags nichtig ist, schlägt Birk drei Prüfschritte vor:

1. Ist der Vertrag objektiv teilbar? Falls ja, kann er nach Wegfall der nichtigen Regelung unverändert aufrechterhalten werden.
2. Welcher Vertragspartner hat Nachteile von der vertraglichen Regelung, die zur Nichtigkeit führt? War beispielsweise die Aufstellung eines Bebauungsplans verbindlich zugesagt, trägt der Investor den Nachteil.
3. Hätten beide Vertragspartner, vor allem derjenige, der – wie in Schritt 2 geprüft – Nachteile infolge der Nichtigkeit der Regelung hat, den Vertrag auch ohne diese Regelung abgeschlossen? Anhaltspunkte dafür bieten die Vertragsentwürfe, der Schriftverkehr der Verhandlungspartner sowie Gemeinderatsvorlagen und Protokolle. Auch die Gewichtung der nichtigen Norm im Kontext des gesamten Vertrags kann insoweit aussagekräftig sein: Je geringer ihre Bedeutung im Gesamtzusammenhang der beiderseitigen Leistungen ist, desto eher spricht dies für eine Teilnichtigkeit. Beinhaltet andersherum die nichtige Klausel die gesamte Leistung eines Vertragspartners, spricht alles dafür, dass der Vertrag ohne diese Regelung nicht abgeschlossen worden wäre.[495]

Da die Auslegung des Parteiwillens wertungsabhängig ist und das Gesetz im Zweifel von einer Gesamtnichtigkeit ausgeht, sollten die Parteien vertraglich regeln, wenn sie die Rechtsfolge der Teilnichtigkeit begrenzen wollen – zumindest sofern sie die Nichtigkeit einer Klausel befürchten.

Bei der bloßen Rechtswidrigkeit einer Klausel gibt es keine gesetzliche Vermutung der Rechtswidrigkeit des gesamten Vertrags. Die drei Prüfschritte lassen sich auf die Frage der nur teilweisen Rechtswidrigkeit übertragen; ebenso wie die Empfehlung, diesen Fall im Vertrag zu regeln.

---

494 BVerwG, Urteil vom 25. November 2005 – 4 C 15/04, NVwZ 2006, 336 (338); Beschluss vom 21. Juni 2005 – 4 B 32/05, ZfBR 2005, 682 (682).

495 Birk, Städtebauliche Verträge, Rn. 155 ff; vgl. Reidt, BauR 2001, 46 (47).

### 5. Zwischenergebnis

Ein Verstoß gegen die Voraussetzungen städtebaulicher Verträge nach § 11 Abs. 1 S. 2 Nr. 1–3 BauGB führt zur Rechtswidrigkeit, nicht aber zur Nichtigkeit des Vertrags. Aus einem Verstoß gegen das Koppelungsverbot, das Gebot der Angemessenheit oder das Verbot der vertraglichen Verpflichtung zur Aufstellung eines Bebauungsplans gemäß § 1 Abs. 3 BauGB folgt hingegen die Nichtigkeit.

Ob der Vertag in diesen Fällen im Ganzen oder nur in Teilen nichtig ist, richtet sich nach der Teilbarkeit des Vertrags und dem mutmaßlichen Willen der Vertragsparteien.

## II. Salvatorische Klauseln und Heilung

Der Umfang der Unwirksamkeit hat auch Auswirkungen auf salvatorische Klauseln: Ist der Vertrag insgesamt unwirksam, entfällt auch die salvatorische Klausel. Sie kann daher nur von Bedeutung sein, wenn der Verstoß eine teilweise Unwirksamkeit des Vertrags bedingt.[496]

Ob die salvatorische Klausel eine einzelne unwirksame Regelung heilen kann, hängt von dem Fehler ab:

Verstöße gegen die Voraussetzungen des § 11 Abs. 1 S. 2 Nr. 1–3 BauGB sind durch eine salvatorische Klausel heilbar, die die Beteiligten verpflichtet, die fehlerhafte Vertragsbestimmung durch eine dem mit ihr verfolgten Zweck am nächsten kommende zulässige Bestimmung zu ersetzen. Die Gesetzesbindung der Gemeinde steht einer solchen Heilung nicht entgegen. Denn für die Wahrung des Gebotes der Gesetzmäßigkeit der Verwaltung macht es keinen Unterschied, ob bereits die ursprüngliche vertragliche Regelung den gesetzlichen Vorgaben entspricht oder ob eine gesetzeskonforme Regelung in Anwendung einer salvatorischen Klausel nachträglich in den Vertrag Eingang findet.[497] Folglich können die Pflichten aus einem städtebaulichen Vertrag soweit angepasst werden, dass sie den Anforderungen der Kausalität und der städtebaulichen Erforderlichkeit genügen und nur die darüber hinausgehenden Pflichten entfallen.

Ebenso kann einem Verstoß gegen das Angemessenheitsgebot aus § 11 Abs. 2 S. 1 BauGB abgeholfen werden, indem die Last des Investors auf ein zulässiges Maß reduziert wird. Weiterhin kann eine die Planungshoheit beeinträchtigende und damit zu weit gehende Schadensersatzpflicht der Gemeinde auf die Höhe

---

496 Birk, Städtebauliche Verträge, Rn. 162.

497 Vgl. BVerwG, Beschluss vom 29. Oktober 2010 – 9 B 9/10, NVwZ 2011, 125 (125).

beschränkt werden, die der Gemeinde eine ausreichende Abwägungsfreiheit belässt (s. o. E I 2 d, S. 166). Gegen eine solche „geltungserhaltende Reduktion" bei Verstößen gegen die Angemessenheit argumentiert Reidt, dass die Grenzen städtebaulicher Verträge insbesondere dem Schutz des Bürgers dienen sollen.[498] Dies trifft zwar auf die Grenzen der Angemessenheit zu. Nimmt man aber auch die Grenzen einer zulässigen Verpflichtung der Gemeinde, insbesondere zu Schadensersatzleistungen in den Blick, wird deutlich, dass umgekehrt zugleich die Gemeinde vor zu umfangreichen Verpflichtungen bewahrt werden soll. Da Verfassung und Gesetz mithin beide Parteien schützen, können überhöhte Pflichten auf das gerade noch zulässige Maß zurückgeschnitten werden – was zugleich dem ursprünglichen Regelungswunsch der Parteien am nächsten kommt.

Sagte die Gemeinde allerdings verbindlich einen Bebauungsplan zu, so kann diese nichtige Regelung durch keine vergleichbare ersetzt werden, da eine solche Verpflichtung von § 1 Abs. 3 BauGB insgesamt untersagt ist. Das gleiche gilt bei einem Verstoß gegen das Koppelungsverbot; auch hier lässt sich keine vergleichbare zulässige Regelung finden.[499] Diese beiden Verstöße kann eine salvatorische Klausel daher nicht heilen.

## III. Rückabwicklung des städtebaulichen Vertrags

Grundsätzlich wird ein Vertrag rückabgewickelt, indem die Parteien sich die gegenseitigen Leistungen zurückerstatten. Anspruchsgrundlage beim öffentlich-rechtlichen Vertrag ist der öffentlich-rechtliche Erstattungsanspruch. Besteht die „Leistung" der Gemeinde jedoch in der Aufstellung eines Bebauungsplans oder der Erteilung einer Baugenehmigung, kann diese nicht rückabgewickelt werden. Die Rückabwicklung geschieht daher einseitig; allein der Investor erhält seine Leistungen zurück (vgl. 1). Dies verstößt nur in besonderen Fällen gegen den Grundsatz von Treu und Glauben (vgl. 2). Daher besteht aus der Sicht der Gemeinde ein Interesse daran, eine nur einseitige Rückabwicklung auszuschließen (vgl. 3).

### 1. Einseitige Rückabwicklung

Während der Investor im Rahmen der Rückabwicklung eines städtebaulichen Vertrags seine Leistung zurückerhält oder Geldersatz bekommt, kann der Bebauungsplan oder die Baugenehmigung der Gemeinde nicht erstattet werden.

---

498 Reidt, BauR 2001, 46 (48).

499 Vgl. Birk, Städtebauliche Verträge, Rn. 165–170; Reidt, BauR 2001, 46 (48).

Das Planungsrecht steht selbstständig neben den vertraglichen Regelungen städtebaulicher Verträge. Schon § 1 Abs. 3 S. 2 2. Hs. BauGB verbietet eine synallagmatische Verknüpfung zwischen dem Vertrag und dem Planungsrecht. Auch gibt es für den städtebaulichen Vertrag keine Regelung vergleichbar dem § 12 Abs. 6 S. 1 BauGB, wonach der Bebauungsplan aufgehoben werden soll, wenn der Vorhaben- und Erschließungsplan nicht fristgemäß durchgeführt wird. Eine analoge Anwendung ist wegen der eindeutigen, auf den vorhabenbezogenen Bebauungsplan bzw. den Vorhaben- und Erschließungsplan bezogenen Einzelfallregelung ausgeschlossen.[500]

Ebenso bleibt die erteilte Baugenehmigung von dem Wegfall des städtebaulichen Vertrags unbeeinflusst. Eine Rücknahme oder ein Widerruf nach §§ 48, 49 VwVfG allein aus diesem Grund ist ausgeschlossen, da der Vertrag und sein Wegfall nichts über die Rechtsmäßigkeit der Baugenehmigung aussagen.[501]

## 2. Treuwidrigkeit der einseitigen Rückerstattung?

Um eine solche einseitige Rückabwicklung zu vermeiden, wird in Literatur und Rechtsprechung diskutiert, ob der Investor gegen Treu und Glauben verstößt, wenn er sich nach Inkrafttreten des Bebauungsplans oder nach Erteilung der Baugenehmigung auf die Unwirksamkeit des städtebaulichen Vertrags beruft.

Für ein treuwidriges Verhalten des Investors wird angeführt, dass die Gemeinde großen Unsicherheiten ausgesetzt sei. Sie habe damit zu rechnen, dem Investor seine Leistungen erstatten zu müssen oder seine Leistungen erst gar nicht zu erhalten, nachdem er sein Vorhaben realisiert habe. Hieraus erwachse die Gefahr, dass der städtebauliche Vertrag sich nicht als Handlungsform der Verwaltung etabliere, was vom Gesetzgeber durch die Regelung des § 11 BauGB aber gerade gewollt sei.[502]

Dass dieses zweite Argument durch die Praxis entkräftet wird, zeigt sich an den aktuellen Beschlüssen zahlreicher Städte, Modelle zur Sozialgerechten Bodennutzung einzuführen. Neben den hier untersuchten vier Städten haben sich unter anderem auch Münster mit Ratsbeschluss vom 2. April 2014, Potsdam durch Beschluss der Stadtverordnetenversammlung vom 30. Januar 2013, Landsberg am Lech mit Grundsatzbeschluss des Stadtrats am 23. September 2015 und Köln durch Ratsbeschluss vom 17. Dezember 2013 für vergleichbare Modelle ausgesprochen. Dieses hohe Interesse, durch städtebauliche Verträge Investoren

500 Reidt, BauR 2001, 46 (54).

501 Birk, Städtebauliche Verträge, Rn. 769, 770.

502 Stüer, Bau- und Fachplanungsrecht, Rn. 2296.

an den Kosten des neuen Wohnraums und der Schaffung von günstigem Wohnraum zu beteiligen, wurde auch nicht durch die zuvor ergangene Rechtsprechung des BVerwG geschmälert, wonach einem

> *„Erstattungsanspruch des Bürgers der Grundsatz von Treu und Glauben nicht schon deshalb entgegen[steht], weil eine Rückabwicklung der von der Behörde erbrachten Leistung aus rechtlichen oder tatsächlichen Gründen unmöglich geworden ist. Müsste der […] auf eine Geldleistung gerichtete Erstattungsanspruch des Bürgers bereits daran scheitern, dass die Behörde (Gemeinde) die ihr obliegende Leistung unwiederbringlich und unwiderrufbar erbracht hat, würde die gesetzlich angeordnete Sanktion der Nichtigkeit des Vertrages in einer Vielzahl von Fällen rechtlich wirkungslos bleiben. […] Es müssen vielmehr besondere, in der Person oder im Verhalten des Erstattung begehrenden Bürgers liegende Umstände hinzutreten, die das Rückforderungsbegehren als treuwidrig erscheinen lassen".*[503]

Derartige besondere Umstände können darin bestehen, dass der Investor seinen Vermögensnachteil auf einen Dritten abgewälzt hat. Mit Treu und Glauben wäre nicht vereinbar, dass die Gemeinde einen Vermögensnachteil ausgleichen muss, der bei dem Investor nicht mehr besteht. Er erhielte damit einen Vermögensvorteil, der über das hinausgeht, was ihm auf der Grundlage eines Erstattungsanspruchs zusteht.[504]

Nicht ausreichend für ein rechtsmissbräuchliches Rückforderungsbegehren ist hingegen, wenn der städtebauliche Vertrag auf den Wunsch des Investors hin abgeschlossen wurde, auch wenn dies ein Indiz dafür darstellen kann, dass er an der Planung ein besonderes Interesse hat.[505]

Neben dem Erfordernis der besonderen Umstände betont das BVerwG den Sanktionsgedanken: Solange die Gemeinde sicherstellt, dass sie nur rechtmäßige Verträge abschließt, muss sie keine Rückabwicklung fürchten. Schließt die Gemeinde hingegen einen rechtswidrigen Vertrag ab und wäre die Rückabwicklung ausgeschlossen, so erlangte die Behörde durch die Zurückbehaltung der Leistung einen Vermögensvorteil, für den sie das Instrument des öffentlich-rechtlichen Vertrags nicht hätte einsetzen dürfen.[506] Sie hat den Vorteil daher auszugleichen. Folglich trägt die Gemeinde das Risiko, dass der Investor sein

503 BVerwG, Urteil vom 16. Mai 2000 – 4 C 4/99, NVwZ 2000, 1285 (1288); daran anschließend BVerwG, Urteil vom 26. März 2003 – 9 C 4/02, NVwZ 2003, 993 (994, 995); Beschluss vom 16. November 2009 – 4 C 15/07, NVwZ 2009, 1109 (1110).

504 BVerwG, Beschluss vom 16. November 2009 – 4 C 15/07, NVwZ 2009, 1109 (1110).

505 BVerwG, Beschluss vom 16. November 2009 – 4 C 15/07, NVwZ 2009, 1109 (1110); vgl. BVerwG, Urteil vom 26. März 2003 – 9 C 4/02, NVwZ 2003, 993 (995).

506 BVerwG, Urteil vom 16. Mai 2000 – 4 C 4/99, NVwZ 2000, 1285 (1288); Urteil vom 26. März 2003 – 9 C 4/02, NVwZ 2003, 993 (995);

von ihr geschaffenes Baurecht nutzt, ohne seinerseits seine Vertragspflichten zu erfüllen.

## 3. Ausschluss des öffentlich-rechtlichen Erstattungsanspruchs

Wie soeben dargestellt, ist eine einseitige Rückabwicklung grundsätzlich zulässig. Die Gemeinde kann daher ein Interesse daran haben, den öffentlich-rechtlichen Erstattungsanspruch des Investors auszuschließen. Fraglich ist deshalb, ob ein solcher Ausschuss zulässig wäre.

Der öffentlich-rechtliche Erstattungsanspruch ist ein eigenständiges öffentlich-rechtliches Rechtsinstitut und basiert nicht auf einer analogen Anwendung des § 812 BGB.[507] Daher sind die gesetzlichen Ausschlussgründe einer Erstattung gemäß §§ 814, 817 S. 2 oder 818 Abs. 3 BGB unanwendbar. Sie widersprechen dem das öffentliche Recht prägenden Grundsatz der Gesetzmäßigkeit der Verwaltung, indem sie den durch gesetzeswidrige Vermögensverschiebung erreichten Zustand festschreiben.[508]

Auch wenn der Investor im Vertrag unwiderruflich auf die Geltendmachung etwaiger Rückforderungsansprüche verzichtet hat, kann dieser Verzicht einem öffentlich-rechtlichen Erstattungsanspruch nicht entgegengehalten werden. Die vertragliche Vereinbarung eines solchen Verzichts verstößt gegen das Rechtsstaatsprinzip und ist unwirksam. Unzulässig wäre auch ein Verzicht auf Erstattungsansprüche, die sich erst nach Unterzeichnung des Verzichtes herausstellen, beispielweise im Vertrag nicht berücksichtigte höhere Kosten, etwa wenn sich später herausstellt, dass eine umfassendere Altlastensanierung notwendig ist. Auch prozessual ist ein Rechtsmittelverzicht erst möglich, wenn der rechtsmittelfähige Gegenstand bereits entstanden ist, das heißt nach Abschluss des Vertrags.[509]

## 4. Zwischenergebnis

Die Rückabwicklung des städtebaulichen Vertrags gestaltet sich in der Regel einseitig zugunsten des Investors: Während die Gemeinde seine Leistungen zurückgewähren muss, kann sie das Planungsrecht und die Baugenehmigung

507 Maurer, Allgemeines Verwaltungsrecht, § 29 Rn. 28, 29; Wolff/Bachof/Stober/Kluth, Verwaltungsrecht I, § 55 Rn. 76.

508 BVerwG, Urteil vom 26. März 2003 - 9 C 4/02, NVwZ 2003, 993 (994); Burmeister, Praxishandbuch Städtebauliche Verträge, Rn. 66.

509 Bunzel/Coulmas/Schmidt-Eichstaedt, Städtebauliche Verträge – Ein Handbuch, S. 356; Burmeister, Praxishandbuch Städtebauliche Verträge, Rn. 66.

nicht allein wegen des Wegfalls des städtebaulichen Vertrags aufheben. Diese einseitige Rückabwicklung verstößt grundsätzlich nicht gegen Treu und Glauben. Zugleich ist ein Verzicht des Investors auf seine Rückgewähr-Ansprüche unzulässig.

## IV. Auswirkungen auf den Bebauungsplan

Es besteht keine strikte Rechtmäßigkeitsverknüpfung zwischen städtebaulichen Verträgen und den zugeordneten Bebauungsplänen. Nur Durchführungsverträge und vorhabenbezogene Bebauungspläne verknüpft § 12 Abs. 1 BauGB so miteinander, dass der Satzungsbeschluss über den vorhabenbezogenen Bebauungsplan nur gefasst werden darf, wenn sich zuvor der Vorhabenträger vertraglich wirksam zur Durchführung verpflichtet hat. Stellt sich später die Unwirksamkeit des Vertrags heraus, ist auch der vorhabenbezogene Bebauungsplan unwirksam. Bei den hier betrachteten sonstigen städtebaulichen Verträgen führt die Rechtsfehlerhaftigkeit des Vertrags nicht stets zur Unwirksamkeit des Bebauungsplans. Vielmehr stehen diese grundsätzlich unabhängig nebeneinander.[510] Jedoch wird der städtebauliche Vertrag in der Abwägung zum Bebauungsplan in aller Regel eine Rolle gespielt haben, wodurch ein Zusammenhang zwischen städtebaulichem Vertrag und Bebauungsplan entsteht (vgl. 1). Daneben stellt sich die Frage, ob dem Abwägungsgebot Genüge getan ist, wenn die Gemeinde beim Abschluss städtebaulicher Verträge vorformulierte Vertragsmuster verwendet (vgl. 2).

### 1. Einbeziehung eines fehlerhaften Vertrages in die Abwägung

Bezieht die Gemeinde einen rechtswidrigen städtebaulichen Vertrag in die Abwägung ein, kann man darin den materiell-rechtlichen Fehler sehen, dass die Gemeinde den Vertrag irrtümlich als wirksam angesehen hat und ein Fehler im Abwägungsvorgang nach § 214 Abs. 3 S. 2 Hs. 2 BauGB vorliegt.[511] Man kann dies aber auch als Verfahrensfehler verstehen mit der Begründung, dass ein rechtsfehlerhafter städtebaulicher Vertrag nicht Teil des zu berücksichtigenden Abwägungsmaterials im Sinne des § 2 Abs. 3 BauGB ist und nicht in die Abwägung einbezogen werden darf. Der Fehler wird dann als Mangel bei der Ermittlung und Bewertung von abwägungserheblichen Belangen gemäß § 214 Abs. 1 S.1 Nr. 1 BauGB eingeordnet.[512]

---

510 Bunzel/Coulmas/Schmidt-Eichstaedt, Städtebauliche Verträge – Ein Handbuch, S. 66; Reidt, BauR 2001, 46 (54).

511 Bunzel/Coulmas/Schmidt-Eichstaedt, Städtebauliche Verträge – Ein Handbuch, S. 66.

512 So wohl Burmeister, Praxishandbuch Städtebauliche Verträge, Rn. 67.

Welcher Fehlergruppe man den Fehler zuordnet, hat für die weitere Prüfung, ob ein für die Rechtswirksamkeit des Bebauungsplans erheblicher (§ 214 Abs. 3 S. 2 Hs. 2 BauGB) bzw. beachtlicher (§ 214 Abs. 1 BauGB) Fehler[513] vorliegt, nur eine untergeordnete Bedeutung, da sich die anschließenden Prüfschritte ähneln. In beiden Fällen ist Voraussetzung, dass der Fehler offensichtlich und auf das Abwägungsergebnis von Einfluss gewesen ist (§ 214 Abs. 3 S. 2 Hs. 2 BauGB bzw. § 214 Abs. 1 S. 1 Nr. 1 a. E. BauGB). Der Fehler in Form des rechtsfehlerhaften städtebaulichen Vertrags muss in aller Regel als offensichtlich im Sinne des § 214 Abs. 3 S. 2 BauGB angesehen werden: Bei richtiger Würdigung ergibt sich aus den Akten, dass der städtebauliche Vertrag rechtsfehlerhaft ist und nicht in die Abwägung einbezogen werden darf. In der Regel wird der Fehler auch auf das Abwägungsergebnis von Einfluss gewesen sein, da städtebauliche Verträge nicht ohne triftigen Grund abgeschlossen werden. Damit liegt in der Regel ein erheblicher Fehler vor.[514]

Zusätzlich müssten für einen beachtlichen Verfahrensfehler nach § 214 Abs. 1 S. 1 Nr. 1 BauGB die von der Planung berührten Belange, die der Gemeinde bekannt waren oder hätten bekannt sein müssen, in wesentlichen Punkten nicht zutreffend ermittelt oder bewertet worden sein. Auch diese Kriterien sind in der Regel erfüllt: Bei ihrer Planung legt die Gemeinde den – vermeintlich – wirksamen städtebaulichen Vertrag zugrunde, mit welchem der Investor vor allem die Kosten der Planung sowie die Folgekosten seines Vorhabens übernimmt und sich zur Schaffung günstigen Wohnraums verpflichtet. Sie geht daher davon aus, dass der Investor sie finanziell entlastet und der zu schaffende Wohnraum den Wohnbedürfnissen der Bevölkerung dient sowie zu einer sozial stabilen Bewohnerstruktur beiträgt. Mit der Unwirksamkeit des städtebaulichen Vertrags entfallen jedoch diese Pflichten des Investors. Die von der Planung berührten Belange sind damit von der Gemeinde nicht zutreffend ermittelt oder bewertet worden. Die Rechtsfehlerhaftigkeit des städtebaulichen Vertrags und damit das Entfallen der Pflichten des Investors hätte der Gemeinde bekannt sein müssen, da es aus den Akten erkennbar ist. Dem Kriterium der Wesentlichkeit kommt keine selbstständige Bedeutung zu. Jeder Mangel, der in der konkreten Situation

---

513 „Erheblicher" und „beachtlicher" Fehler sind gleichbedeutend, Battis, in: Battis/Krautzberger/Löhr, BauGB, § 214 Rn. 20; Stock, in: Ernst/Zinkahn/Bielenberg/Krautzberger, BauGB, Stand Mai 2016, § 214 Rn. 136.

514 Bunzel/Coulmas/Schmidt-Eichstaedt, Städtebauliche Verträge – Ein Handbuch, S. 66, 67; Burmeister, Praxishandbuch Städtebauliche Verträge, Rn. 67.

das Abwägungsergebnis beeinflusst haben kann, ist zugleich ein Mangel in den für die Abwägung wesentlichen Punkten.[515]

Die Unterscheidung zwischen einem Fehler nach § 214 Abs. 1 S. 1 Nr. 1 BauGB und einem solchen nach § 214 Abs. 3 S. 2 Hs. 2 BauGB ist auch für die Rechtsfolgen nicht bedeutsam, da nach dem Gesetz beide Fehler dieselben Rechtsfolgen nach §§ 214, 215 BauGB auslösen.[516]

Festzuhalten bleibt, dass ein rechtsfehlerhafter städtebaulicher Vertrag in aller Regel zu einem beachtlichen bzw. erheblichen Abwägungsfehler führt. Wurde dieser nicht durch den Ablauf der Jahresfrist nach § 215 Abs. 1 BauGB unbeachtlich, so ist der Bebauungsplan unwirksam (§ 47 Abs. 5 VwGO).

Unerheblich ist, ob der Bebauungsplan durch andere Gründe städtebaulich gerechtfertigt werden könnte. Denn prüft ein Gericht die Gültigkeit des Bebauungsplans im Rahmen einer Normenkontrolle nach § 47 VwGO, so ist ihm mit Blick auf die gemeindliche Planungshoheit verwehrt, weitere Gründe von sich aus zu ermitteln und zugrunde zu legen.[517] Nach anderer Ansicht hängt die Heilbarkeit des Abwägungsfehlers davon ab, ob sich das Abwägungsergebnis des Bebauungsplans trotz der Unwirksamkeit des städtebaulichen Vertrags noch unverändert halten lässt, weil die für seinen Bestand sprechenden Argumente überwiegen. Dies wird damit begründet, die Planungshoheit der Gemeinde komme dadurch zum Ausdruck, dass sie den Bebauungsplan zuvor als Satzung beschlossen habe.[518] Dem ist nur insofern zuzustimmen, als der Beschluss der Gemeinde über den Bebauungsplan dafür spricht, dass sie diesen Bebauungsplan auch umsetzen wollte. Allerdings lässt dies keine Aussage darüber zu, ob die Gemeinde ihn auch unter den geänderten Umständen, also der Rechtswidrigkeit oder gar Nichtigkeit des Vertrags, aufrechterhalten will oder die Situation neu bewerten und regeln möchte. Diese Entscheidung der Gemeinde kann das Gericht nicht ersetzen. Es bleibt demnach bei einem beachtlichen bzw. erheblichen Fehler.

---

515 Battis, in: Battis/Krautzberger/Löhr, BauGB, § 214 Rn. 4; Stock, in: Ernst/Zinkahn/Bielenberg/Krautzberger, BauGB, Stand Mai 2016, § 214 Rn. 39g.

516 Stock, in: Ernst/Zinkahn/Bielenberg/Krautzberger, BauGB, Stand Mai 2016, § 214 Rn. 39b; Uechtritz, in: Beck'scher Online-Kommentar BauGB, Stand 1. November 2018, § 214 Rn. 22, 22.1.

517 VGH München, Urteil vom 12. Mai 2004 – 20 N 04.329, NVwZ-RR 2005, 781 (782); Burmeister, Praxishandbuch Städtebauliche Verträge, Rn. 67.

518 Bunzel/Coulmas/Schmidt-Eichstaedt, Städtebauliche Verträge – Ein Handbuch, S. 67.

## 2. Verwendung AGB-ähnlicher Verträge

Neben der Frage, welche Auswirkungen die Berücksichtigung eines fehlerhaften städtebaulichen Vertrages auf die Abwägung hat, ist zu untersuchen, wie sich die Verwendung von AGB-ähnlichen Vertragsmustern durch die Gemeinde auf ihre Abwägung auswirkt. Auf Musterverträge greifen viele Gemeinden bei dem Abschluss städtebaulicher Verträge zurück.[519] Dies führt dazu, dass Entscheidungen wie über die Höhe der Kostentragung des Investors oder der Quote der preisgünstigen Wohnungen deutlich vor der Abwägung über den einzelnen Bebauungsplan getroffen werden. Es stellt sich daher die Frage, ob der Gebrauch vorformulierter, AGB-ähnlicher Verträge gegen das Abwägungsgebot aus § 1 Abs. 7 BauGB verstößt.

Das Abwägungsgebot soll sicherstellen, dass dem Bebauungsplan eine gerechte Interessenabwägung zugrunde liegt. Nicht nur das Ergebnis der Abwägung, sondern auch der Abwägungsvorgang muss rechtmäßig sein.[520] Die in § 1 Abs. 7 gebotene Abwägung bildet damit den Kern des eigentlichen Planungsaktes.[521]

Die Anforderungen an das Gebot der gerechten Abwägung hat das BVerwG in seinem Urteil vom 12. Dezember 1969[522] wie folgt zusammengefasst:

> *„Das Gebot gerechter Abwägung ist verletzt, wenn eine (sachgerechte) Abwägung überhaupt nicht stattfindet. Es ist verletzt, wenn in die Abwägung an Belangen nicht eingestellt wird, was nach Lage der Dinge in sie eingestellt werden muß. Es ist ferner verletzt, wenn die Bedeutung der betroffenen privaten Belange verkannt oder wenn der Ausgleich zwischen den von der Planung berührten öffentlichen Belangen in einer Weise vorgenommen wird, der zur objektiven Gewichtigkeit einzelner Belange außer Verhältnis steht."*

Vor diesem Hintergrund begegnen AGB-ähnliche Verträge aus zwei Richtungen Bedenken: Erstens könnten sie die Abwägung der Gemeinde über den Bebauungsplan unzulässig verkürzen, wenn die Gemeinde auf ihr Vertragsformular zurückgreift (vgl. a). Zweitens soll das Abwägungsgebot sicherstellen, dass die privaten Belange ermittelt und sachgerecht in die Abwägung einbezogen werden.

---

519 Bunzel/Coulmas/Schmidt-Eichstaedt, Städtebauliche Verträge – Ein Handbuch, S. 52.

520 BVerwG, Urteil vom 5. Juli 1974 – IV C 50/72, NJW 1975, 70 (71, 72); Urteil vom 12. Dezember 1969 – IV C 105/66, zitiert nach juris Rn. 29; Battis, in: Battis/Krautzberger/Löhr, BauGB, § 1 Rn. 92, 95; Söfker/Runkel, in: Ernst/Zinkahn/Bielenberg/Krautzberger, BauGB, Stand Mai 2015, § 1 Rn. 187.

521 Söfker/Runkel, in: Ernst/Zinkahn/Bielenberg/Krautzberger, BauGB, Stand Mai 2015, § 1 Rn. 180.

522 Az.: IV C 105/66, zitiert nach juris Rn. 29.

Trifft die Gemeinde durch Verwendung von Vertragsmustern faktisch vorab Entscheidungen, so könnten die privaten Belange des Investors noch unbekannt sein und in der Abwägung nur unzureichend Berücksichtigung finden (vgl. b).

### *a) Freie Abwägung der Gemeinde*

Eine unzulässige Verkürzung der Abwägung könnte sich daraus ergeben, dass die Gemeinde durch vorformulierte Vertragsklauseln nicht mehr frei in ihrer Abwägung ist. Eine vollkommen freie Abwägung wird jedoch nicht gefordert. In Rechtsprechung und Literatur ist, wie oben unter E I 2 a, S. 163 dargestellt, anerkannt, dass die Planungsentscheidung der Gemeinde nicht auf „auf planerisch freiem Feld" stattfinden kann, da bestimmte Entscheidungen vorab getroffen werden müssen. Eine Vorwegbindung der Gemeinde durch den städtebaulichen Vertrag ist daher unter den oben (a. a. O.) dargestellten Voraussetzungen möglich. An den städtebaulichen Vertrag mit dem Investor ist die Gemeinde wegen seiner Außenwirkung gebunden, nicht hingegen an interne Vertragsmuster. Eine Bindung besteht auch nicht mittelbar über Art. 3 GG, da ein sachlicher Grund genügt, um von der bisherigen Verwaltungspraxis abzuweichen. So ist neben Abweichungen bei Besonderheiten im Einzelfall auch eine vollständige Veränderung der Verwaltungspraxis möglich.[523] Die Frage einer rechtlichen Vorwegbindung stellt sich demnach nicht.

Allenfalls ist denkbar, dass die Gemeinde sich an ihr Muster halten will und daraus eine faktische Bindung resultiert. Dies genügt aber nicht per se, um zu einem Abwägungsfehler zu führen. Ein Abwägungsfehler scheidet aus, wenn die Gemeinde trotz Bindungen Herrin des Bebauungsplanverfahrens bleibt und die Ziele und Zwecke der Planung eigenständig vorgibt.[524] Da die Gemeinde frei ist, die Vertragsformulare zu ändern oder im Einzelfall anzupassen, führt die Verwendung von vorformulierten Verträgen nicht automatisch zu einer unzulässig verkürzten Abwägung.

Hält die Gemeinde an ihrem Mustervertrag fest, so hat sie die Entscheidung über bestimmte Vertragsklauseln vorgezogen auf den Zeitpunkt der Formulierung des Musters. Sie bestätigt ihre Entscheidung zwar mit der Anwendung des Mustervertrages, jedoch besteht die Gefahr, dass sie sich nicht derart vertieft mit den einzelnen Klauseln auseinandersetzt. Zudem kann die übergeordnete Behörde auf eine einheitliche Anwendung der Richtlinie und damit des

---

523 Kischel, in: Beck'scher Online-Kommentar GG, Stand: 15. November 2018, Art. 3 Rn. 113.

524 Burmeister, Praxishandbuch Städtebauliche Verträge, Rn. 55.

Mustervertrages drängen. Die vorgezogene Entscheidung über das Vertragsmuster könnte gegen das Abwägungsgebot verstoßen, da die Abwägung zum Bebauungsplan im konkreten Einzelfall stattzufinden hat[525] und das Gewicht des einzelnen Belanges sich nach den tatsächlichen Gegebenheiten bestimmt.[526] Im frühen Zeitpunkt der Gestaltung des Vertragsmusters kennt die Gemeinde aber die im Einzelfall berührten Belange und deren Gewichtung nicht. Spezifische Anforderungen oder Gegebenheiten des Gebietes kann sie nicht berücksichtigen. Wie oben unter C I 1, S. 50 und C II 1, S. 64 dargestellt, setzt ein rechtmäßiger städtebaulicher Vertrag jedoch voraus, dass Pflichten des Investors kausal zum Vorhaben und städtebaulich erforderlich sind. So darf der Anteil preisgünstiger Wohnungen nur in der Höhe vereinbart werden, wie sie im einzelnen Quartier städtebaulich erforderlich sind (s. o. C I 2, S. 57). Auch hat der Investor nur die Kita- und Grundschulplätze zu finanzieren, die durch sein Vorhaben verursacht werden. Hier kann es im Einzelfall wegen der Lage des Vorhabens in einem für Familien wenig geeigneten Misch- oder Kerngebiet oder bei vielen kleinen Wohnungen zu Abweichungen von Durchschnittswerten kommen (s. o. C I 1, S. 50). Neben nicht kausalen oder städtebaulich erforderlichen Leistungspflichten birgt ein Mustervertrag auch die Gefahr, im Einzelfall unangemessene Leistungspflichten des Investors vorzusehen, beispielsweise wenn spezielle Belastungen des Grundstückes nicht berücksichtigt werden. Sinnvoll sind daher Musterverträge als Regelungsvorschlag für den Standardfall, die aber für Abweichungen und Besonderheiten des geplanten Quartiers ausdrücklich Raum lassen. Andernfalls könnte es zu einer „blinden" Verwendung des Vertragsmusters kommen, was zur Rechtswidrigkeit des städtebaulichen Vertrages führen kann. Durch den ausdrücklichen Hinweis im Muster darauf, dass es angepasst werden darf und soll, wird zugleich vermieden, dass der Gemeinderat sich an dieses Muster gebunden sieht und aus diesem Irrtum heraus keine Abwägung vornimmt.

### *b) Private Interessen des Investors*

Die privaten Belange sind nach § 1 Abs. 7 BauGB ausdrücklich in der Abwägung zu berücksichtigen. Der Begriff der privaten Belange ist weit auszulegen. Er umfasst alle Interessen, die durch den Bebauungsplan oder durch

---

525 Battis, in: Battis/Krautzberger/Löhr, BauGB, § 1 Rn. 96; Dirnberger, in: Beck'scher Online-Kommentar BauGB, Stand 1. November 2018, § 1 Rn. 161; Söfker/Runkel, in: Ernst/Zinkahn/Bielenberg/Krautzberger, BauGB, Stand Mai 2015, § 1 Rn. 203.

526 Söfker/Runkel, in: Ernst/Zinkahn/Bielenberg/Krautzberger, BauGB, Stand Mai 2015, § 1 Rn. 201.

dessen Anwendung gegenwärtig oder in absehbarer Zeit betroffen werden. So beschränken sich die abwägungsbeachtlichen privaten Interessen nicht auf subjektive öffentliche Rechte oder auf das, was nach Art. 14 oder Art. 2 Abs. 2 GG verfassungsrechtlich gegen (entschädigungslose) Eingriffe geschützt ist.[527]

Unter die privaten Belange fallen neben den verfassungsrechtlich geschützten Rechten, wie z. B. Grundeigentum und grundstücksgleiche Rechte, auch sonstige Interessen, die über das Interesse an der Erhaltung einer Rechtsposition hinausgehen, etwa das Interesse des Unternehmens an einer Erweiterung, Umstellung oder anderweitigen Änderung des Gewerbebetriebes.[528] Wie oben unter D II 4 b (S. 130) untersucht, wohnt die Baufreiheit dem Grundstück inne und ist über Art. 14 Abs. 1 GG geschützt, wohingegen die Bodenwertsteigerung lediglich als Reflex des Schutzes des Investors vor Geldleistungspflichten von Art. 2 Abs. 1 GG erfasst ist. Das Interesse des Investors, kraft des Bebauungsplanes sein Vorhaben realisieren zu können, geht über das Interesse an der Erhaltung einer Rechtsposition hinaus und fällt daher in die Kategorie der „sonstigen Interessen".

Allerdings ist nicht jeder private Belang abwägungsbeachtlich. Vielmehr setzt dessen Abwägungsbeachtlichkeit voraus, dass die Betroffenheit des Belangs erstens mehr als geringfügig, zweitens in ihrem Eintritt zumindest wahrscheinlich und drittens für die planende Stelle bei der Entscheidung über den Plan als abwägungsbeachtlich erkennbar ist.[529] Private Belange müssen auch schutzwürdig sein, d. h., sie sind unbeachtlich, wenn ein Vertrauen auf ihre Berücksichtigung nicht schutzwürdig ist.[530]

Das Interesse, mit einem – bisher nicht bebaubaren – Grundstück in den Geltungsbereich eines Bebauungsplans einbezogen zu werden, ist kein abwägungserheblicher Belang, ebenso nicht das Interesse an der Verbesserung des bauplanungsrechtlichen status quo und damit an der Erweiterung des eigenen Rechtskreises, das als bloße Erwartung nicht schutzwürdig und damit nicht abwägungsbeachtlich ist.[531] Abwägungsbeachtlich sind hingegen der Wegfall der Bebaubarkeit eines Grundstücks, seine Inanspruchnahme für öffentliche Grünflächen oder Bauvorhaben und die Änderung der baulichen Nutzbarkeit von Nachbargrundstücken. Bei Festsetzungen jedenfalls dieser Art ist davon auszugehen, dass sie den Grundstückseigentümer unmittelbar in seinem grundrechtlich

527 BVerwG, Beschluss vom 9. 11. 1979 – 4 N 1/78, NJW 1980, 1061 (1062); Battis, in: Battis/Krautzberger/Löhr, BauGB, § 1 Rn. 109.
528 Battis, in: Battis/Krautzberger/Löhr, BauGB, § 1 Rn. 101.
529 BVerwG, Beschluss vom 9. November 1979 – 4 N 1.78, NJW 1980, 1061 (1063).
530 BVerwG, Urteil vom 24. September 1998 – 4 CN 2.98, NJW 1999, 592 (592).
531 BVerwG, Beschluss vom 27. Juni 2007 – 4 BN 18.07, ZfBR 2007, 685 (685).

geschützten Rechtskreis betreffen.[532] Diese Interessen haben gemeinsam, dass sie für den Grundstückseigentümer eine Verschlechterung der planungsrechtlichen Situation bedeuten. Einem Investor, der die Schaffung oder Veränderung des Baurechts für sein Vorhaben anstrebt, droht insoweit jedoch im Normalfall gerade keine Verschlechterung des Planungsrechts. Selbst wenn Flächen seines Grundstückes als öffentliche Grünflächen in Anspruch genommen werden, tritt diese Belastung hinter dem Zweck zurück, Baurecht für sein Bauvorhaben zu schaffen. Der Investor wird daher regelmäßig keine schützenswerten und damit abwägungserheblichen Belange geltend machen können.

Sollte dies im Einzelfall anders sein, so hat der Investor auf die Berücksichtigung seiner privaten Belange ein subjektives Recht.[533] Werden private Belange verkannt, ist das Abwägungsgebot verletzt.[534]

Festzuhalten bleibt indes, dass allein die Existenz und Verwendung von Musterverträgen noch kein Indiz für eine sachwidrig verkürzte Abwägung ist.[535] Greift die Gemeinde auf Musterverträge zurück, so sollte sie jedoch besonders darauf achten, den Vertrag auf den Einzelfall anzupassen und nicht „sklavisch" dem Muster zu folgen. Private Belange des Investors sind nicht abwägungsrelevant, soweit er eine Verbesserung der bauplanungsrechtlichen Situation erstrebt. Wird dieses private Interesse nicht in die Abwägung einbezogen, folgt daraus kein Abwägungsfehler.

## V. Zwischenergebnis

Beinhaltet ein städtebaulicher Vertrag rechtsfehlerhafte Klauseln, so ist zwischen der Nichtigkeit und der bloßen Rechtswidrigkeit der Klauseln zu unterscheiden. Ein Verstoß gegen die Kausalität oder die städtebauliche Erforderlichkeit nach § 11 Abs. 1 S. 2 Nr. 1–3 BauGB führt zur Rechtswidrigkeit. Diese lässt die Wirksamkeit des Vertrags unberührt, bis er erfolgreich angegriffen wird. Aus einem Verstoß gegen das Koppelungsverbot, das Gebot der Angemessenheit oder das

---

532 BVerfG, Beschluss vom 14. Mai 1985 -- 2 BvR 397/82, NJW 1985, 2315 (2316).

533 Söfker/Runkel, in: Ernst/Zinkahn/Bielenberg/Krautzberger, BauGB, Stand Mai 2015, § 1 Rn. 184.

534 Battis, in: Battis/Krautzberger/Löhr, BauGB, § 1 Rn. 93; Dirnberger, in: Beck'scher Online-Kommentar BauGB, Stand 1. November 2018, § 1 Rn. 136; Söfker/Runkel, in: Ernst/Zinkahn/Bielenberg/Krautzberger, BauGB, Stand Mai 2015, § 1 Rn. 208.

535 Vgl. Burmeister, Praxishandbuch Städtebauliche Verträge, Rn. 55, wonach allein die Existenz eines städtebaulichen Vertrages kein Indiz für die sachwidrige Verkürzung des Abwägungsvorganges ist.

Verbot der vertraglichen Verpflichtung zur Aufstellung eines Bebauungsplans gemäß § 1 Abs. 3 BauGB folgt hingegen die Nichtigkeit. Ob der Vertrag insgesamt oder nur teilweise nichtig ist, richtet sich nach der Teilbarkeit des Vertrags und dem mutmaßlichem Willen der Vertragsparteien.

Im Falle einer teilweisen Unwirksamkeit hängt von der Art des Fehlers ab, ob eine salvatorische Klausel den Fehler heilen kann: Er kann geheilt werden, wenn die fehlerhafte Vertragsbestimmung durch eine dem mit ihr verfolgten Zweck am nächsten kommende zulässige Bestimmung ersetzt werden kann. Dies ist der Fall, wenn Pflichten aus dem Vertrag auf das noch zulässige Maß reduziert werden können, etwa um die Voraussetzungen der Kausalität und der städtebaulichen Erforderlichkeit nach § 11 Abs. 1 S. 2 Nr. 1–3 BauGB einzuhalten, die Grenze der Angemessenheit zu wahren oder Schadensersatzpflichten der Gemeinde auf das Maß zu reduzieren, bei dem sie nicht zu einer unzulässigen Vorbindung führen. Nicht heilbar sind hingegen Verstöße gegen das Koppelungsverbot oder § 1 Abs. 3 BauGB, da sich hier keine vergleichbare zulässige Regelung finden lässt.

Ist der Vertrag unwirksam und daher rückabzuwickeln, geschieht dies in der Regel einseitig zugunsten des Investors: Während die Gemeinde ihm seine Leistungen zurückgewähren muss, kann sie das Planungsrecht und die Baugenehmigung nicht allein wegen des Wegfalls des städtebaulichen Vertrags aufheben. Diese einseitige Rückabwicklung verstößt grundsätzlich nicht gegen Treu und Glauben. Auch ein Verzicht des Investors auf seine Rückgewähransprüche ist unzulässig.

Die Rechtsfehlerhaftigkeit des städtebaulichen Vertrags hat gewöhnlich Auswirkungen auf die Rechtmäßigkeit des Bebauungsplans. Zwar sind der Vertrag und die Satzung nicht unmittelbar miteinander verbunden, so dass die Rechtsfehlerhaftigkeit des städtebaulichen Vertrags nicht automatisch zu einem rechtswidrigen Bebauungsplan führt. Jedoch spielt der städtebauliche Vertrag in der Abwägung zum Bebauungsplan in den allermeisten Fällen eine Rolle. Ein rechtsfehlerhafter städtebaulicher Vertrag führt daher regelmäßig zu einem beachtlichen bzw. erheblichen Abwägungsfehler. An diesem Ergebnis ändert auch nichts, wenn der Bebauungsplan sich durch andere Gründe als den städtebaulichen Vertrag rechtfertigen ließe. Verwendet die Gemeinde vorformulierte Vertragsmuster, um den Abschluss städtebaulicher Verträge zu vereinheitlichen, so ist dies allein noch kein Indiz für eine unzulässig verkürzte Abwägung.

# G. Fazit

München führte als erste Stadt Verfahrensgrundsätze zum Abschluss städtebaulicher Verträge ein, nach denen sich Investoren stadtweit einheitlich an den Kosten des Planungsverfahrens, den Folgekosten des Vorhabens sowie der Schaffung von günstigem Wohnraum beteiligen. An diesem ersten Modell orientieren sich andere Städte. Allen vier vorliegend untersuchten Modellen der Städte München, Berlin Stuttgart und Düsseldorf ist gemein, dass sie die wichtigsten Voraussetzungen für städtebauliche Verträge überwiegend einhalten: Bei Folgekostenverträgen ist dies die Kausalität zwischen dem Vorhaben und den Kosten; bei Verträgen zur Deckung des Wohnbedarfs die städtebauliche Erforderlichkeit. Im Rahmen der städtebaulichen Erforderlichkeit ist insbesondere darauf zu achten, dass zwischen dem Vorhaben und dem günstigen Wohnraum ein räumlicher Zusammenhang bestehen muss. Zudem darf nicht mehr günstiger Wohnraum vom Investor verlangt werden als erforderlich ist. Daher sind flexible Quoten wie in Berlin, Stuttgart oder Düsseldorf einer stadtweit festgelegten pauschalen Quote wie in München vorzuziehen.

Die Leitlinien von Berlin, Stuttgart und Düsseldorf sind ausdrücklich nur dann anwendbar, wenn neues oder geändertes Planungsrecht erforderlich ist, um das Vorhaben des Investors zu realisieren. Dies ist mit Blick auf das Koppelungsverbot wichtig, welches zwei Aspekte umfasst: Erstens muss zwischen Leistung und Gegenleistung ein innerer Zusammenhang bestehen. Der innere Zusammenhang entspricht bei Folgekostenverträgen der Kausalität und bei Planverwirklichungsverträgen der städtebaulichen Erforderlichkeit. Zweitens darf die Leistung der Gemeinde grundsätzlich nicht von einer wirtschaftlichen Gegenleistung abhängig gemacht werden. Eine Ausnahme von diesem Grundsatz gilt, wenn kein Anspruch auf die Leistung besteht – also beispielsweise bei Ausnahmen und Befreiungen nach § 31 BauGB. Soweit die Literatur eine zweite Ausnahme annimmt, wenn die Gegenleistung Inhalt einer Nebenbestimmung sein könnte, ist dem nicht zuzustimmen. Diese zusätzliche Ausnahme findet keine Grundlage in § 11 BauGB, sondern nur in § 56 Abs. 2 VwVfG, auf den nicht zurückgegriffen werden darf. Hiervon unabhängig greift das Verbot wirtschaftlicher Gegenleistungen nicht bei Folgekostenverträgen. Bei diesen findet kein Austausch von Leistung und Gegenleistung statt, sondern der Ersatz von Aufwendungen.

Neben dem Koppelungsverbot ist als zweite Grenze beim Abschluss städtebaulicher Verträge das Gebot der Angemessenheit zu beachten. Während

Düsseldorf keine Kriterien für die Prüfung der Angemessenheit vorgibt, folgt Stuttgart dem Münchener Ansatz des „Bauherren-Drittels“: Die Werte des Grundstücks vor und nach der Überplanung werden verglichen, von der so berechneten Bodenwertsteigerung steht dem Investor mindestens ein Drittel zu.

Die Berliner Leitlinie weicht hinsichtlich der Angemessenheit von diesen Modellen entscheidend ab. Die Bundeshauptstadt wählt einen vereinfachenden Ansatz, um die Grenze der angemessenen Belastung des Investors zu ermitteln. Dabei sind nicht nur die Ausgangsdaten zur Ermittlung der Bodenwertsteigerung stark pauschalisiert, sondern es steht dem Investor auch kein festgelegter Mindestanteil der Bodenwertsteigerung zu. Damit ist nicht sichergestellt, dass dem Investor ein ausreichender Anteil verbleibt.

Dafür, dass dem Investor ein gewisser Anteil der Bodenwertsteigerung zusteht, spricht der Schutz der Baufreiheit durch Art. 14 Abs. 1 GG. Sie wohnt dem Grundstück inne und bedarf keiner Mitwirkung der öffentlichen Hand. Da die Bodenwertsteigerung selbst jedoch nicht durch Art. 14 Abs. 1 GG geschützt ist, ist der Halbteilungsgrundsatz aus dem Steuerrecht nicht übertragbar. Er besagt, dass dem Steuerpflichtigen die Hälfte seines Ertrags verbleiben muss. Dementsprechend bleibt der Schutz der Bodenwertsteigerung unter diesem Schutzniveau des Eigentumsgrundrechts zurück, so dass mehr als die Hälfte des Bodenwertzuwachses „abgeschöpft“ werden kann. Gleichwohl muss dem Investor ein solcher Anteil verbleiben, dass die von Art. 14 Abs. 1 GG geschützte Fortführung von Unternehmen wie des Investors nicht grundsätzlich unmöglich gemacht oder die durch Art. 12 Abs. 1 GG erfasste sinnvolle Ausübung der Tätigkeit ausgeschlossen ist. Zudem schützt Art. 2 Abs. 1 GG den Investor vor der Auferlegung von Geldleistungspflichten, wie sie im städtebaulichen Vertrag vereinbart werden – was als Schutzreflex auf die Bodenwertsteigerung ausstrahlt.

In München spricht wegen der anhaltenden Bautätigkeit vieles dafür, dass weder die Grenze der erdrosselnden Wirkung nach Art. 14 Abs. 1 GG noch die der Berufsausübungsfreiheit überschritten ist, wenn dem Investor das „Bauherrendrittel“ verbleibt. Dieses Ergebnis ist wegen der regionalen Unterschiede und der verschiedenen Bemessungsgrundlagen jedoch nur eingeschränkt auf andere Städte übertragbar. In Berlin bleibt daher zunächst abzuwarten, welche Auswirkungen städtebauliche Verträge nach dem Berliner Modell haben.

Wird die Grenze der Angemessenheit überschritten, hat dies nicht nur Folgen für den Investor. Auch die Gemeinde treffen zweierlei Folgen: Erstens führt ein Verstoß gegen das Gebot der Angemessenheit – wie Verstöße gegen das Koppelungsverbot oder das Verbot der vertraglichen Verpflichtung zur Aufstellung eines Bebauungsplans gemäß § 1 Abs. 3 BauGB – zur Nichtigkeit des städtebaulichen Vertrags. Da der Investor die empfangene Leistung in Form des

Planungsrechts nicht zurückgewähren kann, erfolgt die Rückabwicklung einseitig und nur die Gemeinde erstattet dem Investor seine Leistungen zurück. Der Investor hingegen kann sich durch die vertragliche Vereinbarung von Bedingungen und Kündigungsrechten, von Ansprüchen auf Vertragsanpassung oder auf Schadensersatz davor schützen, Leistungen zu erbringen, denen kein Bebauungsplan als Leistung der Gemeinde gegenübersteht bzw. absichern, dass er seine Leistungen ersetzt bekommt.

Zweitens führt die Unwirksamkeit des städtebaulichen Vertrags in der Regel auch zum Wegfall des Bebauungsplans, da der städtebauliche Plan in der Abwägung zum Bebauungsplan eine entscheidende Rolle spielen dürfte.

Folglich liegt es im Interesse beider Parteien, nur städtebauliche Verträge abzuschließen, welche die Voraussetzungen der Rechtmäßigkeit erfüllen und deren Grenzen einhalten.

# Literaturverzeichnis

## Monografien


| | Zitiert als |
|---|---|
| Battis, Ulrich/ Krautzberger, Micheal/ Löhr, Rolf-Peter, Baugesetzbuch, 13. Auflage 2016 | Battis/Krautzberger/Löhr, BauGB |
| Beck'scher Online-Kommentar Grundgesetz | Beck'scher Online-Kommentar GG |
| Beck'scher Online-Kommentar BauGB | Beck'scher Online-Kommentar BauGB |
| Beck'scher Online-Kommentar VwVfG | Beck'scher Online-Kommentar VwVfG |
| Birk, Hans-Jörg, Städtebauliche Verträge, 5. Auflage 2013 | Birk, Städtebauliche Verträge |
| Bunzel, Arno /Coulmas, Diana /Schmidt-Eichstaedt, Gerd, Städtebauliche Verträge – Ein Handbuch, 4. Auflage 2013 | Bunzel/Coulmas/Schmidt-Eichstaedt, Städtebauliche Verträge – Ein Handbuch |
| Burmeister, Thomas, Praxishandbuch Städtebauliche Verträge, 3. Auflage 2014 | Burmeister, Praxishandbuch Städtebauliche Verträge |
| Burmeister, Thomas, Praxishandbuch Städtebauliche Verträge, 1 Auflage 2000 | Burmeister, Praxishandbuch Städtebauliche Verträge, 1. Auflage 2000 |
| Dreier, Horst (Hrsg.), Grundgesetz Kommentar, Band I, 3. Auflage 2013 | Dreier, GG |
| Engisch, Karl, Einführung in das juristische Denken, 11. Auflage 2010 | Engisch, Einführung in das juristische Denken |
| Epping, Volker /Hillgruber, Christian, Grundgesetz, 2. Auflage 2013 | Epping/Hillgruber, GG |

| | **Zitiert als** |
|---|---|
| Erbguth, Wilfried/ Oebbecke, Janbernd/ Rengeling, Hans-Werner/ Schulte, Martin (Hrsg.), Planung: Festschrift für Werner Hoppe zum 70. Geburtstag, 2000 | Festschrift für Hoppe zum 70. Geburtstag |
| Ernst, Werner/ Zinkahn, Willy/ Bielenberg, Walter/ Krautzberger, Michael, Baugesetzbuch | Ernst/Zinkahn/Bielenberg/Krautzberger, BauGB |
| Fickert, Hans Carl/ Fieseler, Herbert, Baunutzungsverordnung, 13. Auflage 2018 | Fickert/Fieseler, BauNVO |
| Grziwotz, Herbert, Vertragsgestaltung im öffentlichen Recht, 2002 | Grziwotz, Vertragsgestaltung im öffentlichen Recht |
| Hornmann, Gerhard, Hessische Bauordnung, 3. Auflage 2019 | Hornmann, Hessische BauO |
| Huber, Peter M., Der planungsbedingte Wertzuwachs als Gegenstand städtebaulicher Verträge, 1995 | Huber, Der planungsbedingte Wertzuwachs als Gegenstand städtebaulicher Verträge |
| Isensee, Josef/ Kirchhof, Paul (Hrsg.), Handbuch des Staatsrechts, Band VIII, 3. Auflage 2010 | Handbuch des Staatsrechts, Band VIII |
| Jarass, Hans D./ Kment, Martin, Baugesetzbuch, 2. Auflage 2017 | Jarass/Kment, BauGB |
| Jarass, Hans D./ Pieroth, Bodo Grundgesetz, 15. Auflage 2018 | Jarass/Pieroth, GG |
| Junker, Tobias, Rechtliche Möglichkeiten und Grenzen einer Abschöpfung planungsbedingter Bodenwertsteigerungen durch Gemeinden, 2010 | Junker, Rechtliche Möglichkeiten und Grenzen einer Abschöpfung planungsbedingter Bodenwertsteigerungen durch Gemeinden |
| Kingreen, Thorsten/ Poscher, Ralf, Grundrechte Staatsrecht II, 34. Auflage 2018 | Kingreen/Poscher, Grundrechte Staatsrecht II |

| | Zitiert als |
|---|---|
| Knack, Hans Joachim/ Henneke, Hans-Günther (Hrsg.), Verwaltungsverfahrensgesetz, 10. Auflage 2014 | Knack/Henneke, VwVfG |
| Kopp, Ferdinand O./ Ramsauer, Ulrich, Verwaltungsverfahrensgesetz, 19. Auflage 2018 | Kopp/Ramsauer, VwVfG |
| Maunz, Theodor/ Dürig, Günter, Grundgesetz, Band II | Maunz/Dürig, GG |
| Maurer, Hartmut/ Waldhoff, Christian, Allgemeines Verwaltungsrecht, 19. Auflage 2017 | Maurer, Allgemeines Verwaltungsrecht |
| Münchener Kommentar zum BGB, Band 1, 8. Auflage 2018 | Münchener Kommentar zum BGB, Band 1 |
| Münchener Kommentar zum BGB, Band 2, 8. Auflage 2019 | Münchener Kommentar zum BGB, Band 2 |
| Otto, Christian W., Brandenburgische Bauordnung 2016, Kommentar für die Praxis, 4. Auflage 2016 | Otto, Brandenburgische Bauordnung |
| Sachs, Michael (Hrsg.), Grundgesetz, 8. Auflage 2018 | Sachs, GG |
| Schrödter, Wolfgang (Hrsg.), Baugesetzbuch, 8. Auflage 2015 | Schrödter, BauGB |
| Schrödter, Wolfgang (Hrsg.), Baugesetzbuch, 7. Auflage 2006 | Schrödter, BauGB, 7. Auflage 2006 |
| Schwab, Karl, Städtebauliche Verträge, 2017 | Schwab, Städtebauliche Verträge |
| Simon/Busse, Hrsg.: Busse, Jürgen/ Kraus, Stefan, Bayerische Bauordnung | Simon/Busse, BayBO |
| Spannowsky, Willy/ Uechtritz, Michael, Baugesetzbuch, 3. Auflage 2018 | Spannowsky/Uechtritz, BauGB |

| | Zitiert als |
|---|---|
| Spannowsky, Willy/ Uechtritz, Michael, Baugesetzbuch, 2. Auflage 2014 | Spannowsky/Uechtritz, BauGB, 2. Auflage 2014 |
| Sprenger, Bernd/ Herzog, Bodo, Währungsreform und soziale Marktwirtschaft, 2008 | Währungsreform und soziale Marktwirtschaft |
| Stelkens, Paul/ Bonk, Heinz/ Sachs, Joachim, Verwaltungsverfahrensgesetz, 9. Auflage 2018 | Stelkens/Bonk/Sachs, VwVfG |
| Stüer, Bernhard, Handbuch des Bau- und Fachplanungsrechts, 5. Auflage 2015 | Stüer, Bau- und Fachplanungsrecht |
| Umbach, Dieter C./ Clemens, Thomas, Grundgesetz Mitarbeiterkommentar, 2002 | Umbach/Clemens, GG |
| von Mangoldt, Hermann/ Klein, Friedrich/ Starck, Christian, Kommentar zum Grundgesetz, 7. Auflage 2018 | von Mangoldt/Klein/Starck, GG |
| von Münch, Ingo/ Kunig, Philip, Grundgesetz, 6. Auflage 2012 | von Münch/Kunig, GG |
| Wolff, Hans J./ Bachof, Otto/ Stober, Rolf/ Kluth, Winfried, Verwaltungsrecht I, 13. Auflage 2017 | Wolff/Bachof/Stober/Kluth, Verwaltungsrecht I |
| Wilke, Dieter/ Dageförde, Hans-Jürgen/ Knuth, Andreas, Bauordnung für Berlin, 6. Auflage 2008 | Wilke/Dageförde/Knuth, Berliner BauO |
| Ziekow, Jan, Verwaltungsverfahrensgesetz, 3. Auflage 2013 | Ziekow, VwVfG |
| Zippelius, Reinhold, Juristische Methodenlehre, 11. Auflage 2012 | Zippelius, Juristische Methodenlehre |

## Aufsätze


| | Zitiert als |
|---|---|
| Battis, Ulrich, Probleme planungsbezogener städtebaulicher Verträge, ZfBR 1999, 241 | Battis, ZfBR 1999, 241 |
| Bick, Ulrike, Städtebauliche Verträge, DVBl. 2001, 154 | Bick, DVBl. 2001, 154 |
| Bunzel, Arno, Baulandmodelle mit städtebaulichen Verträgen – das Berliner Modell, ZfBR 2018, 638 | Bunzel, ZfBR 2018, 638 |
| Bunzel, Arno, Soziale Wohnraumförderung durch städtebauliche Verträge, ZfBR 2015, 11 | Bunzel, ZfBR 2015, 11 |
| Busse, Jürgen, Die Grenzen städtebaulicher Verträge mit Beispielen aus der kommunalen Praxis, BayVBl. 2003, 129 | Busse, BayVBl. 2003, 129 |
| Busse, Jürgen, Städtebauliche Verträge im Lichte der Rechtsprechung, KommJur 2009, 241 | Busse, KommJur 2009, 241 |
| Degenhart, Christoph, Vertragliche Bindungen der Gemeinde im Verfahren der Bauleitplanung, BayVBl. 1979, 289 | Degenhart, BayVBl. 1979, 289 |
| Diehr, Uwe, Möglichkeiten und Grenzen der Planungswertabschöpfung durch Gemeinde – dargestellt anhand des brandenburgischen Landesrechtes, BauR 2000, 1 | Diehr, BauR 2000, 1 |
| Dolde, Klaus-Peter/ Menke, Rainard, Das Recht der Bauleitplanung 1996 bis 1998, NJW 1999, 1070 | Dolde/Menke, NJW 1999, 1070 |
| Dolde, Klaus-Peter/ Uechtritz, Michael, Ersatzansprüche aus Bauplanungsabreden, DVBl. 1987, 446 | Dolde/Uechtritz, DVBl. 1987, 446 |

| | Zitiert als |
|---|---|
| Fislake, Heribert, Das Ermessen in § 35 II BauGB, ZfBR 1988, 166 | Fislake, ZfBR 1988, 166 |
| Franßen, Yvonne, Planungsbedingte Bodenwertsteigerungen, UPR 2017, 134 | Franßen, UPR 2017, 134 |
| Frenz, Walter, Grenzen öffentlich-rechtlicher begründeter privater Verantwortung ohne eigenes Zutun, Verwaltungsarchiv 1999, 208 | Frenz, Verwaltungsarchiv 1999, 208 |
| Gaßner, Otto, Planungsgewinn und städtebaulicher Vertrag, BayVBl. 1998, 577 | Gaßner, BayVBl. 1998, 577 |
| Groth, Klaus-Martin, Neue Leitlinie für Bebauungsplanverfahren, Das Grundeigentum 2014, 1226. | Groth, Das Grundeigentum 2014, 1226. |
| Grziwotz, Herbert, Städtebauliche Verträge als Weg zu einer sozialgerechten Bodennutzung?, DVBl. 1994, 1048 | Grziwotz, DVBl. 1994, 1048 |
| Grziwotz, Herbert, Praktische Probleme beim Abschluß städtebaulicher Verträge, NVwZ 1996, 637 | Grziwotz, NVwZ 1996, 637 |
| Grziwotz, Herbert, Verkauf von Baurecht?, BauR 2005, 812 | Grziwotz, BauR 2005, 812 |
| Grziwotz, Herbert, Anmerkung zum Urteil des OVG Koblenz vom 18. Dezember 2014, DNotZ 2015, 376 | Grziwotz, DNotZ 2015, 376 |
| Haaß, Bernhard, Das „Berliner Modell der kooperativen Baulandentwicklung“ in der bauleitplanerischen Abwägung, LKV 2018, 156 | Haaß, LKV 2018, 156 |
| Hellriegel, Mathias, Risikoabsicherung durch städtebauliche Verträge, BauR 2016, 853 | Hellriegel, BauR 2016, 1853 |

| | Zitiert als |
|---|---|
| Hellriegel, Mathias/ Wild, Michael, Voraussetzungen und Grenzen für die Überwälzung von Folgekosten bei Wohnbauvorhaben – Finanzierung von Schul- und Kitaplätzen durch städtebauliche Verträge, Das Grundeigentum 2014, 1316 | Hellriegel/Wild, Das Grundeigentum 2014, 1316 |
| Huber, Peter M., Rechtliche Grenzen von Planungswertausgleich und städtebaulichen Verträgen, DÖV 1999, 173 | Huber, DÖV 1999, 173 |
| Jäde, Henning, Neue Aspekte städtebaulicher Verträge, BayVBl. 1992, 549 | Jäde, BayVBl. 1992, 549 |
| Jung, Alexander, Münchener Modell, Der Spiegel, 49/2012 | Jung, Der Spiegel, 49/2012 |
| Köster, Bernd, Möglichkeiten der kommunalen Förderung des sozialen Wohnungsbaus im allgemeinen Städtebaurecht, KommJur 2016, 81 | Köster, KommJur 2016, 81 |
| Krautzberger, Michael, Städtebauliche Verträge in der praktischen Bewährung, UPR 2007, 407 | Krautzberger, UPR 2007, 407 |
| Labbé, Walter/ Bühring, Patrick, Baulandausweisung und Abschöpfung von Planungsgewinnen, BayVBl. 2007, 289 | Labbé/Bühring, BayVBl. 2007, 289 |
| Leisner, Walter, Baufreiheit oder staatliche Baurechtsverleihung?, DVBl. 1992, 1065 | Leisner, DVBl. 1992, 1065 |
| Möller, Andreas/ Hatz, Maximiliane, Bringt die Sozialwohnungsquote den Bauboom für Wohnungen in Berlin zum Erliegen?, Das Grundeigentum 2013, 314 | Möller/Hatz, Das Grundeigentum 2013, 314 |

| | Zitiert als |
|---|---|
| Oehmen, Klaus/ Busch, Christiane, Städtebauliche Verträge und die Grenzen des Zulässigen, BauR 1999, 1402 | Oehmen/Busch, BauR 1999, 1402 |
| Oerder, Michael, Praktische Probleme der Städtebaulichen Verträge nach § 11 BauGB, BauR 1998, 22 | Oerder, BauR 1998, 22 |
| Ortloff, Karsten-Michael, Ermessen in § 35 II BauGB – Hat das Gesetz doch recht?, NVwZ 1988, 320 | Ortloff, NVwZ 1988, 320 |
| Otto, Christian W., Unzulässige Klauseln in städtebaulichen Verträgen und Fragen zu ihrer strafrechtlichen Relevanz, ZfBR 2006, 320 | Otto, ZfBR 2006, 320 |
| Otto, Christian W., Wohnen im Kerngebiet, ZfBR 2013, 125 | Otto, ZfBR 2013, 125 |
| Reidt, Olaf, Städtebauliche Verträge – Rechtsfolgen nichtiger Vereinbarungen, BauR 2001, 46 | Reidt, BauR 2001, 46 |
| Scharmer, Eckhardt, Städtebauliche Verträge nach § 6 BauGB-Maßnahmegesetz, NVwZ 1995, 219 | Scharmer, NVwZ 1995, 219 |
| Schmidt-Eichstaedt, Gerd, Verträge im Zusammenhang mit der Aufstellung von Bebauungsplänen, BauR 1996, 1 | Schmidt-Eichstaedt, BauR 1996, 1 |
| Schmidt-Eichstaedt, Gerd, Das Berliner Modell der kooperativen Baulandentwicklung: „Den Umständen nach angemessen“?, ZfBR 2018, 537 | Schmidt-Eichstaedt, ZfBR 2018, 537 |
| Spieß, Gerhard, Sozialgerechte Bodennutzung – Rechtliche Anforderungen an Baulandmodelle für bezahlbaren Wohnraum, KommJur 2017, 441 | Spieß, KommJur 2017, 441 |

| | Zitiert als |
|---|---|
| Stüer, Bernhard/ König, Class-Dietrich, Städtebauliche Verträge – Strikter Gesetzesvollzug oder grenzenlose Vertragsfreiheit?, ZfBR 2000, 528 | Stüer/König, ZfBR 2000, 528 |
| Wilke, Kirsten/ Düwel, Martin, Gilt das Angemessenheitsgebot der §§ 11 II 1, 124 III 1 BauGB auch zu Gunsten der Gemeinde?, NVwZ 2012, 1449 | Wilke/Düwel, NVwZ 2012, 1449 |


## Veröffentlichungen der Städte


| | Zitiert als |
|---|---|
| Berliner Modell der kooperativen Baulandentwicklung, Leitlinie für den Abschluss städtebaulicher Verträge im Land Berlin, 1. August 2018 (in der Fassung vom 1. November 2018) | Leitlinie für den Abschluss städtebaulicher Verträge im Land Berlin, 1. August 2018 |
| Berliner Modell der kooperativen Baulandentwicklung, Leitlinie für den Abschluss städtebaulicher Verträge im Land Berlin, 14. April 2015 | Leitlinie für den Abschluss städtebaulicher Verträge im Land Berlin, 14. April 2015 |
| Berliner Modell der kooperativen Baulandentwicklung, Leitlinie für den Abschluss städtebaulicher Verträge in Berlin, 28. August 2014 | Leitlinie für den Abschluss städtebaulicher Verträge in Berlin, 28. August 2014 |
| Bevölkerungsprognose für Berlin und die Bezirke 2015–2030, Senatsverwaltung für Stadtentwicklung und Umwelt, Ref. I A – Stadtentwicklungsplanung, in Zusammenarbeit mit dem Amt für Statistik Berlin-Brandenburg, Januar 2016 | Bevölkerungsprognose für Berlin und die Bezirke 2015–2030 |

| | **Zitiert als** |
|---|---|
| Die Sozialgerechte Bodennutzung, Der Münchener Weg, 3. Auflage 2009 (derzeit in Überarbeitung) | Die Sozialgerechte Bodennutzung München |
| Handlungskonzept Zukunft Wohnen. Düsseldorf vom 6. Juni 2013 | Handlungskonzept Zukunft Wohnen.Düsseldorf |
| Stadtentwicklungsplan Wohnen 2025, Senatsverwaltung für Stadtentwicklung und Umwelt, Referat IA, empirica ag, Berlin Juli 2014 | Stadtentwicklungsplan Wohnen 2025 |

www.ingramcontent.com/pod-product-compliance
Ingram Content Group UK Ltd.
Pitfield, Milton Keynes, MK11 3LW, UK
UKHW021129041026
8980IPUK00034B/1414

9 783631 816172